통합논술의
길라잡이

THE CONQUEST OF ENGLISH

영작문정복

한국외국어대학교
영어대학 영어학부 명예교수
이상준 박사의 영작문

COMPOSITION

이 책은 영작문은 물론 영독해, 영회화,
영문법까지 아우르며 덤으로 통합논술 능력을 배양시켜 줍니다.

 아이피출판사

사람의 일거수일투족이 모두 정복하는 행위들이다. 내가 천리 길을 가는데 맨 먼저 한 걸음을 옮기는 것도 나의 하나의 정복의 즐거움이다. 그리하여 그 천리 길을 다 오게 되는 정복의 즐거움이야 어떤 것이겠는가? 사람이 사는 모든 행위들이 정복의 그것들인데 여기서 나는 글 쓰는 행위의 정복이 나에게 안겨 준 즐거움을 그 경험대로 말하고자 한다.

최근에는 아예 책의 제목을 "정복"이라는 말이 붙게 글을 쓰고 있다. 영문법 참고서로서 펴낸 "영어 정복자"는 대 정복의 행위였다. 나는 이 글을 쓸 때 영국의 대 철학자인 Bertrand Russell이 그의 수필집 "The Conquest of Happiness"의 흉내를 냈다. 그가 인간의 행복을 주제로 옴니버스 형식으로 그 수필집을 쓰고서 제목을 정복한다는 이 담긴 말 "The Conquest of Happiness" (행복의 정복)로 정한 것에 동조와 호응을 했다. 행복이라는 말에 어울리는 말들은 "행복의 성취", "행복의 방법", "행복의 축복", "행복의 길"처럼 많을 텐데, Russell이 인간이 행복하게 되는 뜻으로 "행복의 정복"이라는 제목을 붙이는 것은 성경의 창세기에 하나님이 사람에게 땅을 정복하라"라고 이르던 내용과 상통하고 있기 때문일 것이다.

"정복 (conquest)"이라는 말 속에는 물리적인 힘, 정신적인 힘, 그리고 도덕적인 힘이 조화롭게 함축된 것으로서 어떤 어려운 일을 이겨 내어 자기의 의도나 목적을 이루는 뜻이 담겨 있다. 보라! 이 세상에서 가장 높은 곳의 정상을 다다르는 말로서 "정복"보다 더 적합한 말이 있을까? 비단 지리적인 정상 뿐만 아니라 인간이 행하는 모든 정상들에는 "정복"이라는 말이 붙어야 그 뜻이 제대로 발로되는 것이다.

정복과 비슷한 말이 하나 있다. 그것은 침략이다. 정복자는 피정복자 또는 피정복의 대상을 긍정적이고, 생산적이고, 능동적이고, 그리고 성취적이게 만든다. 그러나 침략자는 피침략자 또는 피침략의 대상을 부정적이고, 파괴적이고, 수동적이고, 그리고 쇠망적이게 만든다. 침략하는 과정에 있어서 부정적이고, 파괴적이고, 수동적이고, 그리고 쇠망적인 일은 쉽고 그러한 침략의 행위는 해악의 결과를 낳지만 정복하는 과정에 있어서 긍정적이고, 생산적이고, 능동적이고, 그리고 성취적인 일은 쉽지 않고 어렵지만 그러한 정복의 행위는 유익의 결과를 낳게 한다.

외국어로서의 영어(English as a foreign language)로 글을 쓴다는 것은 결코 쉬운 일이 아니다. 그 어려운 일을 달성하게 되면 마땅히 그 일의 정상을 정복한 것이라고 해야 할 것이다. 이 책은 영작문의 정상을 정복할 수 있도록 세심하고 짜임새 있게 잘 쓰여졌다. 따라서 이 책을 끝까지 정성을 다 하여 읽은 사람은 영작문의 정상을 정복하게 될 것이다.

수학 공식 하나를 풀었을 때의 그 정복의 즐거움은 수학 공부를 해본 사람은 누구나 경험했을 것이다. 여기에 영작하는 방법을 수학 공식들처럼 철저하고 정확하게 그 공식들을 일목요연하게 밝혀놓았다. 그 공식들을 따라 영작 하는 즐거움은 이 책의 저자 자신이 체험한 것이기에 자신 있게 독자들에게 이 책을 권한다.

나는 지금도 내가 쓴 우리말 소설 책과 참고서를 이 공식들에 따라 영어로 옮기고 있는데 그 즐거움은 말할 수 없을 정도이다. 아무쪼록 영어로 글을 쓰기를 원하는 사람은 이 책을 정복하여 나처럼 영작 정복의 즐거움을 만끽하기를 기원한다.

2019년 4월 봄
한국외국어대학교 명예교수 연구실에서
SJL

Contents

영어정복자의
영작문 정복

선생이란 세상에 먼저 나와 학생보다 먼저 세상 이치를 터득하려고 애를 썼고 그 결과 세상 돌아가는 이치들 또는 원리들 중 몇 가지들을 그래도 조금 익숙케 해놓았기에 그로 인하여 세상 사는데 그것들이 본질적으로 도움이 된다는 것을 알고 있는 사람일 뿐이다. 그 몇 가지 이치들 또는 원리들 중에서 여기서 내가 터득한 영작의 원리를 학생들에게 나 나름대로 아는 만큼 설명하고자 하는 것이다. 한국 영어 학습자들은 흔히 말하기를 영어 해석은 그래도 곧 잘하는데 영어 작문은 어렵다고 불평을 한다. 영어와 한국어는 문법들이 판이하게 다르기 때문에 그러한 불평이 나오는 것이다. 따라서 한국어 문법과 영어 문법의 차이점들을 그 문법들의 법칙들에 따라 완전히 알고 있으면 그러한 불평은 자연히 사라진다.

현상들을 성립시키는 기본 법칙들이 되어 있는 것이 원리이다. 그 법칙들로 나타나는 현상들의 숫자는 무수한 반면에 그 현상들을 낳게 하는 법칙들의 숫자는 매우 제한되어 있어서 그것들만을 곧잘 이용하여 거기에 따른 현상들을 낳게 할 수 있는 인식 능력이 원리의식이다. 앞으로 이 영작문 강의가 끝날 때까지 나는 이 원리의식을 학생들에게 시시때때로 고취시키겠다.

영작에 있어서 한국어의 원리와 영어의 원리의 그러한 차이 점들을 알지 못하고서는 한국어를 영어로 옮기는 일은 불가능 한 일인 것이다. 비근한 예로, 한국어에서 "나는 책을 읽고 있다"라는 문장에서 "책"은 한 권을 놓고 이야기 하지만 그 책이 "하나"라는 뜻을 갖는 관형사가 붙지 않는 것이 예사인 것이다. 그러나 영어에서는 그러한 관형사 즉 부정 관사 "a"가 그가 "책"("book")이라는 말 앞에 반드시 나와야 한다. 따라서 위의 한국어 문장을 영어로 옮기면 다음과 같다. "I am reading a book." 그런데 만약 book 앞에 우리식대로 부정 관사 "a"를 빼면 다음과 같이 비문법적인 영어가 된다. "I am reading book."

우선 이러한 관형사의 용법을 영작의 기초 원리로서 간단히 설명하는 것이 여기에 필요하다. 왜냐하면 관형사가 영작하는 데에 처음부터 크게 걸림돌이 되기 때문이다. 관형사는 체언 즉 명사 그것도 보통명사 앞에 수, 지시, 소유, 등을 나타내는 말이다.

1. 부정 관사(a, an)
2. 수량 형용사(one, a single)
3. 지시 형용사(this, that, such)

이상은 단수 보통 명사(an apple, a desk, one book, a single man, this house, 등등) 앞에 온다.

5. 정관사(the)
6. 소유 형용사(my, our, your, his, her, its, their)
7. 부정 형용사(some, any)

이상은 단수 또는 복수 보통명사
(the apple, the apples, my book, his books some man, some men, any house, 등등)

8. 수량 형용사(two, three, four, 등등)
9. 지시 형용사(these, those, such)

이상은 복수 보통명사 (two hands, these tables, such men, 등등)

앞으로 이 영작문 강의가 즉 이 책이 끝날 때까지 이러한 한국어와 영어 사이의 차이점들의 원리들을 양 언어들의 문장들을 나란히 비교하면서 진행될 것이다. 아마도 이 책이 다 끝날 때쯤에서는 "나는 영어 해석은 그래도 조금은 하는데 영작은 비교해서 어렵다"라는 말이 학생들 입에서 나오지 않을 것이다. 이 영작문 책이 다른 무수한 영작문 책들과 확연히 다른 점이 여기에 있다.

학생 : 지금까지 영작문하면 말만 들어도 위축감을 가졌는데 선생님의 말씀을 들으니 벌써부터 영작에 자신감이 생기는 것 같습니다.

선생 : 학생이 서두에서부터 적절한 말을 했다. 이 우주는 그 자체가 그것의 법칙에 의해서 존재하고 운용된다. 그 우주 속의 모든 것들이 하나도 빠짐 없이 그것들의 법칙들에 의해서 존재하고 운용된다. 먼지 티끌 하나도 그것의 법칙에 의해서 존재하고 운용된다.

한국어는 그것의 법칙들 즉 한국어 문법에 의해서 존재하고 운용 (듣기, 말하기, 읽기, 그리고 쓰기)된다. 이와 같이 영어는 그것의 법칙들 즉 영문법에 의해서 존재하고 운용(듣기, 말하기, 읽기, 그리고 쓰기)된다. 한국어의 하나의 말(입으로 말하는 말 혹은 글로 쓰는 말) 즉 하나의 문장은 그것의 법칙에 의해서 존재하고 운용된다. 그 한국어의 말을 영어로 옮기는 일은 그 말에 상응하는 영어의 말의 법칙에 따라 이루어지는 것 이외의 다른 방법은 하나도 없다. 따라서 두개의 서로 다른 언어들이 상호 번역될 수 있는 것은 그 서로 다른 문법들의 상응한 관계에 의해서 이루어지는 것이다.

먼저 영어에 있어서 문장이란 무엇인가를 짚고 넘어가야 한다. : 한 문장은 글로 쓸 때에는 대문자로 시작하고 적절한 종지 구두점(종지 부호, 의문 부호, 혹은 감탄 부호)으로 끝나고 소리로 말할 때에는 소리의 강하고 약함, 소리의 높고 낮음, 그리고 소리의 정지와 같은 여러 가지 양식들에 의해 발음상으로 구분되는 하나의 단언, 하나의 의문, 하나의 명령, 하나의 염원, 혹은 하나의 감탄을 표현하는 문법적으로 잘 갖추어진 하나의 발언이다(A sentence is a grammatically self-contained speech unit that expresses an assertion, a question, a command a wish, or an exclamation, that in writing begins with a capital letter and concludes with appropriate end punctuation(a period, a question mark, or a injection mark), and that in speading is phonetically distinguished by various patterns of stress, pitch, and pause.)

먼저 영작문의 맛 베기로 여기에 가장 쉬운 한국어의 문장들을 영어로 옮기는 얼마간의 보기들을 제시하여 학생들로 하여금 영작의 고정관념으로 굳어진 영작은 어렵다는 것을 해소하는 것이 바람직하다. 모든 언어들은 동사가 중심으로 이루어진다. 따라서 한 언어를 안다라는 말은 그것의 동사들의 쓰임새들을 알고 있다고 말해도 지나치지 않다. 특히나, 다른 언어들에 서도 마찬가지겠지만 영어에 있어서는 동사가 가장 중요한 역할을 하고 있다. 그러기에 나는 이 책에서 동사에 역점을 두어 강의를 하려고 한다. 이 책은 기초가 되는 부분과 상급의 부분과 자유 즉 응용 영작의 세 부분으로 갈라 놓고 가르치는 사람과 배우는 사람 사이의 대화 형식으로 엮어질 것이다.

이 책의 상반부인 기초 영작 부분에서는 주로 단문들 (Simple sentences)이 다루어 질 것인데 동사들이 완전 자동사, 불완전 자동사, 완전 타동사, 여격 타동사, 그리고 불완전 타동사의 다섯 가지로 나뉘어 그 동사들을 중심으로 영작하는 방법을 제시하겠다. 영어에서 동사들이 다섯 가지이기 때문에 영어의 문장들은 거기에 따라 다섯 가지 형식들로 된 문장들 뿐인 것이다. 완전 자동사는 문장 제 1 형식의 문장의 중심이 되고 불완전 자동사는 문장 제 2 형식의 문장의 중심이 되고 완전 타동사는 문장 제 3 형식의 문장의 중심이 되고 여격 타동사는 문장 제 4 형식의 문장의 중심이 되고 그리고 불완전 타동사는 문장 제 5 형식의 문장의 중심이 된다.

이 책의 고급 영작 부분에서는 주로 복합 문들(complex sentences), 중문들(Compound sentences), 그리고 중 복합 문들(compound complex sentences)이 다루어질 것인데 이 복잡한 문장들도 결국은 단문들로 분석되고 그렇게 분석된 단문들은 역시 기초 부분에서 설명된 동사들이 중심이 되어 다섯 가지 동사들(완전 자동사 불완전 자동사, 여격 타동사, 그리고 불완전 타동사)에 따른 다섯 가지 문장 형식들(문장 제 1 형식, 문장 제 2 형식, 문장 제 3 형식, 문장 제 4 형식, 그리고 문장 제 5 형식)만의 문장들이 남게 되는 것이다. 이러한 단문들을 준동사들, 접속사들, 관계사들, 그리고 의문사들의 접속어들로 접속되어 다시 복합 문들, 중문들, 그리고 중 복합 문들로 환원되는 과정이 상세히 설명될 것이다.

이 책의 끝 부분인 자유 영작 (free English composition)에서는 말하고자 하는 사상들과 감정들을 처음부터 영어로 쓰는 방법이 다루어질 것이다. 여기에는 논리적인 그리고 수사학적인 사고 방식(way of thinking)이 곁들여질 것이다.

이 책의 대화 형식(dialogue)은 가르치는 필자는 "선생" 이라고 지칭되고 배우는 독자는 "학생" 으로 지칭되는 형식을 갖는다. 이 책의 전개 방식은 필자가 대학 영작문 강의에서 강의하는 성격을 띄게 될 것이다.

영작의 예비기초
지식을 위한 영작 I

앞서 말한 대로 영작을 본격적으로 시작하기 전에 맛 베기 걸음마 영작문 방법이 여기서 다루어 진다. 한국어에는 문장들이 5형식들로 나누어지지 않지만 영작문 공부의 편리를 위해서 한국어도 문장 5형식들로 갈라 놓고 영작을 해보자. 먼저 한국어의 문장은 주어가 문장 맨 앞에 나오고 동사가 문장 맨 끝에 나오지만 영어의 문장은 주어가 문장 맨 앞에 나오지만 동사는 한국어의 문장과는 달리 주어 바로 뒤에 나온다.

선생 : 오늘은 우선 가장 간단한 우리말을 영어로 옮기는 것으로부터 시작하겠다. 예컨대, "갑돌이
가 갑순이를 사랑한다"라는 한국어를 영어로 옮겨보자. 위의 우리말은 "갑돌이" "갑순이", "
사랑하다", "…가", "…를", "…ㄴ", 그리고 "다"의 단어들(words)과 토씨들 혹은 조사
들(particles)로 구성되어 있다. 한국어에도 영어처럼 어순이 엄연히 존재하지만 영어처럼 엄격하지
않다. 그 대신 한국어에서는 조사들이 단어들에 붙어 문장들이 만들어지기 때문에 어순이 본래의 위
치를 벗어나도 조사들이 그 어순의 기능을 대신할 수 있다. 위의 예문에서 "갑돌이"는 주어이기
때문에 의당히 그 문장 맨 앞에 위치하고 있지만 그것의 주격 조사인 "가"가 붙어 있기 때문에 그
문장의 맨 끝에 위치해도 주어의 기능을 그대로 지탱하여 그 문장은 한국어의 문법에 어긋나지 않는
다: "갑순이를 사랑한다 갑돌이가. 이와 같이 "갑순이를 갑돌이가 사랑한다"도 다 같이 "갑돌
이가 갑순이를 사랑한다"의 본래의 어순에 의한 문장과 그 뜻이 다르지 않아 조사들인 "가", "
를", 그리고 "다"의 기능으로 한국어의 문법에 어긋나지 않는 문장들이 된다.

　　그러나 영어에서는 그러한 조사의 기능을 갖는 것들이 없어 어순에 따라 문법에 어긋나거나 전혀
뜻들이 달라진다. 따라서 영어의 문장 제 1형식에서는 "주어 + 술어(완전 자동사)"의 어순이어야
하고 문장 제 2 형식에서는 "주어 + 술어(불완전 자동사) + 보어"의 어순이어야 하고 문장 제 3
형식에서는 "주어 + 술어(완전 타동사) + 목적어"의 어순이어야 하고 문장 제 4 형식에서는 "주
어 + 술어(여격 타동사) + 간접 목적어 + 직접 목적어"의 어순이어야 하고 문장 제 5 형식에서는
"주어 + 술어(불완전 타동사) + 목적어 + 보어"의 어순이어야 한다.

　　따라서 위의 한국어 문장을 영어로 옮기면 문장 제 3 형식의 문장으로서 "Kabdori loves
Kapsuni."가 된다. 만약에 "Loves Kabsuni Kabdori."에서처럼 주어인 "Kabdori"가 문장 맨
끝에 위치하면 그 문장은 비문법적(ungrammatical)이 되어 말이 되지 않는다. 또한 "Kabsuni"가
맨 앞에 오고 "Kabdori"가 맨 끝에 온다면 그 문장은 "Kabsuni loves Kabdori."가 되어 그 뜻
이 본래의 한국어의 문장인 "갑돌이가 갑순이를 사랑한다"라는 문장과 전혀 다른 갑순이가 갑돌
이를 사랑한다의 뜻을 갖는 문장이 된다.

　　이 와 같이 한국어의 어순의 원리가 전혀 다름을 알지 못하고서는 한국어를 영어로 또는 영어를
한국어로 옮길 수 없는 것이다. 이것은 가장 기본적인 것이기에 영작하는데 중요치 않는 것으로 여
겨지기가 쉽다. 영어 학습을 제대로 하려는 학생은 이러한 기본적인 영어의 원리 의식에 유의 하지
않으면 안 된다. 다른 영어의 원리 의식들이 영어의 법칙들이 있는 만큼 있기 때문에 이러한 점을
극히 유념하지 않으면 안 된다. 특히 한국인들은 원리 의식이 약하기에 아무쪼록 이 원리 의식에 좀
더 철저한 자세를 가져야 한다. 영어를 배우는 데에는 영어라는 언어만을 배우면서 영어 속에 스며
있는 의식(consciousness), 사고 방식(the way of thinking), 그리고 정서(emotion 혹은 feelings)를
함께 배우게 되어 있다. 달리 말하면 영어 공부와 영어적인 의식, 영어적인 사고 방식 그리고 영어

적인 정서는 불가분한 것이다. 앞으로 이 영작문 강의가 이러한 종합적인 방식으로 전개될 것이다.

위의 한국어 문장의 술어가 현재 시제이기 때문에 "사랑하다"가 "사랑한다"로 "하다"의 "하"에 현재 시제 조사인 "ㄴ"이 붙었다. 여기에 따른 영어 문장의 술어도 현재 시제가 되어야 하기 때문에 "love"라는 동사 원형에 "s"가 붙어 3인칭 단수 현제형이 된 것이다. 이러한 원리적이며 기본적인 것에 철저한 태도를 취하는 학생은 영작을 완전하게 배우게 된다.

영어에 대한 구문적인 원리의식은 세가지로 나뉜다 ① 주요소들(주어 : 명사, 명사구, 명사절, 명사 상당어구, 대명사, 술어 : 동사의 현재형과 동사의 과거형 혹은 복합 술어 : 조동사 + 본동사, 조동사 + 조동사 + 본동사, 조동사 + 조동사 + 조동사 + 본동사, 그리고 조동사 + 조동사 + 조동사 + 조동사 + 본동사, 보어 : 주격 보어와 목적격 보어, 그리고 목적어 : 간접 목적어와 직접 목적어) ② 수식 요소들(형용사적 수식 요소들 : 형용사, 형용사구 그리고 형용사절과 부사적 수식 요소들 : 부사, 부사구, 그리고 부사절), 그리고 ③ 접속 요소들 1) 순수 접속 요소들 : 전치사, 접속사, 그리고 연결 구두점과 2) 혼합 접속 요소들 : 준동사, 관계사, 그리고 의문사.

간단한 한국어의 문장들을 간단한 영어의 문장들로 옮기는 데 필요한 구문적인 원리 의식은 주요소들로만 이루어지는 문장들의 원리 의식과 주요소들과 수식 요소들 중에서 형용사, 형용사구 부사, 그리고 부사구로 이루어지는 문장들의 원리 의식이다. 먼저 주요소들로만 이루어지는 한국어와 영어의 문장들의 원리 의식을 살펴보자. "새들은 (주어명사) 노래한다(술어 3인칭 복수 현재 동사)"〉 "Birds(주어 명사) sing(술어 3인칭 복수 현재 동사).

이러한 극히 간단한 한국어의 문장의 원리를 그대로 영어식의 원리로 철저히 적용 또는 합치시키기를 게을리 하지 않으면 어떤 어려운 한국어의 문장도 영어로 쉽게 옮길 수 있을 뿐만 아니라 자유자재로 영어로 글을 쓸 수 있는 것은 당연한 일이 아닐 수 없다. 이것은 위대한 조각가 미카렌젤로가 그의 완성된 조각 작품을 이룰 때까지 그의 정을 가지고 엄청나게 큰 돌 조각을 한 정 한 정 찍어낼 때 수학처럼 정확한 원리를 이용했다는 것은 과학적으로 증명이 되어있다. 따라서 영어를 자유자재로 읽을 수 있는 것과 꼭 같이 한국어를 영어로 자유자재로 옮길 수 있고 더 나아가 처음부터 영어로 우리말처럼 자유자재로 글을 쓸 수 있는 것은 처음부터 끝까지 이 원리 의식으로 되는 길이외는 없는 것이다.

위에 말한 원리 의식을 위의 보기보다 조금 복잡한 한국어의 문장을 영어로 옮기고 역시 조금은 복잡한 영어의 문장을 한국어로 옮기고 그렇게 옮겨진 것들을 본래의 한국어 문장과 영어의 문장으로 환원하는 과정에 적용시켜보자. "그 부유한 아름다운 여자는 고집스럽게 결혼하지 않았다"의 한국어 문장은 언뜻 보기에 영어로 옮기기에 어렵게 보인다. 그러나 그 문장의 주 요소들과 수식 요소들을 갈라놓고 그것들을 다음과 같이 영어로 짝지어보면 영어로 옮기는 윤곽이 금방 드러난다.

1. 주 요소들: 여자 = woman(주어: 명사), 있다 = remained(술어: 불완전 자동사의 3인칭 단수 과거 동사), 결혼하지 않은 = unmarried(보어: 형용사)

2. 수식 요소들: 그 = the(명사 woman을 수식하는 형용사), 부유한 = wealthy(명사 woman을 수식하는 형용사), 아름다운 = beautiful(명사 woman을 수식하는 형용사), 고집스럽게 = obstinately(동사 remained를 수식하는 부사)

3. 주 요소들로 구성된 문장 제2 형식의 어순: woman(주어: 명사) remained(술어:불완전 자동사) unmarried(보어 : 형용사) = 여자는 결혼하지 않았다.

4. 주 요소들과 수식 요소들의 관계: the(수식 요소: 명사로서 주어가 된 woman을 수식하는 형용사) wealthy(수식 요소: 명사로서 주어가 된 woman을 수식하는 형용사) beautiful(수식 요소: 명사로서 주어가 된 woman을 수식하는 형용사) woman(명사로서 주어) = 그 부유한 아름다운 여자, obstinately(수식 요소: 동사로서 술어가 된 remained를 수식하는 부사) remained(동사로서 술어) = 고집스럽게 남았다. unmarried(형용사로서 보어) = 결혼하지 않은

5. 완전히 구성된 문장 즉 제 2 형식의 문장: The wealthy beautiful woman obstinately remained unmarried. = 그 부유한 아름다운 여자는 고집스럽게 결혼하지 않았다.

영어를 한국어로 번역하는 보기를 하나 들어보자. "Many ripe apples fell off the very large old tree"의 영어의 문장도 언뜻 보기에 복잡하게 보인다. 그러나 그 문장의 주 요소들과 수식 요소들을 갈라놓고 그것들을 다음과 같이 한국어로 짝지어보면 한국어로 옮기는 윤곽이 환히 드러난다.

1. 주 요소들 apples = 사과들(주어명사), fell = 떨어졌다(술어 완전 자동사).

2. 수식 요소들 many = 많은 명사 apples를 수식하는 형용사), ripe = 익은 명사 apples를 수식
하는 형용사), off the very large old tree = 그 대단히 큰 오래된 나무에서(동사 fell을 수식하
는 부사구로서 그것을 분석하면 the, large, old는 형용사들로 명사 tree를 수식하고 very는 부
사로 형용사 large를 수식하고 그렇게 수식된 명사 tree를 전치사 off가 목적어로 지배하여 부
사구를 만들어 동사 fell 을 수식함)

3. 주요소들로만 구성된 문장 제 1 형식의 어순 apples(주어 : 명사) fell(술어 : 완전자동사) = 나
무들이 떨어졌다.

4. 주요소들과 수식 요소들의 관계 many(수식 요소 : 명사로서 주어가 된 apples를 수식하는 형
용사), ripe(수식 요소 : 명사로서 주어가 된 apples를 수식하는 형용사), apples(주요소 : 명
사로서 주어) = 많은 익은 사과들이, fell(주요소 : 완전 자동사로서 술어) = 떨어졌다, off the
very large old tree(수식 요소 : 주요소로서 술어가 된 동사 fell을 수식하는 부사구) = 그 대
단히 큰 오래된 나무에서

5. 완전히 구성된 제 1 형식의 문장 (앞서 언급했듯이 사실 한국어에서는 문장 5 형식들이 없지
만 영어와 유사하게 짝을 지을 수는 있음) Many ripe apples fell off the very large old tree.
= 많은 익은 사과들이 그 대단히 큰 오래된 나무에서 떨어졌다.

위의 한국어로 번역된 문장 "많은 익은 사과들이 그 대단히 큰 오래된 나무에서 떨어졌다"를
다시 역으로 영어로 옮겨보자 :

주 요소들 : 사과들 = apples (주어 : 명사), 떨어졌다 = fell(술어 : 완전 자동사 동사 원형인 fall
이 주어 apples 3 인칭 복수의 과거형이 됨)

수식 요소들 많은 = many(주어인 명사 apples를 수식하는 형용사), 익은 = ripe(주어인 apples
를 수식하는 형용사), 그 대단히 큰 오래된 나무에서 = off the very large old tree(술 어인 동사 fell
을 수식하는 부사구로서 그것을 분석하면 the, large, old는 형용사들도 명사 tree를 수식하고 very
는 부사로서 형용사 large를 수식한 가운데 명사 구문인 the large old tree를 전치사 off이 목적어
로 지배하여 동사 fell을 수식함)

주 요소들과 수식 요소들을 종합하면 문장 제 1 형식의 문장이 형성된다 Many ripe apples fell
off the very large old tree.

이렇게 한국어를 영어로 옮길 때에나 영어를 한국어로 옮길 때에나 주 요소들이 중심이 되어 수식 요소들이 주 요소들에 정확히 문법적으로 연결되는 것인데 그 문장들의 핵심은 한국어나 영어나 다 동사들이 되는 것이다. 그렇다면 영문법을 알고 한국어 문장의 단어들에 대한 영어 단어들을 알고 문장의 핵심인 동사의 종류들(완전 자동사, 불완전 자동사, 완전 타동사, 여격 타동사, 그리고 불완전 타동사)을 알면 그 한국어 문장을 영어로 완전하게 옮길 수가 있는 것이다. 그런데 항간에 사람들은 "나는 영어 문장은 쉽게 한국어로 옮길 수 있는 데 한국어 문장을 영어로 옮기는 것은 매우 어렵다"고 말을 한다. 이러한 말은 위의 보기들에서 증명되었듯이 앞뒤가 맞지 않는 말밖에 아무 것도 아닌 것이다. 그것은 영문법을 제대로 알지 못하고 한국어의 단어들에 해당되는 영어의 단어들을 제대로 알지 못하고 특히 영어의 동사들(완전 자동사, 불완전 자동사, 완전 타동사, 여격 타동사, 그리고 불완전 타동사 – 이미 영어의 동사들의 종류에 대하여 수 번이나 되풀이 했는데 왜 이렇게 지루하게 반복 설명하는가라고 불만을 갖는 학생은 아예 이 책을 지금부터 집어치워버리는 것이 좋을 것이다. 그렇지만 영어를 제대로 철두철미하게 배우려는 생각은 꿈도 꾸지 말아야 할 것이다.)의 쓰임새를 제대로 파악하지 못하고 있기 때문에 그러한 불만이 나오게 되는 것이다. 학생들은 이러한 점을 정직하게 인식하고서 한국어를 영어로 옮기는 능력을 향상시켜야 한다.

학생 : 선생님 저에게 질문이 하나 있습니다.
선생 : 서슴치 말고 지금까지 내가 설명한 것에 또는 그것에 관계되는 것이 있으면 하라.
학생 : 제가 한국어를 영어로 옮기면서 많이 느꼈는데 한국어의 단어에 꼭 알맞은 영어의 단어들이 더러 없습니다. 그럴 때에는 어떻게 하면 되겠습니까?
선생 : 학생이 적절한 질문을 했다. 그러한 경우가 학생이 지적했듯이 더러 있다. 그러나 그것은 어디까지나 예외적인 것들이기 때문에 거기에 알맞은 관용적인 표현들을 찾아내야 한다. 그렇지 않으면 한국어의 한 단어에 대하여 영어에서는 두 가지 또는 그 이상의 단어들로 구성된 상당어구나 구(phrase) 또는 절(clause)을 만들어 적용시키면 된다. 예컨대, 친구 사이의 대화 "고맙다" —— "천만에" 에서 "천만에" 라는 말은 영어의 사전에 없다. 이것은 일상 생활의 관용적인 표현으로 영어에서는 "Not at all 이라는 구나 "You are welcome" 이라는 문장이 대신 한다. 대체로 이러한 예외적인 표현들은 얼마 안 되며 또한 그러한 것들은 일상적으로 잘 쓰여 곧 알 수 있는 것들이다.

그리고 모든 인간의 언어들은 서로 상통되는 어휘들이 보편성으로 나타나 해당 언어들 사이에 문법들과 단어들이 연계되어 있는 것이기에 그러한 것에 신경을 크게 쓸 필요가 없는 것이다. "모든 길들은 로마로 통한다"는 격언대로 모든 언어 행위들은 문법으로 통하는 것이다. 나는 지금까지 약 50년 넘게 영어 책들을 무수히 읽었는데 영문법에 맞추어 읽었을 뿐이었다. 그리고 나는 수필집 2권과 철학 서적 1권과 시집 1권과 학술 논문들을 영어로 많이 썼는데 이 모두가 영문법의 지식으로 해 낸 것이다. 그래서 나는 우리 나라 영어 교육에 제대로 기여하고자 "영어 정복자"라는 영문법 책을 소설 형식을 빌어 몇 년 전에 세상에 내놓았다. 이 영작문 책을 읽으면서 영문법의 지식을 제대로 갖추지 못한 학생은 그 책을 참고 하기를 바란다.

학생 : 서두에 선생님께서 모든 언어들은 특히 영어는 동사가 중심적 역할을 한다고 말씀하셨는데 영작을 함에 있어서도 동사를 중심점으로 잡고 해야 합니까?

선생 : 학생이 참으로 중요한 질문을 했다. 만약 영작하는 사람이 영어의 동사를 중심으로 삼지 않고 동사의 특성을 유의하지 않는다면 그는 영작을 포기하게끔 되고 만다. 우선 간단히 설명하자면 영어에 있어서 동사는 그것 앞으로는 주어를 서술하는데 그것 뒤에는 완전 자동사일 경우에는 아무런 주 요소(보어나 목적어)를 이끌지 않고 불완전 자동사인 경우에는 보어를 보충 받고 완전 타동사인 경우에는 목적어를 하나만 지배하고 여격 타동사인 경우에는 간접 목적어와 직접 목적어를 지배하고 불완전 타동사인 경우에는 목적어를 지배함과 동시에 보어를 보충 받아 주어를 서술한다. 그 나머지 것들은 모두가 수식 요소들이다. 그 수식 요소들은 주 요소인 주어(명사 혹은 대명사), 보어(명사 혹은 대명사인 경우에), 그리고 목적어(명사 혹은 대명사)를 수식하는 형용사적 수식어(형용사), 형용사적 수식구(형용사구), 그리고 형용사적 수식절(형용사절)이 있고 그리고 문장 속의 주 요소인 동사를 수식하는 부사적 수식 요소들인 부사, 부사구, 그리고 부사절이 있다. 보어가 형용사인 경우에는 부사적 수식 요소들이 수식 한다.

영어의 주 요소들은 주어, 술어(혹은 복합 술어), 보어, 목적어들 뿐이고 수식 요소들은 형용사적 수식 요소들(형용사, 형용사구, 그리고 형용사절) 그리고 부사적 수식 요소들(부사, 부사구, 부사절) 뿐이다. 형용사적 수식 요소들은 문장 속에 있는 명사나 대명사만을 수식하고 부사적 수식 요소들은 동사, 형용사, 부사, 그리고 문장들 만을 수식한다. 우선 영작문 강의 본령에 들어가기 전에 이러한 사전 지식은 필수이기 때문에 미리 초두에 이러한 설명의 말을 하는 것이다.

그렇다면 수식 하는 것과 수식 받는 것 사이의 관계를 한국어의 긴 혹은 복잡한 문장에서 밝혀내는 것은 가장 중요한 것이 아닐 수 없는 것이다. 이것은 한국어를 영어로 옮길 때에 갖추어야 할 역시 가장 중요한 원리 의식인 것이다. 우리 나라 영어 학도들이 영어를 어렵게 여기고 영어 공부를 부실하게 하거나 심지어 영어 공부를 포기하게 되는 가장 큰 원인은 한국어와 영어 사이에 존재하는 이러한 원리 의식의 결여에 있는 것이다.

수식하는 것과 수식을 받는 것의 관계는 인접성과 동질성으로 이루어진다. 예컨대, "좋은 학식을 소유한 그 사람은 하루에 좋은 사과 한 개로 그의 좋은 건강을 지킨다"라는 문장에서 "좋은"이라는 형용사적 수식어가 세 개가 있다. 그 세 개의 형용사적 수식어들이 앞의 문장에서 먼저 인접성으로 따지면 첫째의 "좋은"(형용사적 수식어)은 인접성으로 보아 바로 뒤의 "학식"(명사)에 걸려 그것을 수식한다. 둘째의 "좋은"(형용사적 수식어)은 인접상으로 바로 뒤의 "사과"(명사)에 걸려 그것을 수식한다. 셋째의 "좋은"(형용사적 수식어)은 바로 뒤의 "건강"(명사)에 걸려 그것을 수식한다. 그 다음으로 동질성으로 따지면 첫째의 "좋은"은 뒤의 "학식"에 맞아 학식이 "폭과 깊이가 있는"의 뜻이 되어 그것들 사이에 동질적으로 궁합이 맞는다. 둘째의 "좋은"은 뒤의 "사과"에 맞아 사과가 "건강에 필요한"의 뜻이 되어 그것들 사이에 동질적으로 궁합이 맞는다. 셋째의 "좋은"은 뒤의 "건강"에 맞아 건강이 "왕성한"의 뜻이 되어 그것들 사이에 동질적으로 궁합이 맞는다. 따라서 위의 한국어를 역시 인접성과 동질성의 원리를 따라 옮기면 다음과 같은 영어의 문장이 된다 "The man of good learning keeps his good health with a good apple in a day."

　주요소들의 어순과 수식하는 것(수식 요소)과 수식을 받는 것(주요소 혹은 수식요소)의 인접성과 동질성의 관계를 적용하여 여기서는 될 수 있는 한 다음의 짧고 간단한 우리말의 문장들을 영어의 문장들로 옮겨 영작의 감(feeling)을 잡게 하는 것이 요망된다. 그러기 위해서는 그 영어의 문장들을 만드는데 재료가 되는 영어 8 품사들이 어떻게 하여 주요소들(major elements)이 되는가, 수식 요소들(modifying elements)이 되는가, 아니면 접속 요소들 (connective elements)이 되는가를 간단히 살펴보아야 한다.

　또 되풀이 하여 말하거니와 영어는 동사를 중심으로 한 문장 5형식의 문장들 뿐이기 때문에 자나깨나 이 동사를 중심으로 한 5형식들의 문장들을 영작을 하거나 영어 해석을 하거나 반듯이 따지지 않으면 영어를 배울 수 없음을 명심하지 않으면 안 된다. 내가 한국외국어대학교 영어대학 영어학부 영어 교수로 40여년을 가르치면서 영어로 어려운 서양 철학을 쉽게 읽고 영어로 많은 책들과 논문들을 쓸 수 있었던 것은 순전히 영어의 동사들을 중심으로 한 이 문장 5형식들에 속하는 문장들을 일일이 따지고 분석했기 때문이었다는 것은 앞서 말한 적이 있다.

　우선 문장들에서 문장요소들과 관계를 맺는 8품사들에 대하여 그것들이 문장들에서 어떻게 상호 연결되어 쓰이는가를 간단히 다루겠다. 8품사들을 철두철미하게 알고자 하는 학생은 나의 저서 "영어 정복자"를 읽기를 권한다.

영어의 8품사들
(eight parts of speech)

1. 명사(noun) : 주요소가 됨

문장에서 주요소들인 주어, 보어, 혹은 목적어가 되는 품사 : bird(새), men(사람들), woman(여자), sun(해), man(사람), soldiers(군인들), fortress(요새), puppy(강아지), house(집), journey(여행), chairs(의자들), desks(책상들), boy(소년), stone(돌), crowd(군중), dog(개), father(아버지), toy(장난감), American(미국인), children(어린이들), English(영어), food(음식), drink(음료), husband(남편), wife(아내), years(년들), 등등.

> 명사들은 보통 명사, 물질 명사, 추상 명사, 고유 명사, 집합 명사로 분류되는 데 구문상으로 추상 명사가 매우 중요하다.

2. 대명사(pronoun) : 주요소가 됨

문장에서 주요소들인 주어, 보어, 혹은 목적어가 되는 품사 : I(나는), you(당신), he(그는), him(그를), they(그들은), us(우리들을), her(그녀를), she(그녀가), everything(모든 것), 등등.

> 문장에서 주요소들인 주어, 보어, 혹은 목적어가 되는 품사 : I(나는), you(당신), he(그는), him(그를), they(그들은), us(우리들을), her(그녀를), she(그녀가), everything(모든 것), 등등.

3. 동사(verb) : 주요소가 됨

문장에서 주요소인 술어 혹은 복합 술어가 되는 품사 : sing(노래하다), worked(일했다), think(생각하다), exist(존재한다), swims(수영한다), shine(빛난다), are(이다), will(…ㄹ 것이다), have(갖다, …해 오다), become(되다), remained(남았다), love(사랑하다), threw(던졌다), drove(쫓았다), made(만들었다), taught(가르쳤다), provided(보급했다), was(이었다), rendered(하게 했다), left(남겼다), must(~해야 한다), may(~고 런지 모든다), 등등.

동사들은 크게 둘로 나뉘어 분류되는 데 한 편으로 술어 또는 보합 술어가 되는 정동사들(finite verbs)과 명사적, 형용사적 그리고 부사적 기능을 하는 준동사들(verbals : infinitive, gerund, participle)로 분류되고 다른 한편으로 동사의 문장 형식으로 다섯 가지 종류별로 완전 자동사, 불완전 자동사, 완전 타동사, 여격 타동사, 불완전 타동사로 분류된다는 것은 귀가 닳도록 들었을 것이다. 구문상으로 준동사들은 관계사들과 의문사들처럼 접속 요소들이 되어 영어의 문장들을 길고 복잡하게 만들어 주는 역할을 한다. 이 접속 요소들(connective elements)은 내가 만들어낸 용어로서 나중에 깊이 있게 그것들에 대하여 설명을 할 것이다. 사람은 언제 어디서나 창의적이지 않으면 안 된다. 아마 이 영작문 강의가 다 끝날 때에는 이 말이 뜻하는 바를 익히 알게 될 것이다.

4. 형용사(adjective) : 수식요소도 되고 주요소도 됨

문장에서 주요소로서 보어가 되거나 명사나 대명사를 수식하는 품사 : beautiful(아름다운), many(많은), young(젊은), slender(날씬한), a(한), great(위대한), silent(침묵한), the(그), little(작은), mad(미친), his(그의), Korean(한국의), secure(견고한), twenty(이십의), younger(더 젊은), alone(홀로의), ready(준비된), 등등.

형용사들은 기술 형용사, 수량 형용사, 소유 형용사, 지시 형용사, 부정 형용사, 관계 형용사, 의문 형용사로 분류되는데 구문상으로 관계 형용사와 의문 형용사가 역시 접속 요소들로서 중요하다. 이처럼 접속 요소들이라는 말이 앞으로 많이 나올 것인 데 그것들에 대한 기대와 관심을 지금부터 갖고 있어야 할 것이다.

5. 부사(adverb) : 수식요소가 됨

문장에서 동사, 형용사, 부사, 혹은 문장을 수식하는 품사 : merrily(명랑하게), here(여기에), yesterday(어제), therefore(그런고로), brightly(환하게), everyday(매일), more(더), there(거기에), away(멀리), fortunately(다행히), 등등.

부사들은 정도 부사, 빈도 부사, 기술 부사, 수량 부사, 관계 부사, 의문 부사로 분류되는 데 구문상으로 관계 부사와 의문 부사가 접속 요소들로서 매우 중요하다.

6. 전치사(preposition) : 접속 요소가 됨

문장에서 앞 뒤의 것들을 접속시키는 접속 요소로서 그것 뒤에 명사나 대명사를 목적어로 지배하여 명사구, 형용사구, 혹은 부사구를 만드는 품사 : to(에), in(안에), on(도중에), by(까지), 등등.

> 전치사는 단어 하나로 된 전치사 (before와 같이)와 단어 두개 또는 둘 이상이 합한 복합 전치사(in front of와 같이)로 되는데 이 전치사는 역시 접속 요소로서 영어의 문장들을 길고 복잡하게 만드는 역할에서 매우 중요하다.

7. 접속사(conjunction) : 접속 요소가 됨

문장에서 앞 뒤의 것들을 접속시키는 접속 요소로서 앞의 낱말, 구, 혹은 문장을 뒤의 낱말, 구, 혹은 문장을 대등하게 연결하는 등위 접속사와 그것 뒤의 문장을 이끌어 명사절이나 부사절을 만들어 주어, 보어, 혹은 목적어와 같은 주요소가 되게 하거나 동사, 형용사, 혹은 문장을 수식하게 하는 수식 요소가 되게 하는 품사 : and(그리고 : 등위 접속사), or(혹은 : 등위 접속사), when(때 : 종속 접속사) although(이지만 : 종속 접속사), 등등.

> 접속사는 등위 접속사와 종속 접속사로 분류되는 한편 전치사처럼 단어 하나로 된 접속사(that과 같이)와 단어 두개 또는 둘 이상이 합한 복합 접속사(in that과 같이)로 분류되는데 이 접속사는 역시 접속 요소로서 영어의 문장들을 길고 복잡하게 만드는 역할에서 매우 중요하다.

8. 감탄사(exclamation) : 수식요소가 됨

문장에서 그저 감정만을 나타내는 가장 간단한 품사 O(오), Oh(오오), Ah(아아), 등등.

> 감탄사는 문장에서 그저 감정을 나타내는 품사로서 문장 전체에 아무런 구문적인 역할을 하지 않기 때문에 구문상으로 무시되는 품사이다. 구태여 구문적으로 설명한다면 부사의 일종으로서 문장을 수식하는 품사로 보아도 된다.

이 8품사들 중에서 주 요소들이 되는 것들은 명사, 대명사, 동사, 형용사 뿐이고 수식 요소들이 되는 것들은 형용사와 부사 뿐이고 접속 요소들 중에서 순수 접속 요소들이 되는 것들은 전치사, 접속사 그리고 연결 구두점 뿐이다. 여기서 형용사는 주 요소가 되기도 하고 수식 요소가 되기도 한다는 것과 접속 요소들이 순수 접속 요소들과 혼합 접속 요소들로 나뉘어 진다는 것을 아는 것이 중요하다. 학생들은 접속 요소들의 이러한 복잡성을 인내심을 갖고 그것들을 숙지하지 않으면 안 된다. 따라서 순수 접속 요소들과 혼합 접속 요소들을 분류하여 여기에 간단히 설명하는 것이 필요하다.

접속 요소들
(connective elements)

문장들 속에서 앞뒤의 말들을 접속시키는 것들로 구문상으로 매우 중요한 요소들이다.

1. 순수 접속 요소들

pure connective elements 순수 접속 요소들은 문장에서 주 요소나 수식 요소가 되지 못하고 앞 뒤의 말들을 연결 시켜 주 요소나 수식 요소를 만드는 데에 도움을 주는 역할을 할 뿐이다.

(1) 전치사

전치사는 반드시 그것 뒤에 그것의 목적어가 되는 명사, 명사구, 명사절, 혹은 대명사를 의지해야만 주 요소가 되거나 수식 요소가 되게 한다. 다시 말하면 전치사는 반드시 그것 뒤에 명사나 대명사 혹은 명사구나 명사절을 목적어로 지배하여 주 요소나 수식 요소를 만드는 역할을 한다.

The sun rises in the east. (해는 동쪽에 떠오른다.)
위의 문장에서 전치사 in은 그것 뒤의 명사 east를 목적어로 지배하여 부사구를 만들어 앞의 동사 rises를 수식하는 부사적 수식 구문이 되게 하고 있다.

(2) 접속사
접속사는 반드시 그것 뒤에 어떤 단어, 구, 혹은 문장을 이끈다.
1) 등위 접속사 : 등위 접속사는 반드시 그것 뒤에 어떤 단어, 구, 혹은 문장을 이끌어 그것 앞에 있는 단어, 구, 혹은 문장과 대등하게 연결시켜 주 요소가 되거나 수식 요소가 되게 하여 하나의 문장을 이루게 한다.

He and she got married. (그와 그녀는 결혼했다.)
위의 문장에서 등위 접속사 and는 그것 앞의 대명사 he와 그것 뒤의 대명사 she를 대등하게 접속시켜 술어 got의 주어가 되게 하여 하나의 문장을 이루게 한다.

Last month, I traveled in many countries by ship or by airplane.
(지난달 나는 많은 나라들에서 배나 비행기로 여행했다.)
위의 문장에서 등위 접속사 or는 그것 앞의 부사구 by ship과 그것 뒤의 부사구 by airplane을 대등하게 연결하여 앞의 동사 traveled를 수식하게 하여 하나의 문장을 이루게 한다.

I loved him, but he was not happy. (나는 그를 사랑했지만 그는 불행했다.)
위의 문장에서 등위 접속사 but는 앞의 문장 제 3형식의 문장 I loved him.과 뒤의 문장 제 2형식의 문장 He was not happy.를 대등하게 연결하여 중 문(compound sentence)이 되게 하고 있다.

2) 종속 접속사 : 종속 접속사는 반드시 그것 뒤에 한 문장을 이끌어 명사절을 만들어 주 요소가 되게 하거나 부사절을 만들어 부사적 수식 요소가 되게 한다.

He knows that I am honest. (그는 내가 정직하다는 것을 안다.)
위의 문장에서 종속 접속사 that는 그것 뒤의 문장 I am honest.를 이끌어 명사절을 만들어 앞의 타동사 knows의 목적어가 되는 주요소가 되게 하고 있다.

I got up before the sun rose. (나는 해가 뜨기 전에 기상했다.)
위의 문장에서 종속 접속사 before는 그것 뒤의 문장 The sun rose를 이끌어 부사절을 만들어 앞의 문장의 동사 got을 수식하는 부사적 수식 요소가 되게 하고 있다.

(3) 연 결 구두점(comma, semi-colon, dash, colon) : 연결 구두점들이 그것들의 앞의 말들과 그것들의 뒤의 말들을 전치사나 접속사처럼 연결시켜 준다.
1) 콤마(comma ",")

(a) 등위 접속사의 역할을 한다 : (1) and, (2) or, (3) but, (4) so

I drink milk, coffee and tea every day. (나는 매일 우유와, 커피와 차를 마신다.)
위의 문장에서 콤마 ","는 등위 접속사 and의 역할을 하고 있다.

(b) 경계선의 역할을 한다 : (1) 앞의 종속 구문과 뒤의 본문 사이, (2) 접속사 앞, (3) 문법적으로 강조된 구문 앞

When I was a child, I was weak. (내가 어렸을 때 나는 허약했다.)
위의 문장에서 콤마 ","는 종속 구문 when I was a child와 본문 I was weak 사이의 경계선의 역할을 확연히 하고 있다.

(C) 삽입 구문의 유도 : (a) 동격적 삽입 구문 유도, (b) 수식적 삽입 구문 유도

Mr. Smith, my English teacher, came to my house yesterday.

(나의 영어 선생인 스미스씨는 어제 나의 집에 왔다.)

위의 문장에서 my English teacher 앞 뒤의 콤마들은 앞의 Mr Smith에 대한 동격 구문을 유도하고 있다.

※ 동격 구문은 앞으로 동격에 관한 사항에서 자세히 다루겠다.

2) 세미 콜론(semi-colon ";") : (a) 등위 접속사의 역할, (b) 경계선의 역할

He has a tremendous amount of money; he is still as greedy as any person.

(그는 엄청난 돈을 갖고 있지만 그는 여전히 누구보다 탐욕스럽다.)

위의 문장에서 세미 콜론은 등위 접속사 but의 역할을 하고 있다.

3) 대쉬(dash "_") : (a) 삽입 구문 유도, (b) 경계선의 역할

Two of our party_Tom and Fred_were late.

(우리 일행의 두 사람들 즉 톰과 프레드는 지각했다.)

위의 문장에서 대쉬는 Tom and Fred의 앞뒤에 와 동격적 삽입 구문을 만들어 앞의 two(수량 대명사)에 연결시키고 있다.

4) 콜론(colon ":") : (a) 인용 구문의 유도, (b) 동격 구문의 유도, (c) 설명 구문의 유도

He went to be bed earlier than usually : he had overworked in the afternoon.

(그는 보통 때보다 일찍 잠자리에 들었다. 왜냐하면 그는 오후에 과로했기 때문이다.)

위의 문장에서 콜론은 앞의 문장에 대한 설명 문장을 이끌고 있다. (즉 그가 평소보다 일찍 잠자리에 든 것은 그전에 즉 그날 오후에 과로를 했기 때문이라는 설명을 해 줌.)

※ 순수 접속 요소들의 역할을 하는 연결 구두점들에 대하여는 대표적인 보기들만을 내세웠다. 왜냐하면 나머지들은 문맥으로 보아 다 알 수 있기 때문이다.

2. 혼합 접속 요소들(mixed connective elements)

혼합 접속들은 앞 뒤의 말들을 접속시켜 주요소나 수식 요소가 되게 하면서 그것이 이끄는 절에서 스스로 주 요소가 되거나 수식 요소가 되는 역할을 한다.

(1) 준 동사(verbal) : 부정사(infinitive), 동명사(gerund), 분사(participle)

1) 부정사 : 한 문장 속에서 앞뒤의 말을 접속시키면서 그것 자체에서 주 요소의 역할을 한다.

Our plan is to help poor people. (우리의 계획은 가난한 사람들을 돕는 것이다.)
위의 문장에서 부정사 구문 to help poor people은 그 전체의 문장에서 불완전 자동사 is의 보어(that we will help poor people)가 되게 하는 접속의 역할(that 종속 접속사)을 하면서 그 자체 속에서 주요소들인 주어인 we와 복합 술어인 will help의 역할을 한다.

2) 동명사 : 한 문장 속에서 앞뒤의 말을 접속시키면서 그것 자체에서 주 요소의 역할을 한다.

I remember seeing him once somewhere. (나는 언젠가 그를 본 것을 기억한다.)
위의 문장에서 동명사 구문 seeing him once somewhere는 그 전체의 문장에서 완전 타동의 목적어(that I saw him once somewhere)가 되게 하는 접속의 역할(that 종속 접속사)을 하면서 그 자체 속에서 주 요소들인 주어인 I와 술어인 saw의 역할을 한다.

3) 분사 : 한 문장 속에서 앞뒤의 말을 접속시키면서 그것 자체에서 주 요소의 역할을 한다.

The church standing on a hill commands a fine view.
(한 언덕 위에 서 있는 그 교회는 전망이 좋다.)
위의 문장에서 분사 구문 standing on a hill은 그 전체의 문장에서 명사 church를 수식하는 형용사적 수식 구(which stands on a hill)가 되게 하는 접속의 역할(which 종속접속사)을 하면서 그 자체 속에서 주 요소들인 주어인 it과 술어인 stands)의 역할을 한다.

(2) 관계사(relative) : 관계 대명사(relative pronoun), 관계 형용사(relative adjective), 관계 부사(relative adverb)

1) 관계 대명사 : 한 문장 속에서 앞뒤의 말들을 접속시키면서 그것이 이끄는 절에서 대명사로서 주어, 보어, 혹은 보어의 역할을 한다.

We need a person who speaks English.
(우리들은 영어를 할 줄 하는 사람이 필요하다.)
위의 문장에서 관계 대명사의 절인 who speaks English에서 관계 대명사 who가 형용사 절을 만들어 앞의 문장의 명사 person을 수식하게 하면서 그것이 이끄는 절에서 대명사 he로서 술어 speaks의 주어의 역할을 하고 있다.

2) 관계 형용사 : 한 문장 속에서 앞뒤의 말들을 접속시키면서 선행사 앞에서 형용사의 역할을 한다.

He gave her what money he had with him.
(그는 그가 몸에 갖고 있던 어떤 돈도 그녀에게 주었다.)
위의 문장에서 관계 형용사의 절인 what money he had with him에서 관계 형용사 What가 명사절을 만들어 앞의 문장의 동사 gave의 목적어가 되게 하면서 그것이 이끄는 절에서 명사 money를 수식하는 형용사 any와 관계 대명사 that의 역할을 한다. : any money that he had with him

3) 관계 부사 : 한 문장 속에서 앞뒤의 말들을 접속시키면서 그것이 이끄는 절에서 부사로서 동사를 수식한다.

This is the house where I lived in the Korean War.
(이것은 내가 한국 전쟁 때에 살았던 집이다.)
위의 문장에서 관계 부사절인 where I lived in the Korean War에서 관계 부사 where 가 형용사절을 만들어 앞의 문장의 명사 house를 수식하게 하면서 그것이 이끄는 절에서 부사 there로서 동사 lived를 수식한다.

(3) 의문사(interrogative) : 의문 대명사(interrogative pronoun), 의문 형용사(interrogative adjective), 의문 부사(interrogative verb)

1) 의문 대명사 : 한 문장 속에서 앞뒤의 말들을 접속시키면서 그것이 이끄는 절에서 의문 대명사로서 주어, 보어, 혹은 목적어의 역할을 한다.

I know who broke the window.
(나는 누가 창문을 부셨는가를 알고 있다.)
위의 눈에서 의문 대명사 who가 간접 의문문을 만들어 앞의 완전 타동사 know의 목적어가 되게 하는 명사절을 만들면서 그것이 이끄는 절에서 술어 broke의 주어의 역할을 한다.

2) 의문 형용사 : 한 문장 속에서 앞뒤의 말들을 접속시키면서 그것이 이끄는 절에서 의문 형용사로서 그것 뒤의 명사를 수식한다.

He asked me which girl was older.
(그는 나에게 어느 소녀가 더 나이가 많은가를 물었다.)

위의 문장에서 의문 형용사 which가 간접 의문문을 만들어 앞의 여격 타동사 asked 의 직접 목적어가 되게 하는 명사절을 만들면서 그것이 이끄는 절의 명사 girl을 수식 하는 형용사의 역할을 한다.

3) 의문 부사 : 한 문장 속에서 앞뒤의 말들을 접속시키면서 그것이 이끄는 절에서 의문 부사 로서 그것 뒤의 동사를 수식한다.

I don't know where she got the information.

위의 문장에서 의문 부사 where가 간접 의문문을 만들어 앞의 완전 타동사 know의 목적어가 되게 하는 명사절을 만들면서 그것이 이끄는 절의 동사 got를 수식하는 부 사의 역할을 한다.

지금까지 8 품사들과 구두점들이 구문상으로 어떠한 관계를 갖고 영어의 문장을 길고 복잡하 게 만드는가를 살펴 보았다. 8 품사들과 구두점들의 구문상의 관계를 다음과 같이 설명할 수 있다.

영작문 정복 | 8품사와 구문상의 관계

1. 명사

주어, 보어, 혹은 목적어가 됨

2. 대명사

주어, 보어, 혹은 목적어가 됨

(1) 관계 대명사

형용사절을 만들어 그것 앞의 본문 즉 주적의 어떤 명사를 수식하면서 그것이 이끄는 절 에서 주어, 보어, 혹은 목적어가 됨. (관계 대명사가 명사절을 만들어 그것 앞 혹은 뒤의 주절 의 술어 동사의 주어, 보어, 혹은 목적어가 되면서 그것이 이끄는 절에서 주어, 보어, 혹은 목 적어가 되기도 함)

(2) 의문 대명사

간접 의문문의 명사절을 만들어 그것 앞뒤의 본문 즉 주절의 술어 동사의 주어, 보어, 혹은 목적어가 되게 하면서 그것이 이끄는 절에서 주어, 보어, 혹은 목적어가 됨.

3. 동사

술어 또는 복합 술어가 됨.

(1) 조동사

본 동사와 결합하여 복합 술어를 만듦 : 조동사 + 본동사, 조동사 + 조동사 + 본동사, 조동사 + 조동사 + 조동사 + 본동사, 조동사 + 조동사 + 조동사 + 조동사 + 본동사와 같이 네 가지 복합 술어들이 있음.

(2) 준 동사

명사구, 형용사구, 혹은 부사구를 만들어 그것 앞뒤의 본문 즉 주절에 접속시킴.

1) 부정사
문장 속에서 주 요소로서 주어, 보어, 혹은 목적어가 되거나 수식 요소로서 형용사구 혹은 부사구가 됨.

2) 동명사
문장 속에서 주 요소로서 주어, 보어, 혹은 목적어가 됨.

3) 분사
문장 속에서 주 요소로서 보어가 되거나 수식 요소로서 형용사(구) 혹은 부사(구)가 됨.

(3) 완전 자동사
문장 제 1 형식(주어 + 술어 혹은 복합 술어)을 만듦.

(4) 불완전 자동사
문장 제 2 형식(주어 + 술어 혹은 복합 술어+ 보어)을 만듦.

(5) 완전 타동사
문장 제 3 형식(주어 + 술어 혹은 복합 술어+ 목적어)을 만듦.

(6) 여격 타동사

문장 제 4 형식(주어 + 술어 혹은 복합 술어+ 간접 목적어 +직접 목적어)을 만듦.

(7) 불완전 타동사

문장 제 5 형식(주어 + 술어 혼은 복합 술어+ 목적어 + 보어)을 만듦.

4. 형용사

보어가 되거나 명사나 대명사를 수식함.

1. 관계 형용사

명사절을 만들어 그것 앞뒤의 본문 즉 주절의 술어 동사의 주어, 보어, 혹은 목적어가 되게 하면서 그것이 이끄는 절에서 형용사의 역할을 함.

2. 의문 형용사

간접 의문문의 명사절을 만들어 그것 앞 혹은 뒤의 본문 즉 주절의 술어 동사의 주어, 보어, 혹은 목적어가 되게 하면서 그것이 이끄는 절에서 명사를 수식하는 형용사가 됨.목적어가 되게 하면서 그것이 이끄는 절에서 주어, 보어, 혹은 목적어가 됨.

5. 부사

동사, 형용사, 부사, 혹은 문장을 수식함.

1. 관계 부사

형용사절을 만들어 그것 앞 혹은 뒤의 본문 즉 주절의 어떤 명사를 수식하면서 그것이 이끄는 절에서 동사를 수식하는 부사의 역할을 함. (관계 부사가 명사절을 만들어 그것 앞 혹은 뒤의 주절의 술어 동사의 주어, 보어, 혹은 목적어가 되면서 그것이 이끄는 절에서 술어 동사를 수식하는 부사가 되기도 함.)

2. 의문 부사

간접 의문문의 명사절을 만들어 그것 앞 혹은 뒤의 본문 즉 주절의 술어 동사의 주어, 보어, 혹은 목적어가 되게 하면서 그것이 이끄는 절에서 동사를 수식하는 부사가 됨.

6. 전치사

그것 뒤의 명사나 대명사 또는 명사 상당어구를 목적어로 지배하여 명사구, 형용사구, 혹은 부사구를 만들어 문장에서 주 요소나 수식 요소가 되게 함.

7. 접속사

그것 앞뒤의 말들을 접속시킴.

1. 등위 접속사

그것 앞뒤의 말들을 대등하게 접속시켜 주요소가 되게 하거나 수식 요소가 되게 함.

2. 종속 접속사

그것 뒤에 문장을 이끌어 명사절과 부사절을 만들어 주요소가 되게 하거나 수식 요소가 되게 함.

8. 감탄사

문장 속에서 어디에나 위치하면서 그저 감정만을 나타내는 것으로서 구문상으로 무시해도 될 수 있는 품사인데 구문상으로 문장을 수식하는 부사와 같은 역할을 한다고 볼 수 있음.

9. 접속 구두점

이 접속 구두점은 8 품사가 아니지만 구문상으로 순수 접속 요소로서 전치사나 접속사처럼 앞과 뒤의 말들을 연결시키는 역할을 함.

1. 콤마

문장 속에서 등위 접속사, 경계선의 역할, 그리고 삽입 구문을 유도함.

2. 세미 콜론

문장 속에서 등위 접속사나 경계선의 역할을 함.

3. 대쉬

문장 속에서 경계선의 역할을 하거나 삽입 구문을 유도함.

4. 콜론

문장 속에서 인용 구문, 동격 구문, 혹은 설명 구문을 유도함.

위의 표 1.부터 9. 4.까지 영어의 품사들과 구두점들이 영어의 문장들을 만드는 과정이 일목요연하게 설명되어 있다. 영어의 모든 구문적인 관계들이 위의 표로 대변된다. 이 이상도 이 이하도 다른 어떤 것이 영어의 구문에 관련되지 않는다. 따라서 위의 표를 익히면 영어를 다 아는 것이 된다. 특히 영작에 있어서는 위의 표를 항상 염두에 두고 있어야 한다.

위의 표로 볼 때에 수식하는 것과 수식 받는 것들이 이렇게 저렇게 수식하고 이렇게 저렇 게 수식 받기에 문장들이 길어지고 복잡해진다. 이러한 관계를 알면 아무리 길고 복잡한 영어 의 문장들도 쉽게 해석될 수 있고 아무리 길고 복잡한 우리말 문장들도 쉽게 영작될 수 있다. 그러한 관계를 여기에 역시 표로 설명하는 것이 중요하다.

영작문 정복 | I 형용사적 수식

1. 형용사어적 수식

한 단어가 형용사적으로 수식함

1. 한 단어로서의 형용사가 명사를 수식할 때 : 기술 형용사 + 명사
- beautiful flowers (아름다운 꽃들) : beautiful(기술 형용사) + flowers(명사)

2. 두개의 단어들이 형용사들로서 명사를 수식할 때 : 관형사 + 기술 형용사 + 명사
- a large house (하나의 큰 집) : a(관형사) + large(기술 형용사) + house(명사)

3. 한 단어로서의 형용사가 대명사를 수식할 때 : 대명사 + 기술 형용사
- something beautiful (아름다운 어떤 것) : something(대명사) + beautiful(기술 형용사)

4. 부사가 형용사로 전환되어 명사를 수식할 때 : 명사 + 시간 또는 장소의 대부사
- men there (거기에 있는 사람들) : men(명사) + there(장소의 대부사가 형용사로 전환됨)

5. 명사가 형용사로 전환되어 명사를 수식할 때 : 형용사로 전환된 명사 + 명사
- women magazine (여성 잡지) : women(명사가 형용사로 전환된 것) + magazine(명사)

2. 형용사구적 수식

단어가 둘 또는 그 이상이 모여 형용사적 수식 구를 이루어 그것 앞의 명사나 대명사를 수식함.

1. 전치사가 그것 뒤의 명사나 대명사를 목적어로 지배하여 형용사구를 이루어 그것 앞의 명사나 대명사를 수식할 때 : 전치사 + ... + 목적어(명사, 대명사, 혹은 명사 상당어구)
   · a house on a river (한 강 위의 한 집) : a house(명사) + on(전치사) + a + house(명사 전치사 on의 목적어)

2. 부정사 구문이 그것 앞의 명사나 대명사를 수식할 때 : to + 동사 원형 + ...
   · friends to talk with (함께 이야기 할 친구들) : friends(명사) + to talk(동사 원형) + with)

3. 분사 구문이 그것 앞의 명사나 대명사를 수식할 때 : 현재 분사 혹은 과거 분사 + ...
   · the church standing on a hill (한 언덕 위에 서 있는 그 교회) : the church(명사) + standing(현재 분사) + on a hill

3. 형용사절적 수식

관계사가 그것 뒤의 문장을 형용사절로 만들어 그것 앞의 명사나 대명사를 수식함.

1. 관계 대명사가 그것 뒤의 문장을 형용사절로 만들어 그것 앞의 명사나 대명사를 수식할 때:
   · the boy who broke the window (창문을 부셨던 그 소년) : the boy(명사) + who(관계대명사) broke the window

2. 관계 형용사가 그것 뒤의 문장을 형용사절로 만들어 그것 앞의 명사를 수식할 때 :
   · English which language is grammatically complicated 그것의 언어가 문법적으로 복잡한 영어) : English(명사) + which(관계 형용사) + language(명사) is grammatically complicated

3. 관계 부사가 그것 뒤의 문장을 형용사절로 만들어 그것 앞의 명사를 수식할 때 :
   · the playground where the children played (그 아이들이 놀았던 운동장) : the playground(명사) + where(관계 부사) children played

1. 부사어적 수식

단어가 부사적으로 수식함.

1. 한 부사가 그것의 앞이나 뒤의 동사, 형용사, 부사, 혹은 문장을 수식할 때 :
- run fast (빨리 달린다) : run(동사) + fast(부사)
- very good (대단히 좋은) − very(부사) + good(형용사)
- too fast (너무 빨리) − too(부사) + fast(부사)
- Fortunately, he is alive. (다행히도, 그는 살아 있다.) : fortunately(부사), + he is alive(문장)

2. 한 명사가 부사가 되어 동사, 형용사, 혹은 부사를 수식할 때:
- run miles and miles (몇 마일을 두고 달린다.) : run(동사) + miles(명사가 부사가 된 것) and miles(명사가 부사가 된 것)
- hours late (몇 시간 늦은) : hours(명사가 부사가 된 것) + late(형용사)
- miles away (수 마일 떨어져) : miles(명사가 부사가 된 것) + away(부사)

2. 부사구적 수식

단어가 둘 또는 그 이상이 모여 부사구를 이루어 그것 앞이나 뒤의 동사를 수식하거나 그것 앞의 형용사 혹은 부사를 수식함

1. 전치사가 그것 뒤의 명사나 대명사를 목적어로 지배하여 부사구를 만들어 그것 앞 혹은 뒤의 동사, 형용사, 부사, 혹은 문장을 부사적으로 수식할 때: 전치사 + ... + 목적어(명사, 대명사, 혹은 명사 상당어구)
- live in the city (그 도시에서 산다) : live(동사) + in(전치사) + the city(명사)
- proud of him (그를 자랑스러워 하는) : proud(형용사) + of(전치사) + him(대명사)
- too large for a child (한 아이에는 너무 큰) : too(부사) large + for(전치사) + a child(명사)

2. 부정사구문이 그것 앞이나 뒤의 동사, 형용사, 부사, 혹은 문장을 수식할 때: to + 동사 원형 + ...
- came to see me (나를 보기 위해서 왔다) : came(동사) + to + see(동사 원형) me

- glad to see you (당신을 보니 기쁜) : glad(형용사) + to + see(동사 원형) you
- too glad to help you (당신을 돕는 것에 곧 즐거운) : too(부사) glad + to + help(동사 원형) you
- To tell the truth, I hate you. (사실을 말하자면 나는 당신이 싫다.) : to + tell(동사원형) the truth, I hate you(문장).

3. 분사구문이 그것 앞이나 뒤의 동사를 수식할 때: 현재 분사... 혹은 과거 분사...
- walked along the river singing merrily 명랑하게 노래하면서 걸었다)
  walked (동사)along the river + singing (분사) merrily

3. 부사절적 수식

종속 접속사와 관계 부사가 그것들 뒤에 문장을 이끌어 부사절로 만들어 그것 앞이나 뒤의 동사, 형용사, 혹은 부사를 수식함

1. 종속 접속사가 그것 뒤에 문장을 이끌어 부사절로 만들어 그것 앞이나 뒤의 동사 형용사 혹은 부사를 수식할 때:
- He left this city before I arrived here. (내가 거기에 도착하기 전에 그는 그 도시를 떠났다.) – He left(동사) this city + before(종속 접속사) I arrived here(문장).
- I am glad that I can see you again. (나는 당신을 다시 보니 기쁘다.) – I am glad(형용사) + that(종속 접속사) I can see you again(문장).
- He is so young that he cannot understand me. (그가 나를 이해하기에는 너무 나이가 어리다.) – He is so(부사) young + that(종속 접속사) he cannot understand me(문장).

2. 관계 부사가 그것 뒤에 문장을 이끌어 부사절로 만들어 그것 앞이나 뒤의 동사를 수식할 때
- We also played where they had played. (그들이 놀았던 곳에서 우리들도 놀았다.) – We also played(동사) + where(관계 부사) they had played(문장).

이상과 같이 품사와 구두점이 문장들에 어떻게 작용하여 문장들이 되고 어떻게 문장들이 길고 복잡하게 되는가를 살펴보았다. 문장들의 자료들로서의 명사, 대명사, 동사, 형용사, 부사, 전치사, 접속사, 그리고 감탄사들이 조합하여 동사의 종류에 따른 문장 5 형식들의 문장이 되는데 그 5 형식의 문장들이 어떻게 해서 길고 복잡한 문장들이 되는가를 접속 요소들_____순수 접속 요소(순전히 접속만 시키지 주요소나 수식 요소가 되지 않음) : 전치사, 접속사, 연결 구점들과 혼합 접속 요소(접속시키는 기능을 하면서 동시에 주 요소나 수식 요소의 역할을 함) 준 동사, 관계사, 의문사_____가 이어주는가를 살펴보았다.

다시 위의 설명을 정리하면 문장들은 주 요소들과 수식 요소들로 이루어지는 데 짧고 간단한 문장들은 주요소들로만 이루어 지고 조금 길고 복잡한 문장들은 수식 요소들(형용사들과 부사 들)이 합세하여 이루어지지만 매우 길고 복잡한 문장들은 접속 요소들이 위의 주요소들과 수식 요소들을 이렇게 저렇게 접속시켜 이루어지게 한다는 것을 우리는 절실히 알게 되었다. 위의 설명을 다시 적절한 예문들로 예시해보자. 먼저 주 요소들로만 구성된 예문들을 살펴보자.

학생 : 주 요소들로만 구성된 문장들은 집의 골격들인 기둥, 대들보, 벽, 그리고 지붕으로만 지어진 집에 비유될 수 있습니까?

선생 : 학생이 적절한 비유를 했다. 그러한 집은 우선 당장 그 속에 들어가서 살 수는 있지만 집다운 집 즉 안락하게 살 수 있는 집이 되게 하려면 여러 가지 다른 것들이 첨가 되어야 할 것이다. 집의 크기 여하에 따라서 그 첨가 물들이 비례적으로 많아 지는 것과 같이 문장도 수식 구문들이 첨가 되거나 그것도 모자라면 접속 요소들이 주요소들과 수식 요소들을 접속시켜 주요소들과 수식 요소들을 증가 시키는 것이다. 이것이 영어를 아는 가장 중요한 원리 의식이다. 이 원리 의식을 터득하지 못하여 영어를 공부하다가 포기하는 것은 안타까운 일이 아닐 수 없다.

1. 주요소들로만 이루어진 문장들

1. 제1형식의 문장
Birds sing. (새들은 노래한다.)
birds는 명사로서의 주어, sing은 완전 자동사로서의 술어

2. 제 2 형식의 문장
Men are intelligent. (사람들은 지능이 있다.)
men은 명사로서의 주어, are는 불완전 자동사로서의 술어, intelligent는 형용사로서 보어

3. 제 3 형식의 문장
I speak English. (나는 영어를 말한다.)
I 는 대명사로서의 주어, speaks는 완전 타동사로서의 술어, English는 명사로서의 목적어

4. 제 4 형식의 문장
She gave me water. (그녀는 나에게 물을 주었다.)
she는 대명사로서의 주어, gave는 여격 타동사로서의 술어, me는 대명사로서 간접 목적어,

water는 명사로서 직접 목적어

5. 제 5 형식의 문장

I made her happy. (나는 그녀를 행복하게 해주었다.)

I 는 대명사로서의 주어, made는 불완전 타동사로서의 술어, her는 대명사로서의 목적어, happy는 형용사로서의 보어

2. 주요소들에 수식 요소들이 합세하여 조금 길고 복잡한 문장들

1. 제1형식의 문장

Wild animals live naturally. (야생 동물들은 자연적으로 생존한다.)

형용사 wild가 주어인 명사 animals를 수식하고 부사 naturally가 술어인 동사 live를 하고 있다.

2. 제 2 형식의 문장

Most people actually are very unhappy. (대부분의 사람들은 실제적으로 대단히 불행하다.)

형용사 most는 주어인 명사 people을 수식하고 부사 actually는 술어인 동사 are를 수식하고 부사 very는 보어인 형용사 unhappy를 수식하고 있다.

3. 제 3 형식의 문장

Many students study their difficult lessons very diligently.

(많은 학생들이 그들의 어려운 학과들을 대단히 열심히 공부한다.)

형용사 many는 주어인 명사 students를 수식하고 형용사들인 their와 difficult는 목적어인 명사 lessons를 수식하고 부사 very는 부사 diligently를 수식하고 부사 diligently는 술어인 동사 study를 수식하고 있다.

4. 제 4 형식의 문장

The kind English teacher teaches his many students daily English very easily.

(그 친절한 영어 선생은 그의 많은 학생들에게 일상적인 영어를 대단히 쉽게 가르친다.)

형용사들 the, kind, English는 주어인 명사 teacher를 수식하고 형용사들 his와 many는 간접 목적어인 명사 students를 수식하고 형용사 daily는 직접 목적어인 명사 English를 수식하고 부사 very는 부사 easily를 수식하고 부사 easily는 술어인 동사 teach를 수식하고 있다.

5. 제 5 형식의 문장

The considerate husband always makes his weakly wife comfortably happy.

(그 사려깊은 남편은 그의 연약한 아내를 항상 안락하게 행복하게 해준다.)

형용사들 the, considerate는 주어인 명사 husband를 수식하고 부사 always는 술어인 동사 makes를 수식하고 형용사들 his, weakly는 목적어인 명사 wife를 수식하고 부사 comfortably 는 보어인 형용사 happy를 수식하고 있다.

3. 전소 요소들이 주 요소들과 수식 요소들을 접속시켜 매우 길고 복잡한 문장들을 얼마든지 길고 복잡하게 만들게 하는 문장들

1. 제1형식의 문장

Whenever he pleases, the old brave man with an adventurous spirit still travels in many foreign countries where he enjoys many new experiences. (그가 원하면 정신을 갖고 있는 그 늙은 용감한 사람은 그가 많은 새 경험들을 즐기는 많은 이국 나라들에서 여행한다.)

when은 순수 접속 요소인 종속 접속사로서 그것 뒤의 문장 He (주어) pleases(술어완전자동사)를 이끌어 부사절을 만들어 뒤의 술어인 동사 travels를 수식하게 하는데 pleases 다음의 콤마는 순수 접속 요소로서 앞의 종속구문에 대한 경계 선이 되고 형용사들 the, old, brave 는 주어인 명사 man을 수식하고 부사 still은 술어인 동사 travels를 수식하고 순수 접속 요소인 전치사 with는 형용사들인 an과 adventurous가 수식하는 명사 spirit를 목적어로 지배하여 형용사구를 만들어 앞의 주어인 명사 man을 수식하게 하고 순수 접속 요소인 전치사 in은 형용사들인 many와 foreign 이 수식하는 명사 countries를 목적어로 지배하여 부사구를 만들어 앞의 동사 travels를 수식하게 하고 있다. 그리고 혼합 접속 요소인 관계부사는 그것 뒤의 문장 He enjoys many new experiences를 이끌어 형용사 절을 만들어 앞의 명사 countries를 수식하게 하고 있다.

학생: 언뜻 보기에 위의 접속 요소들이 주 요소들과 수식 요소들을 이끌어 길고 복잡한 문장을 만들었지만 접속 요소들의 용법을 설명을 들으니 주 요소들로만 구성된 문장이나 주 요소들과 수식 요소들로만 구성된 문장들을 이해하는 것처럼 쉽습니다.

선생 : 학생이 역시 적절히 지적했듯이 영어의 모든 길고 복잡한 문장들은 이 접속 요소들의 용법으로 길게 되어 있어 결국 영어를 안다는 것은 이 접속 요소들의 용법을 안다는 것과 같다고 말할 수 있다. 제 2, 3, 4, 그리고 5 형식의 예문들에 대한 설명은 주 요소들로만 구성된 문장들과 주 요소들과 수식 요소들로만 구성된 문장(즉 1과 2)에서 충분히 설명이 되었기 때문에 접속 요소들에 대한 설명에 국한시킬 것이니 다른 설명들은 학생들이 직접 스스로 해보라.

2. 제 2형식의 문장

All the people of the nation are very proud of their President because he is the greatest statesman in its history.(그 나라의 모든 사람들이 그것의 역사상 그가 가장 위대한 정치가이기 때문에 그들의 대통령을 매우 자랑스럽게 여긴다.)

위의 문장에는 접속 요소들은 두개의 순수 접속 요소인 전치사 of와 한 개의 순수 접속 요소인 종속 접속사 because와 한 개의 순수 접수 요소인 전치사 in이 들어 있다. 이것들을 순서대로 설명해보자. 앞의 전치사 of는 형용사 the에 수식 받고 있는 명사 nation을 목적어로 지배하여 형용사구를 만들어 그것 앞의 주어인 명사 people을 수식하게 하고 뒤의 전치사 of는 형용사 their에 의해 수식 받고 있는 명사 President를 목적어로 지배하여 부사구를 만들어 그것 앞의 보어인 형용사 proud를 수식하게 하고 종속 접속사 because는 그것 뒤의 문장 He is the greatest statesman in its history.를 이끌어 부사절을 만들어 앞의 보어인 형용사 proud를 수식하게 하는데 그 문장에서 대명사 he는 술어 is의 주어이고 형용사들인 the greatest는 보어인 명사 statesman을 수식하고 명사 statesman는 불완전 자동사 is의 보어가 되고 순수 접속 요소인 전치사 in은 형용사 its에 의해 수식 받는 명사 history를 목적어로 지배하여 형용사구를 만들어 앞의 보어인 명사 statesman을 수식하게 하고 있다.

3. 제 3 형식의 문장

The brave soldiers defeated their enemies who had invaded their country in killing many innocent civilians mercilessly by surprise attack.(그 용감한 군인들은 기습 공격으로 많은 죄 없는 시민들을 무자비하게 죽이면서 그들의 나라를 침략한 그들의 적들을 격퇴시켰다.)

위의 문장에서 혼합 접속 요소인 관계 대명사 who는 그것 뒤의 문장 They had invaded their country in killing many innocent civilians mercilessly by surprise attack.를 이끌어 형용사절을 만들어 앞의 목적어인 명사 enemies를 수식하게 함과 동시에 그것은 그 절에서 복합 술어 had invaded의 주어의 역할을 하고 그 절의 순수 접속 요소인 in은 그것 뒤에 동명사 구문인 killing many innocent civilians mercilessly를 목적어로 지배하여 부사구를 만들어 앞의 동사 invaded를 수식하게 하고 접속 요소인 전치사 by는 그것 뒤의 형용사 surprise에 의해 수식받는 명사 attack를 목적어로 지배하여 부사구를 만들어 복합 술어의 본동사인 동사 invaded를 수식하게 하 고 있다. 그리고 혼합접속 요소인 killing은 순수접속 요소 ing가 그것 앞의 동사원형인 kill을 지배하는 가운데 앞의 순수접속 요소인 in의 목적어가 되게 하고 있다. 동사원형인 kill은 완전타동사이기 때문에 형용사들 many와 innocent에 수식받는 명사 civilians를 목적어로 지배하면서 부사 mercilessly에 의해 수식받고 있다.

4. 제 4 형식의 문장

The rich man with no children of his own gave many poor people much financial help and offered their children scholarship through a scholarship association.(자신의 자녀를 가지고 있지 않은 그 부유한 사람은 많은 가난한 사람들에게 재정적인 도움을 주었고 한 장학 재단을 통하여 그들의 자녀들에게 장학금을 제공했다.)

위의 문장에서 순수 접속 요소인 전치사 with는 형용사 no에 의해 수식 받는 명사 children을 목적어로 지배하여 형용사구를 만들어 앞의 주어인 명사 man을 수식하게 하고 순수 접속 요소 인 전치사 of 는 형용사인 his에 의해 수식 받는 소유 대명사 own을 목적어로 지배하여 형용사구를 만들어 앞의 명사 children을 수식하게 하고 순수 접속 요소인 등위 접속사 and는 앞의 술어 동사 gave와 뒤의 술어 동사인 offered를 대등하게 접속시키고 순수 접속 요소인 전치사 through는 형용사들인 a와 scholarship에 의해 수식 받는 명사 association을 명사로 지배하여 부사구로 만들어 앞의 술어인 동사 offered를 수식하게 하고 있다.

5. 제 5 형식의 문장

Although he lived very humbly, the generous tycoon helped his employees to live richly by sharing his wealth with them in the way that he gave away what money he had had invested in the stock market.(그 아낌 없이 주는 거부는 자신은 매우 소박하게 생활하지만 그의 종업원들을 그가 주식 시장에 투자 시킨 모든 돈을 거저 주는 방법으로 그들과 그의 재산을 공유하게 하여 부유하게 살도록 도왔다.)

위의 문장에서 순수 접속 요소인 종속 접속사 although는 그것 뒤의 문장 He lived very humbly.를 이끌어 부사절을 만들어 그것 뒤의 술어인 동사 helped를 수식하게 하고 순수 접속 요소인 전치사 to는 live(동사 원형) richly(앞의 동사를 수식하는 부사)를 이끌어 형용사구를 만들어 앞의 술어인 불완전 타동사 helped의 보어가 되게 하고 순수 접속 요소인 전치사 by는 그것 뒤의 동명사 구문 sharing his wealth with them in the way that he gave away what money he had had invested in the stock market를 목적어로 지배하여 부사구를 만들어 앞의 술어인 동사 helped를 수식하게 하고 혼합 접속 요소인 동명사 sharing에서 순수접속 요소인 ing은 share(동사 원형) his wealth with them in the way that he gave away what money he had had invested in the stock market를 명사구를 만들어 그것 앞의 순수 접속 요소인 전치사 by의 목적어가 되게 하고 그 동명사구문에서 순수 접속 요소인 전치사 with는 그것 뒤의 대명사 them을 목적어로 지배하여 부사
구를 만들어 동사 share를 수식하게 하고 순수 접속 요소인 전치사 in은 형용사 the에 의해 수식 받는 명사 way를 목적어로 지배하여 부사구를 만들어 앞의 동사 share를 수식하게 하고 순

수 접속 요소인 종속 접속사 that는 그것 뒤의 문장 He gave away what money he had had invested in the stock market를 이끌어 명사절을 만들어 앞의 명사 way(전치사 in의 목적어)에 동격 구문이 되게 하고 혼합 접속 요소인 관계 형용사 what는 그것 뒤의 He had had any money invested in the stock market.를 이끌어 명사절을 만들어 술어인 동사 gave의 목적어가 되게 하면서 그것이 이끄는 절의 명사 money를 수식하는 형용사인 any의 역할을 하고 있고 순수 접속 요소인 전치사 in은 형용사들인 the와 stock에 의해 수식 받는 명사 market를 목적어로 지배하여 부사구를 만들어 앞의 보어인 형용사 invested를 수식하게 하고 있다. (여기서 노파심에서 what money he in the stock market를 자세히 설명하면 그것 전체의 구문은 앞의 술어인 동사 gave의 목적어가 되는 명사절이 되는데 거기서 he는 주어이고 had had는 복합 술어로 앞의 had는 과거 완료 조동사이고 뒤의 had는 불완전 타동사 사역 동사인 have의 과거 분사로서 본동사이고 money는 관계 형용사 what에 의하여 수식된 명사로서 사역 동사 had의 목적어이고 invested는 형용사로서 사역 동사(불완전 타동사) had의 보어가 되고 순수 접속 요소 in은 형용사들인 the와 stock에 의해 수식된 명사 market를 목적어로 지배하여 부사구를 만들어 보어인 형용사 invested를 수식하게 하고 있다.)

학생 : 선생님, 접속 요소들이 들어 있는 다른 문장들에서도 그렇지만 이 문장 제 5 형식의 예문에서는 접속 요소들이 영어에서 구문상으로 얼마나 큰 기능을 하는가를 절실히 느끼게함과 동시에 앞에서 말씀하셨듯이 영어는 이 접속 요소들의 용법을 제대로 알면 영어를 제대로 알게 된다는 것을 새삼 깨달았습니다. 그리고 이렇게 길고 복잡한 문장을 자세하고 철저하게 분석해 주시니 언뜻 뭐가 뭔지 복잡한 것 같은데 오히려 일사불란한 설명의 덕분에 일거에 쉽게 이해가 됩니다. 선생님, 감사합니다.

선생 : 학생이 이점을 깨달았다고 하니 학생은 이미 영어를 거의 다 배운 것이나 다름이 없다. 이왕에 학생이 이 접속 요소들의 중요성을 지적했으니 이 접속 요소들을 순수 접속 요소들과 혼합 접속 요소들의 차이점을 도식으로 설명하는 것이 좋을 것 같다. 앞에서 지적했듯이(중요한 것은 아무리 반복해서 말해도 오직 좋을 뿐이다. 나는 이 영작문 강의를 하는 동안 바로 이 반복 즉 되풀이 하는 것을 게을리 하지 않을 것이다.) 접속 요소 앞에 "순수"라는 말이 붙는 소위 순수 접속 요소는 말 그대로 순전히 접속의 기능만을 하는 것이고 접속 요소 앞에 "혼합"이라는 말이 붙는 소위 혼합 접속 요소는 말 그대로 접속의 기능과 더불어 다른 역할 즉 주요소의 역할을 하거나 수식 요소의 역할을 한다.

접속 요소를 도식으로 표시하기 전에 주요소와 수식 요소를 도식으로 표시하면 그것들 밑에 다 같이 └┘ 로 도식화 된다. 이것과 대조적으로 순수 접속 요소는 그것 밑에 ╲╱ 로 도식되고 혼합 접속 요소를 도식화 한다면 그 접속 요소 밑에 ╲┘ 로 도식된다.

보기들을 놓고 비교해 보자.

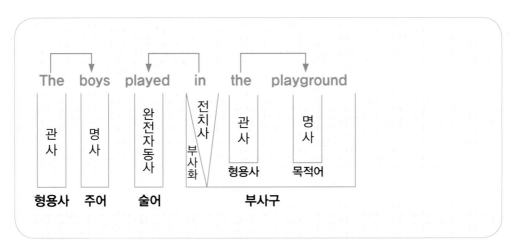

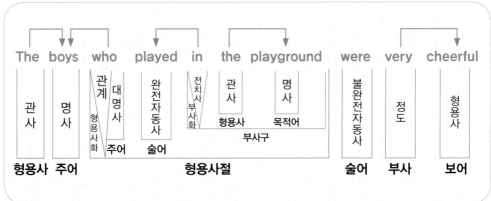

주요소들 (major elements)

한 문장 속에서 홀로 서는 주요소는 도식에서 □ 으로 표시 된다. 주요소의 종류에는 주어, 술어, 목적어, 보어가 있다.

■ Birds sing.

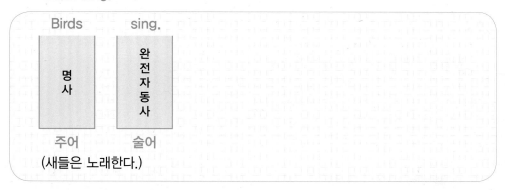

(새들은 노래한다.)

■ Birds are beautiful.

(새들은 아름답다.)

■ Birds sing songs.

(새들은 노래들을 부른다.)

■ Birds sing us songs.

(새들은 우리들에게 노래들을 불러준다.)

■ Birds make men cheerful.

(새들은 사람들을 즐겁게 해준다)

수식요소들(modifying elements)

주요소들을 직접 수식하는 수식 요소들도 □로 도식화 된다. 수식하는 방향을 표시하는 화살표식은 상단에 ↓ 혹은 ↓로 나타낸다. 수식요소의 종류에는 형용사적 수식요소와 부사적 수식요소가 있다.

■ Beautiful birds sing beautifully.

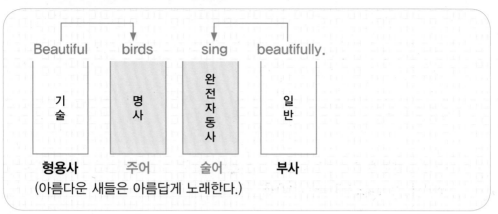

(아름다운 새들은 아름답게 노래한다.)

■ Some birds are very beautiful.

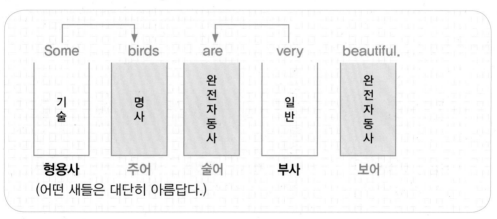

(어떤 새들은 대단히 아름답다.)

■ Very beautiful birds sing very beautiful songs merrily.

(대단히 아름다운 새들은 대단히 아름다운 노래들을 명랑하게 부른다.)

■ Some beautiful birds sing many men beautiful songs merrily.

(어떤 새들은 많은 사람들에게 아름다운 노래들을 명랑하게 불러준다.)

■ Many colorful birds make many children very happy cheerfully.

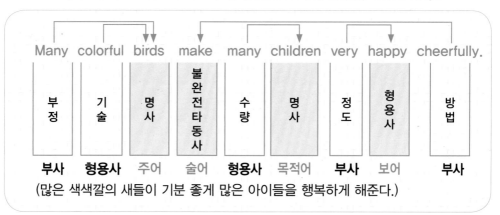

(많은 색색깔의 새들이 기분 좋게 많은 아이들을 행복하게 해준다.)

접속 요소들 (connective elements)

(1) 순수 접속 요소들 (pure connective elements)

한 문장 속에서 순전한 접속의 기능을 하기 때문에 문장의 주요소와 수식 요소가 되지 못하여 홀로서지 못하기 때문에 도식 ∨ 으로 표시된다.

1) 전치사 (preposition)

전치사는 그것 뒤에 명사, 명사구, 명사절 또는 대명사를 목적어로 지배하여 구를 만드는 기능밖에 하지 못한다. 따라서 그것을 순수 접속 요소라고 한다. 이 도식을 크게 확장해서 보면 아래 그림들과 같이 도식된다 :

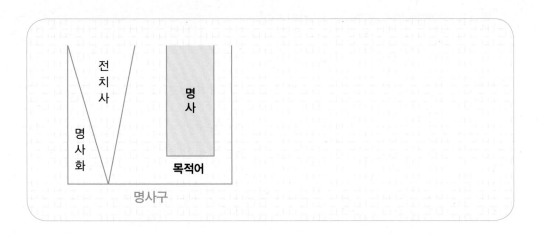

혹은

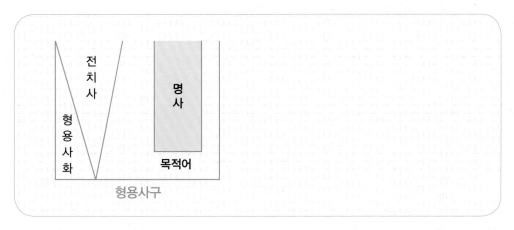

혹은

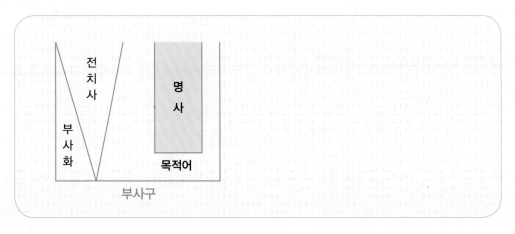

■ The flower in the vase is beautiful.

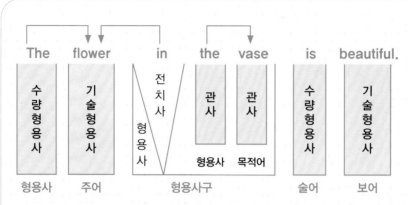

(그 꽃병 속에 있는 꽃은 아름답다.)

위 도식화된 문장에서 전치사 in은 뒤의 명사 vase를 목적어로 지배하여(묶어서) 앞의 명사 flower를 수식하는 형용사구를 만들어 순수접속 요소의 기능만을 하는 접속요소임.

(2) 접속사 (conjunction)

1) 등위접속사 (coordinate conjunction)

등위접속사는 그것 앞의 말과 그것 뒤의 말을 대등하게 접속하는 기능밖에 하지 못한다.

도식으로서는

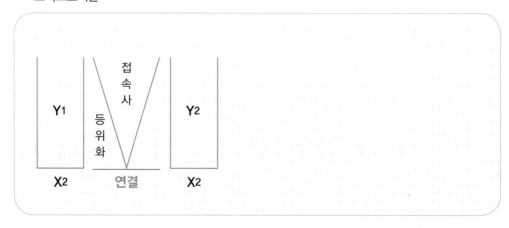

으로 표시된다.

■ Tom and Bill are friends.

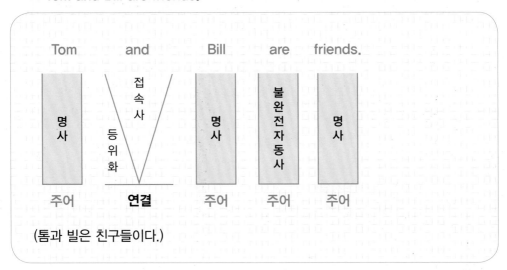

(톰과 빌은 친구들이다.)

2) 종속접속사 (subordinate conjunction)

종속접속사는 그것 뒤의 문장(주어+술어 혹은 복합술어)을 묶어서 뒤의 술어 혹은 복합술어의 주어가 되게 하는 명사절을 만들거나, 불완전 자동사(또는 타동사)의 보어를 만들거나, 타동사의 목적어가 되는 명사절을 만들거나, 앞이나 뒤의 동사, 형용사, 부사, 그리고 문장을 수식하는 부사절을 만드는 기능을 한다.

도식으로서는

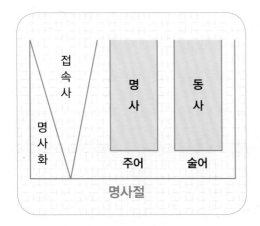 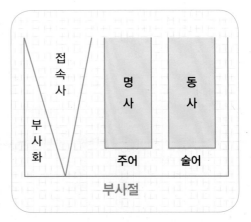

■ That he is alive is true.

(그가 살아 있는 것은 사실이다.)

■ I know that he is alive.

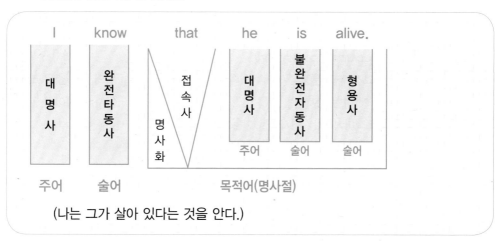

(나는 그가 살아 있다는 것을 안다.)

■ When the sun rose over the mountain, we marched forward.

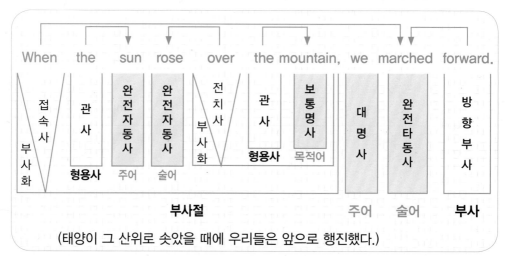

(태양이 그 산위로 솟았을 때에 우리들은 앞으로 행진했다.)

(3) 연결 구두점 (conjunctional punctuation)

앞의 말과 뒤의 말을 접속시키는 기능만을 하면서 도식 V 로 표시된다.

① 쉼표 (comma) : (,)

■ I drink milk, coffee, and tea.

(나는 우유와 커피와 차를 마신다.)

■ Mr. Smith, my English teacher, came here yesterday.

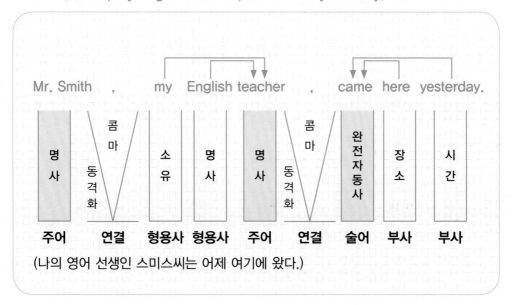

(나의 영어 선생인 스미스씨는 어제 여기에 왔다.)

② 줄표 dash : (——)

■ Mr. Smith —— my English teacher —— came here yesterday.

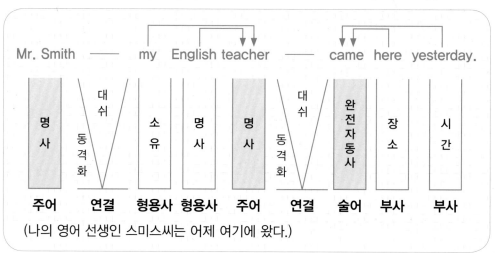

(나의 영어 선생인 스미스씨는 어제 여기에 왔다.)

③ 세미콜론 semi-colon (;)

■ He is rich; he is unhappy.

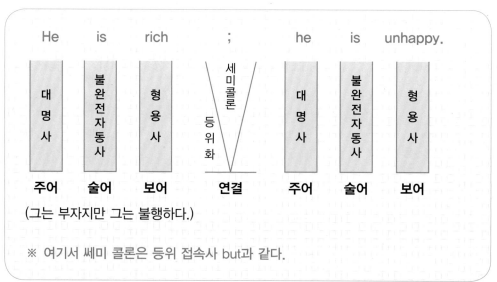

(그는 부자지만 그는 불행하다.)

※ 여기서 쎄미 콜론은 등위 접속사 but과 같다.

④ 콜론 colon: (:)

■ He went to bed early ： he had overworked.

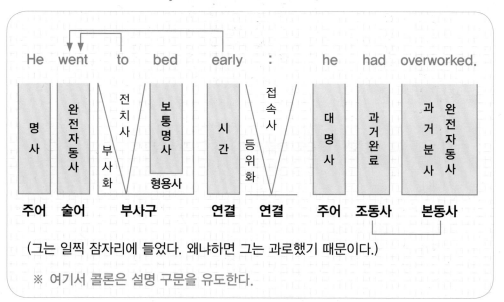

(그는 일찍 잠자리에 들었다. 왜냐하면 그는 과로했기 때문이다.)

※ 여기서 콜론은 설명 구문을 유도한다.

혼합접속 요소들(mixed connective elements)

접속의 기능을 하면서 주요소가 되거나 수식요소가 되는 접속 요소로서 도식

로 표시된다.

(1) 준 동사 (verbals)

1) 부정사 (infinitive)

접속의 기능을 하면서 to+동사원형...의 형식을 취해 명사구, 형용사구, 혹은 부사구가 되어 문장의 주요소가 되거나 수식요소가 된다.

도식으로서는

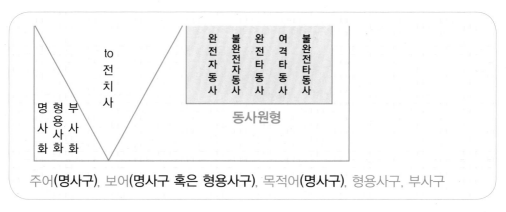

주어(**명사구**), 보어(**명사구 혹은 형용사구**), 목적어(**명사구**), 형용사구, 부사구

로 표시된다.

■ I want to help you.

(나는 당신을 돕기를 원한다.)

■ This is the man to help you.

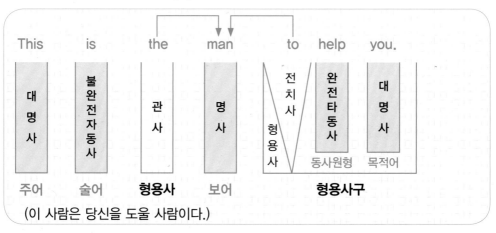

(이 사람은 당신을 도울 사람이다.)

■ I came here to help you.

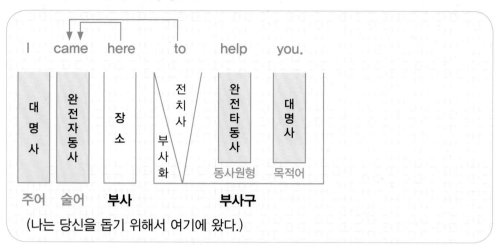

(나는 당신을 돕기 위해서 여기에 왔다.)

■ I wanted him to help you.

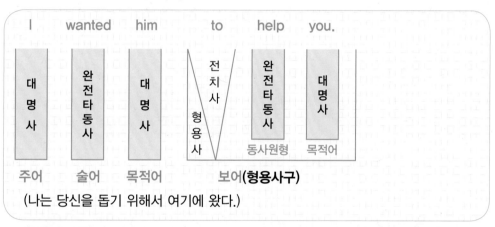

(나는 당신을 돕기 위해서 여기에 왔다.)

(2) 동명사 (gerund)

접속의 기능을 하면서 동사원형+ ing...형으로써 명사구가 되어 뒤의 술어의 주어가 되거나 앞의 동사의 목적어가 되거나 보어가 된다.

도식으로서는

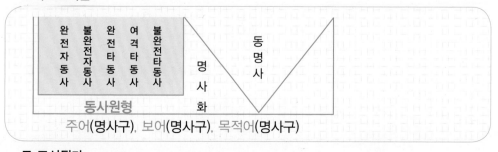

로 표시된다.

■ I remember seeing him once.

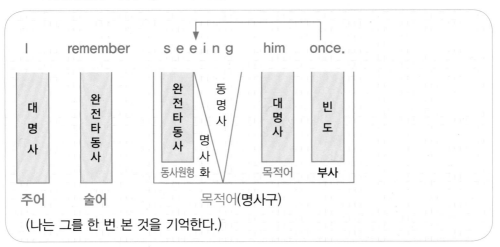

(나는 그를 한 번 본 것을 기억한다.)

■ Seeing Paris is seeing Europe.

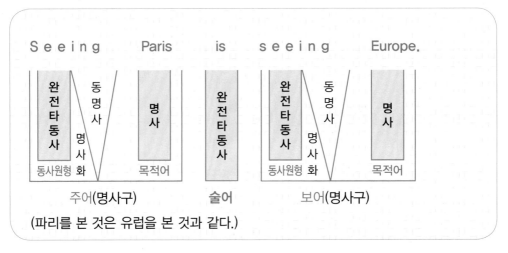

(파리를 본 것은 유럽을 본 것과 같다.)

(3) 분사 (participle)

접속의 기능을 하면서 동사원형+ing형태와 동사원형+ed 혹은 en 등의 형태로 나타나거나 불규칙분사로서는 그 형태가 다양하게 나타나는 형태로서 형용사적 수식요소가 되거나 부사적 수식요소가 된다.

도식으로서는

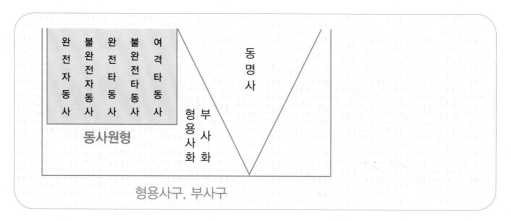

로 표시된다.

■ The church standing on the hill commands a fine view.

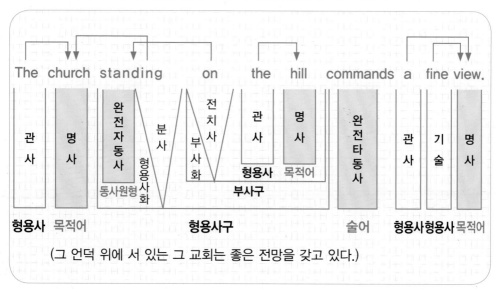

(그 언덕 위에 서 있는 그 교회는 좋은 전망을 갖고 있다.)

■ Living in the country, he has few visitors.

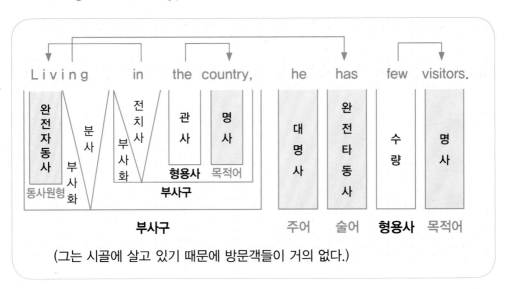

(그는 시골에 살고 있기 때문에 방문객들이 거의 없다.)

■ The book written in English is difficult.

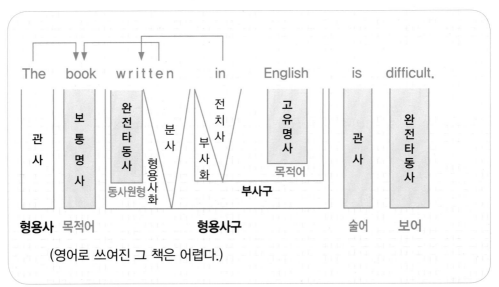

(영어로 쓰여진 그 책은 어렵다.)

관계사 (relatives)

(1) 관계대명사 (relative pronouns)

도식으로는

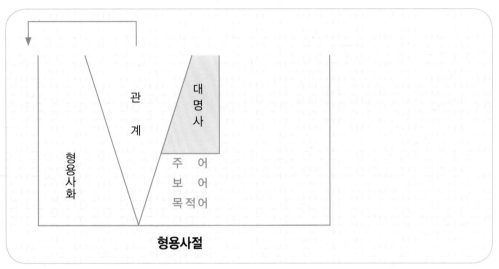

로 표시된다.

■ This is the man who helped me.

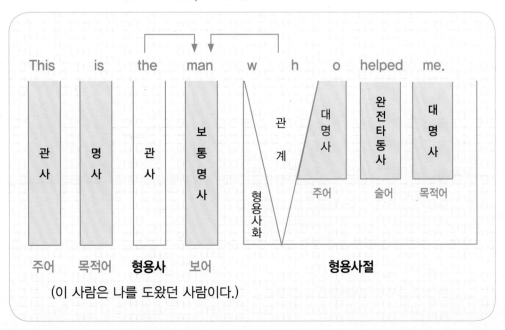

(이 사람은 나를 도왔던 사람이다.)

(2) 관계부사 (relative adverbs)

도식으로는

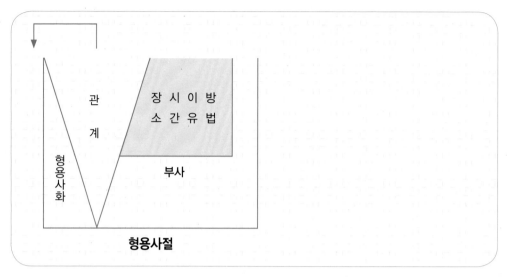

로 표시된다.

■ This is the place where we played yesterday.

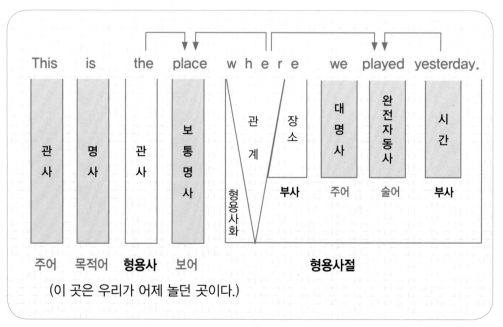

(이 곳은 우리가 어제 놀던 곳이다.)

(3) 관계형용사 (relative adjectives)

도식으로는

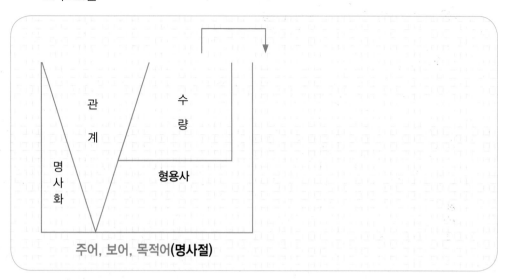

로 표시된다.

■ I gave him what money I had.

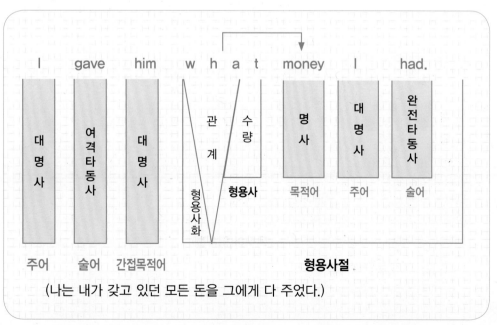

(나는 내가 갖고 있던 모든 돈을 그에게 다 주었다.)

의문사 (interrogatives)

접속의 기능을 하면서 대명사, 부사, 혹은 형용사가 되어 주요소가 되거나 수식요소가 된다.

(1) 의문 대명사 (interrogative pronouns)

도식으로는

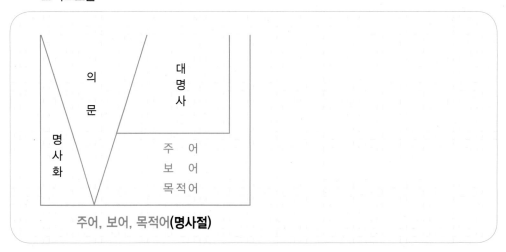

로 표시된다.

■ I know who he is.

(나는 그가 누구인가를 안다.)

(2) 의문 부사 (interrogative adverbs)

도식으로는

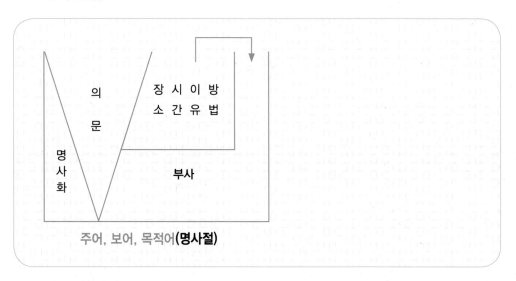

로 표시된다.

■ I know where he lives.

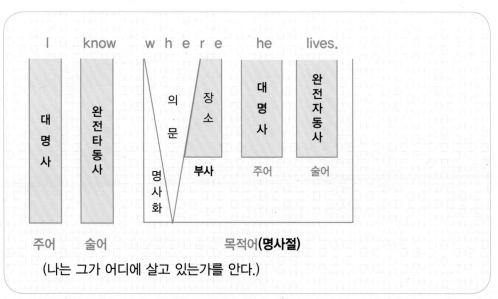

(나는 그가 어디에 살고 있는가를 안다.)

의문 형용사 (interrogative adjectives)

도식으로는

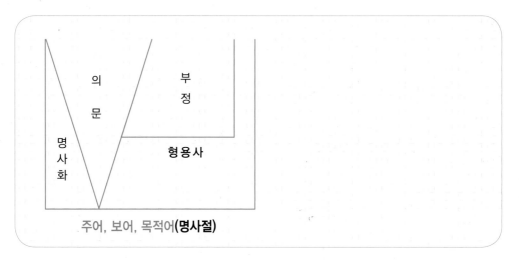

로 표시된다.

■ He told me what book he wanted.

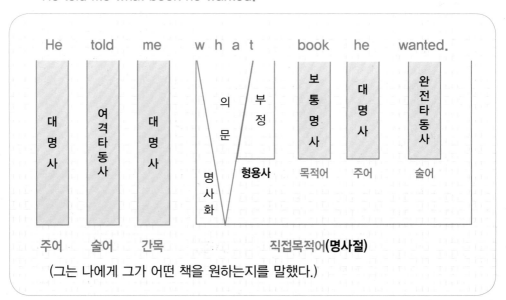

학생: 비교적 간단한 문장들이지만 도식으로 한 편으로 주요소들과 수식 요소들과 다른 한 편으로 순수 접속 요소들과 혼합 접속 요소들의 차이점들이 확연히 드러남과 동시에 영어의 문장들은 그저 단어들이 무기물처럼 상호간의 관계(interdependency)없이 그저 서로 인접되어 순서에 따라 나열 되어 있는 것이 아니고 유기물처럼 단어들이 상호 밀접히 유기적으로 서로 다른 수준들(순차적으로 가장 높은 수준 밑으로 차례로 있게 되는 수준들)에 따라 관계되어 있음을 알게 되었습니다.

선생 : 학생은 내가 바로 그 말을 하려고 했는데 미리 알고 그렇게 호응을 해주니 선생으로서 보람을 느낀다. 여기서는 맛 배기로 간단한 것을 도식화했지만 적절한 때에 본격적으로 주요소들과 수식 요소들 그리고 순수 접속 요소들과 혼합 접속 요소들의 도식을 다룰 계획이다. 궁극적으로 영어를 안다는 것은 이 도식을 완전히 아무리 길고 복잡한 영어 문장에도 표시할 수 있다는 것이다. 이렇게 영어의 길고 복잡한 문장들은 포함하고 포함시키는 서로 상호 수준들로 주요소들과 수식 요소들이 순수 접속 요소들이나 혼합 접속 요소들에 의해 접속되어 있다. 이러한 접속의 관계들이 바로 영문법인 것이다. 따라서 이런 것들의 관계들로 이루어진 영문법을 모르면 영어를 모르는 것은 당연하다.

학생들은 주요소들과 수식 요소들이 독립된 요소들로서 독립될 수 없는 접속 요소들이 그것들보다 하위 수준에 머문다고 생각하기가 쉽다. 그래서 이러한 접속 요소들을 철학에서 혼자 설 수 없는 단어들이라고 하여 syncategorematic words(words not capable of standing alone as a word or a punctuation in a sentence : 한 문장 속에서 하나의 단어로서 혹은 하 나의 구두점으로서 홀로 설 수 없는 단어)라고 불려지기도 한다. 그래서 이러한 단어들이나 구두점들은 반드시 앞 혹은 뒤에 어떤 요소들 즉 주요소들이나 수식 요소들에 의지해야 한다. 그러나 나중에 도식으로 설명할 때에 극명하게 보이겠지만 그것들은 오히려 주요소들이자 수식 요소들을 지배하는 것이지 반대로 주요소들이나 수식 요소들이 그들 접속 요소들을 지배할 수 없는 것이다.

이러한 접속 요소들의 지배적인 기능을 철학자 T. H. Huxley가 주장한 부수 현상설(epiphenomenalism : the doctrine that consciousness or mental processes accompany and are determined by brain processes but cannot influence them : 의식 또는 정신적인 과정들은 뇌의 작용들을 따르고 뇌의 과정들에 의해 결정되는 것이지 의식 또는 정신적인 과정들이 뇌의 과정들에 영향을 끼치지 못한다는 이론)에 비유할 수 있는데 그 학설에 물직과 정신의 이원론을 인정하면서 물질이 정신을 일방적으로 원인적인 상호 작용(causal interaction)을 하는 것이지 결코 정신이 물질에 작용할 수 없다는 것이다. 이와 같이 사실은 정반대이지만 접속 요소들이 언뜻 더 중요한 요소들로 보이는 주요소들이나 수식 요소들에 의존하는 기능적인 하위에 속한 것 같이 보인다.

내가 왜 이러한 철학적인 말을 영문법에 또는 영어 공부에 결부시키는 이유는 영어가 외국어인 우리가 영어를 배우는 것은 그저 단순히 앵무새와 같이 머리가 텅 빈 house boy 수준의 영어를 배우는 것이 아니고 영미인들이 지금까지 써 놓은 보배보다 더 중요한 깊고 높은 인간의 사상과 감정의 정수를 함께 배워 그러한 사상과 감정의 지식을 갖고 우리도 그러한 수준 높은 지성적인 삶을 누리는 데 있는 것이다. 그래서 이 영작문 강의가 끝날 때까지 서구의 철학 사상을 중간 중간에 양념으로 삽입할 것이다. 현재로서는 조금은 생소하고 어려운 것 같이 보일는지 모르지만 이 영작문 강의가 끝날 즈음에는 정신 수준이 그렇게 높아 있음을 알게 될 것이다.

다시 영작문 설명으로 돌아가 위에서 설명한 것들 중에서 중요하지 않는 것이 하나도 없지만 또 다른 면에서 역시 언어란 동사가 중심이 되기 때문에＿＿ 특히 영어에 있어서는 ＿＿ 영어의 동사의 종류들 ＿＿ 완전 자동사, 불완전 자동사, 완전 타동사, 여격 타동사, 그리고 불완전 타동사＿＿에 의하여 문장의 형식들이 결정되는 것을 영어 공부에 있어서 가장 중요한 것으로 삼아야 할 것이다. 나머지는 이것들의 순열 조합의 법칙과 변형의 법칙들을 알면 영어는 저절로 습득된다고 해도 지나친 말이 아닐 것이다. 이제부터 이 다섯 가지 동사 종류에 따른 문장 5 형식들을 선두로 다시 새롭게 공부하고자 한다. 왜냐하면 앞에서 누누이 강조했지만, 영어에서는 다섯 가지 종류들의 동사들에 따른 다섯 가지 문장 형식들을 철두철미 하게 아는 것이 요체이기 때문이다.

문장 5형식의 형식들

제 1형식

S(주어) + V(완전 자동사 : 보어도 목적어도 달고 오지 않음) "S는 V이다."

제 2형식

S(주어) + V(불완전 자동사 : 보어를 달고 옴) + C(주격 보어———앞의 불완전 자동사 V와 함께 주어 S를 서술함) "S는 C가 V된다."

제 3형식

S(주어) + V(완전 타동사 : 목적어를 지배함) + O(목적어 앞의 완전 타동사 V와 함께 주어 S를 서술함) "S는 O를 V한다."

제 4형식

S(주어) + V(여격 타동사 : 간접 목적어와 직접 목적어를 지배함) + IO(간접 목적어에게) + DO(직접 목적어) "S는 IO에게 DO를 V한다."

제 5형식

S(주어) + V(불완전 타동사 : 목적어를 지배하고 보어를 달고 옴) + O(목적어) + C(목적격 보어———앞의 목적어 O를 서술함) "S는 O를 C하게 한다."

위의 품사들에 대한 그리고 문장 5형식들에 대한 예비 지식을 갖고 간단한 문장 5형식들에 속하는 영작을 해보자.

1. 문장 제 1형식에 속하는 문장들

1) 아름다운 새들이 명랑하게 노래한다.
  · 아름다운 = beautiful, 새들 = birds, 명랑하게 = merrily, 노래한다 = sing(완전 자동사)
  영작 : Beautiful birds sing merrily.

2) 많은 젊은 사람들이 어제 여기에서 일했다.

· 많은 = many, 젊은 = young, 사람들 = men, 어제 = yesterday, 여기에서 = here, 일했다 = worked(완전 자동사)

  영작 : Many young men worked here yesterday.

3) 나는 생각한다 그런고로 나는 존재한다.

· 나 = I, 생각한다 = think, 그런고로 = therefore, 존재한다 = exist(완전 자동사)

  영작 : I think therefore I exist.

4) 그 날씬한 여자는 매일 수영한다.

· 그 = the, 날씬한 = slender, 여자 = woman, 매일 = everyday, 수영한다 = swim(완전 자동사)

  영작 : The slender woman swims everyday.

5) 해가 환히 빛난다.

· 해 = sun, 환히 = brightly, 빛난다 = shine(완전 자동사) *영어에서는 유일무이한 자연물들 (natural objects)에는 정관사 the가 그 앞에 붙는다 : 보기들 the universe, the world, the sun, the moon, 등등.

  영작 : The sun shines brightly.

2. 문장 제 2형식에 속하는 문장들

1) 새들은 아름답다.

· 새들 = birds, 아름다운 = beautiful, 이다 = are(불완전 자동사)

  영작 : Birds are beautiful.

2) 해는 환하다.

· 해 = sun, 환한 = bright, 이다 = is(불완전 자동사)

  영작 : The sun is bright.

3) 너는 위대한 사람이 될 것이다.

· 너 = you, 위대한 = great, 사람 = man, 되다 = become(불완전 자동사 본동사), 될 것이다 = will(조동사)

영작 : You will become a great man.

) 그는 거기서 침묵을 지켰다.

· 그 = he, 거기서 = there, 침묵하는 = silent, 지켰다 = remained(불완전 자동사)

영작 : He remained silent there.

5) 너는 여기에서 조용히 있어야 한다.

· 너 = you, 여기에서 = here, 조용한 = quiet, 이다 = be 혹은 keep(불완전 자동사), 야 한다. = must(조동사)

영작 : You must keep quiet here.

3. 문장 3형식에 속하는 문장들

1) 걸상들은 책상들을 사랑한다.

· 걸상들 = chairs, 책상들 = desks, 사랑한다 = love

영작 : Chairs love desks.

2) 그 어린이들은 많은 크고 작은 물고기들을 잡았다.

· 그 = the, 어린이들 = children, 많은 = many, 큰 = big, 그리고 = and, 작은 = little, 물고기들 = fishes, 잡았다 = caught (완전 타동사)

영작 : The children caught many big and little fishes.

3) 그 작은 소년은 한 돌을 멀리 던졌다.

· 그 = the, 작은 = little, 소년 = boy, 한 = a, 돌 = stone, 멀리 = away, 던졌다 = threw (완전 타동사)

영작 : The little boy threw a stone away.

4) 그들은 전력을 다 했다.

· 그들 = they, 전 (혹은 모든) = every, 력 (혹은 힘) = effort, 했다 (혹은 썼다) = exerted (완전 타동사)

영작 : They exerted every effort.

5) 그 군중은 그 미친 개를 멀리 쫓았다. (완전 타동사)

· 그 = the, 군중 = crowd, 그 = the 미친 = mad, 개 = dog, 멀리 = away, 쫓았다 = drove

　영작 : The crowd drove the mad dog away.

4. 문장 제 4형식에 속하는 문장들

1) 나의 아버지는 나에게 한 흥미 있는 책을 주셨다.

· 나의 = my, 아버지 = father. 나에게 = me. 한 = an, 흥미 있는 = interesting, 주셨다 = gave (여격 타동사)

　영작 : My father gave me an interesting book.

2) 그의 아버지는 그에게 하나의 장난감을 만들어 주었다.

· 그의 = his, 아버지 = father 그에게 = him, 하나의 = a, 장난감 = toy, 만들어 주었다 = made (여격 타동사)

　영작 : His father made him a toy.

3) 그 미국인은 많은 한국의 아이들에게 영어를 가르쳤다.

· 그 = the, 미국인 = American, 많은 = many, 한국의 = Korean, 아이들 = children, 영어 = English, 가르쳤다 = taught (여격 타동사)

　영작 : The American taught many Korean children English.

　Cf. 위의 문장을 전치사 "to"를 간접 목적어 "many Korean children" 앞에 붙이고 뒤로 돌리면 이 문장은 제 3형식의 문장이 된다 The American taught English to many Korean children.

4) 그 예쁜 숙녀는 그 용감한 신사에게 그녀의 정성어린 선물을 제공했다.

· 그 = the, 예쁜 = pretty, 숙녀 = lady, 그 = the, 용감한 = brave, 신사 = gentleman, 그녀의 = her, 정성어린 = heart-felt, 선물 = gift, 제공했다 = offered (여격 타동사)

　영작 : The pretty lady offered the brave gentleman her heart-felt gift.

5) 그들은 우리들에게 음식과 음료를 보급했다.

· 그들은 = they, 우리들에게 = us, 음식 = food, 과 = and, 음료 = drink, 보급했다 = provided (여격 타동사)

영작 : They provided us food and drink.

Cf. They provided us with food and drink.

5. 문장 5형식에 속하는 문장들

1) 그는 그녀를 혼자 있게 했다.

· 그는 = he, 그녀를 = her, 혼자있게 = alone, 했다 = let (불완전 타동사)

영작 : He let her alone.

2) 그는 그녀가 그보다 20년 더 젊었지만 그의 아내로 삼았다.

· 그는 = he, 그녀가 = she, 그 = he, 보다 = than, 20년 = twenty years, 더 젊은 = younger, 이었다 = was (불완전 타동사) 지만 = although, 그녀를 = her, 아내로 = wife 삼았다 = made (불완전 타동사)

영작 : He made her his wife although she was twenty years younger than he.

3) 그 군인들은 그들의 요새를 더 견고하게 했다.

· 그 = the, 군인들 = soldiers, 그들의 = their, 요새 = fortress, 더 = more, 견고한 = secure, 했다 = rendered (불완전 타동사)

영작 : The soldiers rendered their fortress more secure.

4) 남편과 아내는 그들의 여행 중에 그들의 강아지를 홀로 그들의 집에 남게 했다.

· 남편 = husband, 아내 = wife, 과 = and, 그들의 = their, 여행 = journey, 중에 = on, 그들의 = their, 강아지를 = puppy, 홀로 = alone, 그들의 = their, 집 = house, 에 = in, 남게 했다 = left (불완전 타동사)

영작 : Husband and wife left their puppy alone in their house on their journey.

5) 나는 5시까지 모든 것이 준비되어 있기를 바란다.

· 나는 = I, 5시 = five o' clock, 까지 = by, 모든 것이 = everything, 준비되어 있는 = ready, 바란다 = want

영작 : I want everything ready by five o' clock.

선생 : 지금까지는 8품사들과 문장 5형식들에 대한 예비적인 영작을 했고 이제부터는 본격적인 영작을 시작하겠다. 학생들! 나는 영어하면 문장 5형식이라는 생각밖에 다른 생각은 나지않는다는 것을 여기에 거듭 밝히고 왜 내가 그렇게 하고 있는가는 앞으로도 문장 5형식들을 물고 늘어지면서 이 영작문 강의를 할 것이다. 좌우간 어느 영어 문장이든 이 5형식들에 속하지 않은 것은 하나도 없는 것이다. 따라서 영어를 읽을 때나 쓸 때나 물론 말하고 듣는 것은 말할 것도 없이 이 영어 문장 5형식들만을 따지면 만사 형통임을 다시 한 번 노파심에서 여기에 일러 두고자 한다. 왜냐하면 내가 영어를 정복한 것은 이 문장 5형식들을 정복했기 때문이다. 그리고 내가 40여년간을 한국외국어대학교 영어대학 영어 학부 교수로 학생들에게 영어를 가르친 것은 역시 이 문장 5형식들을 중심으로 한 것이다.

이 5형식의 영어의 문장들은 거듭 말했듯이 영어의 동사들이 중심이 되어 이루어지는 것이며 따라서 영어를 정복한다는 것은 영어의 동사들의 모든 것들을 아는데 있는 것이다. 그러면 본격적으로 영작 강의로 들어가기 전에 영어 동사들에 있어서 역시 가장 중요한 그것들의 시제 (tense)를 먼저 알지 않으면 안 된다. 영어 동사들의 시제는 직설법 시제(the tense of the indicative mood)와 가정법 시제(the tense of the subjunctive mood)로 이루어진다. 먼저 직설법 시제를 간단한 보기들을 곁들여 설명하고 가정법 시제를 같은 방법으로 다루겠다.

영작문 정복 | 직설법 시제 the tense of the indicative mood

사실을 있는 그대로 말하는 시제. (동사 "write"를 보기로 삼겠고 능동태와 수동태를 나란히 다루겠다. 이렇게 하는 것은 영어 시제에 대한 원리 의식을 고취시키는 데에 그 목적이 있다.)

1. 현재(present)

현재의 시점을 중심으로 동태나 상태가 일회적으로 발생하거나 반복적으로 발생하는 것을 나타낸다.
1) 그 사람은 하나의 편지를 매일 쓴다 The man writes a letter everyday.
2) 하나의 편지가 그 사람에 의해서 매일 쓰여진다 A letter is written everyday by the man.

2. 과거(past)

과거의 한 시점을 중심으로 동태나 상태가 일회적으로 발생했거나 반복적으로 발생했던 것을 나타낸다.

1) 그 사람은 하나의 편지를 매일 썼다 The man wrote a letter everyday.

2) 하나의 편지가 그 사람에 의해서 매일 쓰여졌다 A letter was written everyday by the man.

3. 미래(future)

미래의 한 시점을 중심으로 동태나 상태가 일회적으로 발생할 것이거나 반복적으로 발생할 것을 나타낸다.

1) 그 사람은 하나의 편지를 매일 쓸 것이다 The man will write a letter everyday.

2) 하나의 편지가 그 사람에 의해 매일 쓰여질 것이다 A letter will be written everyday by the man.

4. 현재 완료(present perfect)

동태나 상태가 과거의 한 시점에서 발생하여 현재의 시점에서 완료, 결과, 경험, 혹은 계속되는 것을 나타낸다.

1) 그 사람은 오늘 아침부터 지금까지 하나의 편지를 썼다 The man has written a letter since this morning.

2) 하나의 편지가 그 사람에 의해 오늘 아침부터 지금까지 그 사람에 의해 쓰여졌다. A letter has been written by the man since this morning.

5. 과거 완료(past perfect)

동태나 상태가 과거의 한 앞의 시점에서 발생하여 과거의 한 뒤의 시점에서 완료, 결과, 경험, 혹은 계속되었던 것을 나타낸다.

1) 그 사람이 하나의 편지를 어제 아침부터 어제 밤까지 썼었다 The man had written a letter by last night since yesterday morning.

2) 하나의 편지가 어제 아침부터 어제 밤까지 그 사람에 의해 쓰여졌었다 A letter had been written by last night since yesterday morning.

6. 미래 완료(future perfect)

동태나 상태가 한 앞의 시점(과거의 한 시점, 현재의 시점, 아니면 미래의 앞의 한 시점)에서 발생하여 미래의 한 시점에서 완료, 결과, 경험, 혹은 계속될 것을 나타낸다.

1) 그 사람이 하나의 편지를 지금에서 오늘 밤까지 쓸 것이다 The man will have written a letter from now till tonight.

2) 하나의 편지가 지금에서 오늘 밤까지 그 남자에 의해서 쓰여질 것이다 A letter will have been written by the man from now till tonight.

7. 현재 진행(present progressive)

동태가 현재의 시점을 중심으로 순간적으로 진행하고 있는 것을 나타낸다.
1) 그 사람이 지금 하나의 편지를 쓰고 있다 The man is now writing a letter.
2) 하나의 편지가 그 사람에 의해 지금 쓰여지고 있다 A letter is now being written by the man.

8. 과거 진행(past progressive)

동태가 과거의 한 시점을 중심으로 순간적으로 진행하고 있던 것을 나타낸다.
1) 그 사람이 어제 아침 하나의 편지를 쓰고 있었다 The man was writing a letter yesterday morning.
2) 하나의 편지가 그 사람에 의해서 어제 아침 쓰여지고 있었다 A letter was being written by the man yesterday morning.

9. 미래 진행(future progressive)

동태가 미래의 한 시점을 중심으로 순간적으로 진행하고 있었던 것을 나타낸다.
1) 그 사람이 하나의 편지를 내일 아침 쓰고 있을 것이다 The man will be writing a letter tomorrow morning.
2) 하나의 편지가 그 사람에 의해 내일 아침 쓰여지고 있을 것이다 A letter will be being written by the man tomorrow morning.

10. 현재 완료 진행(present perfect progressive)

동태가 과거의 한 시점에서 현재의 시점까지 계속되어 현재의 시점에서 순간적으로 진행하고 있는 것을 나타낸다.
1) 그 사람이 하나의 편지를 오늘 아침부터 지금까지 써오고 있는 중이다 The man has been writing a letter from this morning until now.
2) 하나의 편지가 오늘 아침부터 지금까지 그 사람에 의해 쓰여져 오고 있는 중이다 A letter has been being written from this morning until now.

11. 과거 완료 진행(past perfect progressive)

동태가 한 앞의 시점에서 한 뒤의 시점까지 계속하여 그 뒤의 시점에서 순간적으로 진행하고 있던 것을 나타낸다.

1) 그 사람이 하나의 편지를 어제 밤부터 오늘 오후까지 써오고 있는 중이다 The man had been writing a letter from last night until this afternoon.

2) 하나의 편지가 어제 밤부터 오늘 오후까지 그 사람에 의해 쓰여져 오고 있는 중이었다 A letter had been being written by the man from last night until this afternoon.

(12) 미래 완료 진행(future perfect progressive)

동태가 한 앞의 시점(한 과거의 시점, 현재의 시점, 혹은 미래의 앞의 한 시점)부터 미래의 한 시점까지 계속하여 그 미래의 한시점에서 순간적으로 진행하고 있을 것을 나타낸다.

1) 그 사람이 하나의 편지를 오늘부터 내일 아침까지 써오고 있을 것이다 The man will have been writing a letter from today until tomorrow morning.

2) 하나의 편지가 그 사람에 의해서 오늘부터 내일 아침까지 쓰여져 오고 있을 것이다 A letter will have been being written by the man from today until tomorrow morning.

선생 : 학생 여러분 지금까지 직설법 능동태와 수동태를 나란히 공부해 왔다. 그 동안 지루했겠지만 인내심을 발휘하여 영어의 중심인 동사의 지식의 일부로서 동사의 직설법 시제를 다 마쳤다. 영어의 동사의 직설법 시제는 이 이상도 이 이하도 없다. 그러나 실질적으로 영어 수동태에서 진행형은 자주 쓰이지 않기에 영어의 직설법 시제 중에서 수동태 부분에서는 신중히 살펴서 써야 할 것이다. 그런데 내가 기쁘게도 이 수동태를 심오한 철학적인 글에서 많이 발견했음을 여기에 밝혀 두는 것이다. 그리고 이러한 시제 전반의 지식은 영어를 외국어로 배우는 사람에게는 크나 큰 원리 의식을 심어주어 영어에 대하여 원어민 못지않게 자신감을 갖게 해줄 것이다. 그래서 나는 중 3년에 영어의 일자 무식에서 어떤 계기를 맞이하여 영어를 이렇게 철두철미하게 배운 결과로 한국외국어대학교 영어 대학 영어 학부 교수로서 당당히 40여년 간 교수 생활을 했고 몇 년 전에는 "영어 정복자"라는 책을 썼고 금년에 지금 "영어 정복자의 영작문 정복"이라는 타이틀로 강의 또는 글을 쓰고 있는 것이다. 자! 이제는 가정법 시제를 공부해보자. 물론 여기서는 영작문 강의이기 때문에 세세한 것은 나의 저서인 "영어 정복자"를 참고 할 것을 당부하고 원리 의식적인 차원에서 가정법 시제를 다루겠다.

| # 가정법 시제 the tense of the subjunctive mood

직설법 시제가 사실을 있는 그대로 말하는 시제라면 가정법 시제는 사실과 반대 또는 먼 상상력에서 나오는 생각을 말하는 시제이다. 여기서는 동사 "know"를 보기로 삼겠다.

1. 가정법 과거(past subjunctive)

현재의 사실과 반대로 말하는 것임.

1) 그 사람이 그 비밀을 지금 알고 있다면 그는 너에게 그것을 말해 줄 수 있을 텐데
   If the man knew the secret now, he could tell it to you.

2) 그 비밀이 그 사람에게 알려져 있다면 그것은 그에게서 너에게 말하여 질 것인데
   If the secret were known to the man, it could be told to you by him.

2. 가정법 과거 완료(past perfect subjunctive)

과거의 사실과 반대로 말하는 것임.

1) 그 사람이 그 비밀을 그 때에 알고 있었다면 그는 그것을 너에게 말해 줄 수 있었을 텐데
   If the man had known the secret then, he could have told it to you.

2) 그 비밀이 그 사람에게 그 때에 알려졌다면 그것은 그에게서 너에게 말해졌을 텐데
   If the secret had been known to the man then, it could have been told to you by him.

3. 가정법 미래(future subjunctive)

미래의 불가능적 혹은 강한 의혹적인 사건을 말하는 것임.

1) 그 사람이 그 비밀을 혹시 알 것이라면 그는 그것을 그에게서 너에게 말할 것일 텐데
   "If the man should know the secret, he could tell it to you.

2) 그 비밀이 그 사람에게 혹시 알려질 것이면 그것은 그에게서 너에게 말하여 질 것일 텐데
   "If the secret should be known to the man, it could be told to you by him.

> 미래 가정법에서 조건 절에서 조동사 should가 강한 의혹을 나타낸다면 조동사 were to 는 불가능을 나타낸다. 보기 If the sun were to rise in the west, he might be an honest man. (만약 태양이 서쪽에서 떠오른다면야, 그가 정직한 사람이 될는지 모르겠다. 그럴 리 없을 것이다.)

선생 : 학생 여러분, 이제 영어 동사에 대한 인식이 새로워진 걸로 믿고 내친김에 앞에서 조금은 설명이 되었지만 동사가 동사의 성질(보어를 취하거나 목적어를 지배하거나 부사에 의해 수식을 받는 것)은 가지고 있으면서 동사의 본연의 본분인 술어나 복합 술어가 되는 정동사의 영역을 떠나 동사 아닌 다른 품사의 역할을 하면서 접속 요소의 역할까지 하는 것들 즉 부정사 (infinitive), 동명사 (gerund), 그리고 분사(participle)로 갈라진 준 동사(verbal)를 여기서 마 저 다루어야만 본격적인 영작에 완전한 틀을 이루게 될 것이기에 학생들의 인내를 다시 요구 하고자 한다.

준 동사 verbal

영작문 정복 | 부정사 infinitive

주로 동사 원형 앞에 "to"가 붙여진 구문으로서 첫 째로 명사의 역할을 하여 명사구로서 문장 속에서 주어, 보어 혹은 목적어의 기능을 하거나 둘째로 형용사구가 되어 명사나 대명사를 수식하거나 또는 불완전 자동사와 불완전 타동사의 보어가 된다. 그리고 셋째로 부사구가 되어 동사, 형용사, 부사, 혹은 부사를 수식한다. 이 구문의 "to"를 분석하면 "접속사 + 주어 + 조동사"가 되거나 아니면 "관계 대명사 + 조동사"가 된다. 보기를 들어 설명해 보자.

1. 명사구가 된다

> (보기) 보는 것은 믿는 것이다: To see is to believe.
> (to see는 명사구로서 술어 is의 주어이고 to believe는 역시 명사구로서 불완전 자동사 is 의 보어가 된다.)

위의 영어로 옮겨진 문장을 분석하면 That one can see is that one can believe.가 되어 to가 종속 접속사 that와 주어 one과 조동사 can이 된다.

2. 형용사구가 된다

> (보기) 사람이 당신을 안내할 사람입니다 : This is the man to guide you.
> (to guide는 앞의 명사 man을 수식하는 형용사구가 된다)

위의 영어로 옮겨진 문장을 분석하면 This is the man who will guide you.가 되어 to가 관계대명사 who와 조동사 will이 된다.

3. 부사구가 된다.

> (보기) 나는 너를 보기 위해 여기에 왔다 : I came here to see you.
> (to see you는 동사 came을 수식하는 부사구이다.)

위의 영어로 옮겨진 문장을 분석하면 I came here so that I might see you.가 되어 to가 종속 접속사 so that와 주어 I와 조동사 might가 된다.

부정사는 완료 부정사도 있는데 "to + have + 과거 분사"의 형식을 취하는데 의미상의 시제가 본문보다 앞서는 것 이외는 일반 부정사와 용법이 같다. 여기에 부정사를 다루는 것은 영작에 있어서 위의 보기들에서 처럼 본래 동사가 다른 품사의 역할을 하면서 동시에 접속 요소의 역할 을 한다는 것을 보여주기 위함인 것이다. 이것이 부정사가 영작에서 자아내는 원리 의식이다.

영작문 정복 | 동명사 gerund

동명사는 문장 속에서 주어, 보어, 혹은 목적어가 되는 명사구의 역할을 할 뿐이지만 간혹 명사 앞에 와서 형용사적 역할도 한다.

1. 명사구가 된다

1) 그 사람은 매일 담배를 피우는 것을 중지했다.

The man stopped smoking everyday.

(smoking everyday는 완전 타동사 smoking의 목적어가 되는 명사구이다.)

위의 영어로 옮겨진 문장을 분석하면 The man stopped the habit that he smoked everyday.

2. 형용사가 된다

동명사가 명사 앞에 오면 그 명사를 수식하는 형용사가 되는데 대게 수식받는 것에 강세 (accent)가 오는데 동명사가 형용사일 때에는 동명사 위에 강세가 떨어진다. 예컨대, a dancing girl에서 강세가 동명사 dancing의 dan에 떨어지면 다음과 같이 분석된다 a girl for dancing(직업 댄서)가 되지만 강세가 girl에 떨어지면 dancing은 현재 분사로서 a girl who is dancing이 된다.

동명사도 완료 동명사가 있는데 그것의 형식은 "having + 과거 분사"인데 그것은 의미상의 시제가 완료 부정사처럼 본문의 시제보다 앞서고 그것의 다른 용법은 일반 동명사와 같다.

분사는 문장 속에서 첫 째로 형용사적 용법, 둘째로 본동사적 용법, 셋째로, 구문적 용법으로 갈라진다. 여기서는 분사가 영작에 어떤 원리 의식을 갖게 하는가 만을 다루기 때문에 세세한 것은 나의 저서 "영어 정복자"를 참고하기를 바란다.

1. 분사의 형용사적 용법 명사 앞에 와 그 명사를 수식한다.

1) 자동사의 현재 분사 명사 앞에서 그 명사를 수식하는데 진행의 뜻을 내포하고 있다.

（나무에서 지금)떨어지고 있는 잎사귀들 : falling leaves = leaves which are falling,

발전하고 있는 국가 (즉 개발 도상 국) : a developing country = a country which is developing

2) 자동사의 과거 분사가 명사 앞에서 그 명사를 수식하는데 완료의 뜻을 내포하고 있다.

（이미 땅 위에)떨어진 잎사귀들 : fallen leaves = leaves which are fallen,

발전을 완료한 국가(즉 선진국) : a developed country = a country which is developed

3) 완전 타동사의 현재 분사 명사 앞에서 그 명사를 수식하는데 문맥상의 목적어를 내포하고 있다.

사랑하는 (즉 알뜰한) 아내 : a loving wife = a wife who loves her husband,

환상적인 음악회 : a fascinating concert = a concert which fascinates the audience

4) 완전 타동사의 과거 분사가 명사 앞에서 그 명사를 수식하는데 문맥상의 "by + 목적어"를 내포하고 있다.

사랑 받는 (즉 행복한) 아내 : a loved wife = a wife who is loved by her husband,

환상에 사로잡힌 청중 : the fascinated audience = the audience who are fascinated by the concert

2. 분사의 본동사적인 용법

1) be 동사(조동사) + 현재 분사 = 진행형 시제를 만듦(여기서 be 동사는 진행형 시제의 조동사이고 현재 분사는 본동사이다)

그는 한 책을 읽고 있다 : He is reading a book.

2) be 동사(조동사) + 완전 자동사의 과거 분사 = 완료형 시계를 만듦(여기서 be 동사는 완료형 시제의 조동사이고 과거 분사는 본동사이다)

겨울은 가고 없다: The winter is gone.

3) be 동사(조동사) + 완전 타동사의 과거 분사 = 수동형을 만듦(여기서 be 동사는 수동형의 조동사이고 과거 분사는 본동사이다)

그 토끼는 나의 동생에 의해 잡혔다 : The rabbit was caught by my younger brother.

4) have 동사(조동사) + 과거 분사 = 완료형을 만듦(여기서 have 동사는 완료형 조동사이고 과거 분사는 본동사이다.)

나는 하나의 편지를 써놓았다 : I have written a letter.

3. 분사의 구문적 용법이 첫째로 분사 구문의 위치, 둘째로 분사 구문의 의미상의 주어, 셋째로 분사 구문의 문맥상의 시제, 그리고 넷째로 부사 구문의 태의 네 가지로 갈라지는데 여기 영작문 강의에서는 분사 구문의 위치만을 다루어도 충분하다. 나머지 용법은 앞에 설명한 분사의 형용사적 용법과 본동사적 용법만 잘 알면 저절로 알게 되어 있다. (그리고 앞서 이 용법들을 설명했기에 여기서는 생략한다. 나의 교수법의 가장 두드러진 특징은 반복적인 설명이다.) 분사구문의 위치는 다음과 같이 세 가지로 갈라진다.

1) 분사 구문이 본문 앞에 올 때("분사 구문, 본문")에는 분사구문은 "종속 접속사 + 주어 + 술어 (혹은 복합 술어)…"로 바뀔 수 있다.

그는 시골에 살고 있기 때문에 그는 방문객이 적다 : Living in the country, he has few visitors. (= As he lives in the country, he has few visitors.)

2) 분사 구문이 본문 뒤에 올 때("본문, 분사 구문")에는 분사 구문은 "등위 접속사 + 주어 + 술어 (혹은 복합 술어)…"로 바뀔 수 있다.

그는 방에 들어가 전등을 켰다 : He entered the room, turning on the light. (=He entered the room and he turned on the light.)

3) 분사 구문이 본문 사이에 올 때("본문, 분사 구문")에는 분사 구문은 "관계 대명사 + 술어 (혹은 복합 술어)…"로 바뀔 수 있다.

한 언덕 위에 서있는 그 교회는 전망이 좋다 : The church standing on a hill commands a fine view. (=The church which stands on a hill commands a fine view.)

지금까지 영작에 필수적인 영어의 동사에 관한 것을 설명했는데 이 준동사는 동사이면서 문장 속에서 접속 요소적인 역할을 하고 있음을 알게 되었다. 예컨대, Living in the country, he has few visitors.에서 분사 구문인 living in the country의 living의 현재 분사 속에는 접속 요소들의 하나인 종속 접속어 as가 포함되어 있다.

여기서 학생들이 영작하는데 있어서 원리의식을 한층 더 고취시기기 위해서 준동사와 연계시켜서 영어의 문장들을 명사 구문들로 만드는 법칙으로서 접속 요소와 밀접하게 관계되는 명사화(nominaligation)를 간단하게 설명하겠다.

명사화의 용법

문장 The man admires the picture.를 보기로 삼자.
1. 문장 전체를 중심 내용으로 명사화 :

   (1) 접속사 that를 사용하여,
      that the man admires the picture

   (2) 동명사(genend)형을 사용하여
      the man's admirating the picture (the man admiring the picture)

   (3) 부정사(infinitive)형을 사용하여
      for the man to admire the picture

   (4) 추상명사(admiration)형을 사용하여
      the man's admiration of the picture

이 추상 명사는 영어에서 굉장히 중요하다. 이것은 위에서 설명한 준동사의 한 형태라고 할 수 있다. 말하자면 추상명사(동사나 형용사에서 파생된 것)는 일종의 준준동사인 것이다.

2. 문장 중의 어느 한 명사를 중심으로 :

(1) 주어를 중심으로 관계대명사를 사용하여 :

the man who admires the picture

(2) 주어를 중심으로 현재 분사형을 사용하여 :

the man who admiring the picture

(3) 목적어를 중심으로 관계대명사를 사용하여 :

that picture which the man admires

(4) 목적어를 중심으로 과거분사형을 사용하여 :

이 경우는 문장이 수동태일 때(The picture is admired ley the picture)에 쓰인다.

the picture admired ley picture

※ 전치사의 목적어를 중심으로 관계대명사를 사용하는 경우가 있는데 위의 보기 문장에는 전치사가 없으므로 다른 문장을 보기로 삼자.

보기 We lire in the houre.

the houre in which we lire

(5) 보어를 중심으로 관계대명사를 사용하여 :

보기 The woman became his wife.

his wife who the woman became

이와 같이 준 동사는 본래 다른 품사이고 명사화 구문은 원래 문장인데 접속 요소의 역할까지 하는 것을 역시 내친 김에 노파심에서 다시 여기서 설명하려는 것은 영작하는데 그것이 얼마나 중요한 것인가를 절실히 알게 하기 위함이다.

접속 요소의 본령인 전치사와 접속사이외에 접속 요소의 역할을 하는 것들은 앞에 말한 준동사(부정사, 동명사, 그리고 분사)와 더불어 관계사(관계 대명사, 관계 형용사, 그리고 관계 부사)와 의문사(의문 대명사, 의문 형용사 그리고 의문 부사)가 있다. 접속 요소의 본령에 속하는 순수 접속 요소로서 전치사는 그것 뒤의 명사나 대명사를 목적어로 지배하여 명사구, 형용사구, 혹은 부사구를 만들어 문장 속에서 앞 뒤의 문장 구성 요소들을 접속시킨다. 예컨대, He lives in the country.에서 순수 접속 요소인 전치사 in은 그것 뒤의 명사 country를 목적어로 지배하여 부사구를 만들어 앞의 동사 lives에 부사적 수식으로 접속시키고 있다. 접속 요소의 또 하나의 본령에 속하는 순수 접속 요소로서의 종속 접속사는 그것 뒤의 문장을 이끌어 명사절이나 부사절을 만든다. 예컨대, As he lives in the country, he has few visitors.에서 순수 접속 요소인 종속 접속사 as는 그것 뒤의 문장을 이끌어 부사절을 만들어 뒤의 동사 has에 부사적 수식으로 접속시키고 있다.

He came here to see her.에서 혼합 접속 요소로서의 준동사에 속하는 부정사 to see는 그것 안에 종속 접속사(so that he might see me)를 내포하고 있어 그것이 이끄는 부정사 구문을 부사구로 만들어 앞의 동사 came에 부사적 수식으로 접속시키고 있다. Living in the country is living in the Paradise.(시골에서 산다는 것은 낙원에서 산다는 것과 같다.)에서 양 쪽의 living은 혼합 접속 요소로서 그것 안에 순수 접속 요소인 종속 접속사 that를 포함하면서 다음과 같이 풀이 하면 주요소들인 주어 one과 술어 lives의 역할까지 한다. : That one lives in the country is that one lives in the Paradise. 그것이 동명사 구문들을 명사구들로 만들어 앞의 동명사구문은 술어 is의 주어가 되게 접속시키고 뒤의 동명사 구문은 앞의 불완전 자동사 is의 보어가 되게 접속시키고 있다. Living in the country, he has few visitors.에서 혼합 접속 요소로서의 준동사에 속하는 분사인 living은 그것 안에 순수 접속 요소인 종속 접속사 as를 내포함과 동시에 주요소들인 주어 he와 술어 lives의 역할까지 하여(as he lives in the country) 그것이 이끄는 분사 구문을 부사구로 만들어 뒤의 has에 부사적 수식으로 접속 시키고 있다.

역시 접속 요소의 본령은 아니지만 혼합 접속 요소들로서 관계사들(관계 대명사, 관계 형용사, 그리고 관계 부사)은 문장들 속에서 문장 구성 요소들을 접속시킨다. 예컨대, The man who teaches us English is a model teacher.에서 혼합 접속 요소로서의 관계 대명사 who는 그것 뒤의 문장 The man teaches us English를 형용사절로 만들어 앞의 명사(즉 선행사)에 형용사적 수식으로 접속시키고 있다. The man provides us with what knowledge of English he has.에서 혼합 접속 요소로서 관계 형용사 what는 그것 뒤의 문장 He has all the knowledge of English.를 명사절로 만들어 앞의 전치사 with의 목적어가 되게 하여 앞문장 The man provides us에 부사적 수식으로 접속시키고 있다. This is the room where the man teaches us English.에서 혼합 접속 요소로서 관계 부사 where는 그것 뒤의 문장 The man teaches us English in the room.을 형용사절로 만들어 그것 앞의 명사 room에 형용사적 수식으로 접속시키고 있다.

의문사들(의문 대명사, 의문 형용사 그리고 의문 부사)도 접속 요소의 본형은 아니지만 접속의 기능을 하여 문장들 속에서 문장 구성 요소들을 접속시킨다. 예컨대, "Know who he is에서 혼합 접속 요소로서의 의문대명사 who는 그것이 이끄는 직접 의문문인 who is he?를 간접의문문인 명사절 who he is로 만들어 앞의 완전 타동사 Know의 목적어가 되게 하여 전체의 문장에 접속시키고 있다." Know what person he is.에서는 혼합 접속 요소로서의 의문 형용사 what는 그것이 이끄는 직접 의문문인 hat person is he?를 간접 의문문인 명사절 what person he is로 만들어 앞의 완전 타동사 Know의 목적어가 되게 하여 전체의 문장에 접속시키고 있다. Tell me where he is.에서는 혼합 접속 요소로서의 의문 부사 where는 그것이 이끄는 직접 의문문인 Where is he?를 간접 의문문인 명사절 Where he is로 만들어 앞의 여격타동사 tell의 직접 목적어가 되게하여 전체의 문장에 접속시키고 있다.

노파심에서 접속요소로서의 의문사의 보기를 하나 더 들어 보자 : I know where he lives.에서 의문부사 where는 혼합 접속 요소로서 직접 의문문인 Where does he lives?를 간접 의문문(where he lives)으로 만들어 본문인 I know의 목적어가 되게 접속시키고 있다.

지금까지 하나의 큰 건축물에 대한 조감도식으로 반복하여 영어의 주요소들, 수식 요소들 그리고 접속 요소들에 대하여 원리 의식을 철저히 각인 시키게끔 설명했다. 그렇다면 지금까지 통틀어 영어 문장들의 주요소들과 수식 요소들의 관계와 문장 주 요소들은 명사, 대명사, 동사, 형용사가 되고 수식 요소들은 형용사와 부사가 되고 그렇게 명사, 대명사, 동사, 그리고 형용사의 주요소들과 형용사와 부사의 수식 요소들로 만으로 구성된 문장은 짧고 간단하지만 그것들은 모두가 동사들의 종류(완전 자동사, 불완전 자동사, 완전 타동사, 여격 타동사, 그리고 불완전 타동사)에 따라 문장 5형식들의 문장들을 만든다는 것과 이렇게 짧고 간단한 문장들이 길고 복잡한 문장들이 되는 것은 접속 요소들의 본령인 즉 순수 접속 요소들 전치사와 접속사들과 다른 품사들에서 접속 요소와 같은 성질을 갖게 되는 혼합 접속들로서 준 동사들(즉 동사에서 파생된 접속어들인 부정사, 동명사, 그리고 분사), 관계사들(관계 대명사 대명사의 일부, 관계 형용사 형용사의 일부 그리고 관계 부사 부사의 일부) 그리고 의문사들(의문 대

85p

명사 ___ 대명사의 일부, 의문 형용사 ___ 형용사의 일부, 의문 부사 부사의 일부)을 유기적이며 조직적이며 상호 보완적인 관계로 설명했다. 이러한 원리 의식 없이 영작을 한다는 것은 불가능한 것이다.

이제 영작의 본령을 다루겠다. 이것도 어디까지나 동사들을 중심으로 한 문장 5형식들에 기반을 두고 있다. 아무리 짧고 간단한 문장들도 이 문장 5형식들에 속하고 아무리 길고 복잡한 문장들도 이 문장 5형식들에 속한다. 예컨대, Do you know him? (너는 그를 아느냐?) ――― Yes, (그렇다.)

의 대화에서 Yes.라는 대화의 응답 문장은 문맥으로 보아 I know him.을 대신하는 문장 3형식에 속한다. The causes of our troubles are stupidity and competition between nations in the form of war and armaments.는 이보다 몇 배나 길고 복잡한 문장들도 많고 많지만 그래도 앞의 한 단어로 구성된 문장에 비해 상당히 길고 복잡한 문장이다. 이 문장도 그것의 술어 are가 불완전 자동사이기 때문에 문장 제 2형식에 속한다. 거기서 주요소들은 주어 causes, 술어 are(불완전 자동사), 그리고 보어들 stupidity와 competition이 다. 나머지들은 수식 요소들로서 the는 그것 뒤의 명사 causes를 수식하는 형용사이고, our는 그것 뒤의 명사 troubles를 수식하는 형용사이고, the는 그것 뒤의 명사 form을 수식하는 형용사이고 and는 접속 요소로서 순수 접속 요소 등위 접속사 and는 보어인 명사들인 stupidity와 competition를 대등하게 접속시키고 있고 또 다른 and는 전치사 of의 목적어들인 명사 war와 armaments을 대등하게 접속시키고 있고 역시 접속 요소인 순수 접속 요소 전치사 of는 그것 뒤의 명사 troubles를 목적어로 지배하여 형용사구를 만들어 그것 앞의 명사 causes에 형용사적 수식으로 접속시키고 있고 접속 요소인 순수 접속 요소 전치사 between은 그것 뒤의 명사 nations를 목적어로 지배하여 앞의 명사들 stupidity와 competition에 형용사적 수식으로 접속시키고 있고 접속 요소인 순수 접속 요소 전치사 in은 그것 뒤의 명사 form 을 목적어로 지배하여 형용사구를 만들어 앞의 명사들 stupidity와 competition에 형용사적 수식으로 접속시키고 있고 접속 요소인 순수 접속 요소 전치사 of는 그것 뒤의 명사들 war와 armaments를 목적어로 지배하여 순수 접속 요소인 등위 접속사 and가 명사 war와 명사 armaments를 대등하게 연결하는 가운데 형용사구를 만들어 앞의 명사 form에 형용사적 수식으로 접속시키고 있다. 이렇게 분석하다 보니 위의 길고 복잡한 문장이 "우리의 불화들의 원인들은 전쟁과 군비의 형식으로 나타난 국가들 사이의 어리석음과 경쟁이다"로 자연히 해석된 다. 이와 같이 모든 길들은 로마로 통한다는 격언대로 모든 영어의 모든 문장들은 문장 5형식들에게만 속한다.

영어의 문장 특히 길고 복잡한 문장을 보면 다음과 같이 세 가지로 그것의 틀이 짜여져 있음을 알아야 한다 : 첫 째로, 주요소들 ___ 주어, 술어(혹은 복합 술어), 보어, 그리고 목적어, 둘째로, 수식요소들 ___형용사적 수식 요소들과 부사적 수식 요소들, 그리고 셋째로 접속 요소들 ___ 접속 요소의 본령인 순수 접속 요소들인 전치사들과 접속사들 그리고 타 품사들에서 파생된 혼합 접속 요소들 ___ 준 동사들(부정사, 동명사, 분사), 관계사들(관계 대명사, 관계 형용사, 그리고 관계 부사) 그리고 의문사들(의문 대명사, 의문 형용사, 그리고 의문부사), 이것이 영어 문장에 대한 최고의 원리 의식을 이루게 한다. 자나 깨나 이 원리 의식을 항상 상기하는 영어 학도는 영어 학습에서 영어를 정복하여 승리를 쟁취할 것이다.

여기서 또 다른 원리 의식이 발로되는 것이다. 그것은 처음 주요소들과 수식 요소들은 1차적인 주요소들과 수식 요소들이 되는 반면에 접속 요소들에 연결된 주요소들과 수식 요소들은 2차적인 주요소들과 수식 요소들이 되는 것이다. 예컨대, Beautiful birds sing merrily.에서 주어 birds와 술어 sing은, 일차적인 주요소들이 되고 일차적인 주요소 주어 birds를 수식하는 형용사 beautiful과 일차적인 주요소 술어 sing을 수식하는 부사 merrily는 일차적인 수식 요소들이 되는 반면에 Beautiful birds sing merrily while diligent farmers work cheerfully.에서 접속 요소인 순수 접속 요소 종속 접속사 while에 이끌린 주요소들 주어 farmers와 술어 work는 2차적인 주요소들이 되고 그 주요소들을 수식하는 명사 farmers를 수식하는 형용사적 수식어 diligent와 술어 동사 work를 수식하는 부사적 수식어 cheerfully는 2차적인 수식어가 된다. 여기서 접속 요소인 종속 접속사 while이 이끈 부사절 while diligent farmers work cheerfully는 1차적인 주요소인 술어 동사 sing을 수식하기 때문에 그것은 1차적인 수식 요소가 되는 것이다. 그리고 그러한 일차적인 접속 요소가 이끄는 절 속 에서 다른 접속 요소가 이끄는 절 속에 들어있는 주요소들과 수식 요소들은 3차적인 주요소들과 수식 요소들이 되고 그 접속 요소가 이끄는 절은 2차적인 주요소나 수식 요소가 된다. 이렇게 하여 얼마든지 계속적으로 3차적 혹은 4차적의 형식으로 접속 요소들이 순차적인 겹을 지어 있는 만큼 주요소들과 수식 요소들이 순차적으로 계속 나타날 수 있다. 이것이 영어 문장에 대한 순차적인 분석의 원리인 것이다. 이것에 대한 자세한 설명은 도식으로 시기 적절할 때에 설명하겠다.

학생 : 도식으로 영어 문장들을 들여다보았고 방금 문장 요소들의 유기적 관계를 공부하고 보니 영어 문장들이 얼마나 쉽게 보이며 문장 구성 요소들이 얼마나 유기적이고 체계적으로 서로 연관되어 있는가를 알게 되었습니다.

선생 : 그렇다. 영어의 문장들은 살아 있는 유기체들처럼 그 구성 요소들이 필수적으로 서로 연관되어 있다. 사람에 비유하면 순환기 계통에 속하는 기관들, 호흡기 계통에 속하는 기관들, 신경계통에 속하는 기관들, 등등이 서로 유기적으로 연관되어 있는 것과 같다. 유기체인 인체에 있어서 이러한 유기적인 것이 하나라도 없어서는 안 되는 것과 같이 영어의 문장들에 있어서도 주요소들, 수식 요소들, 그리고 접속 요소들이 그렇게 유기적으로 연관되어 있어 그 필요한 요소들 중의 어느 하나도 없으면 안 된다. 지금까지 주요소들로만 구성된 문장들, 주요소들과 수식 요소들로만 구성된 문장들과 주요소들, 수식 요소들, 그리고 접속 요소들이 주요소들이나 수식 요소들을 만드는 단계로 영어 문장들을 도식화 했고 유기적인 관계들을 이 강의의 준비단계로 자세히 설명했다.

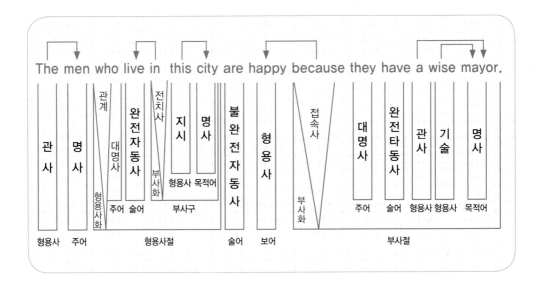

위의 도식을 분석하면 순차적으로 위의 문장은 주요소들과 수식 요소들이 3단계들로 접속 요소들에 의하여 유기적으로 조화되어 있다.

제 1단계의 주요소들과 수식 요소들은 순서대로 보면 수식 요소인 형용사 the(관사), 주요소인 주어 men(명사), 수식 요소인 형용사절 who live in this city(혼합 접속 요소인 who가 만든 형용사절), 주요소인 술어 are(불완전 자동사), 주요소인 보어 happy(형용사), 그리고 수식 요소인 부사절 because they have a wise mayor(순수 접속 요소인 because가 만든 부사절)이다.

제 2단계의 주요소들과 수식 요소들은 역시 순서대로 보면 주요소인 주어 who(관계 대명사의 순수 접속 요소인 "관계"를 뺀 대명사), 주요소인 술어 live(완전 자동사), 수식 요소인 부사구 in this city(순수 접속 요소인 전치사 in이 뒤의 주요소인 city(명사)를 목적어로 지배하여 만든 부사구), 주요소인 주어 they(대명사), 주요소인 술어 have(완전 타동사), 수식 요소인 형용사 a(관사), 수식 요소인 형용사 wise(기술), 그리고 주요소인 목적어 mayor(명사)이다.

제 3단계의 주요소와 수식 요소는 순서대로 보면 수식 요소인 형용사 this(지시), 그리고 주요소인 목적어 city(명사)이다.

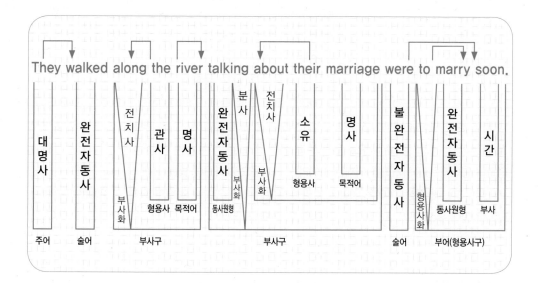

위의 도식을 순차적으로 분석하면 위의 문장은 주요소들과 수식 요소들이 3단계들로 접속 요소들에 의하여 유기적으로 조화되어 있다.

제 1단계의 주요소들과 수식 요소들은 순서대로 보면 주요소인 주어 they(대명사), 주요소인 술어 walked(완전 자동사), 수식 요소인 부사구 along the river(순수 접속 요소인 along이 뒤의 주요소인 river(명사)를 목적어로 지배하여 만든 부사구), 수식 요소인 부사구 talking about their marriage(순수 접속 요소인 ing가 앞의 주요소인 동사원형 talk를 지배하여 부사구를 만듦), 주요소인 술어 were(불완전 자동사), 주요소인 보어 to marry soon(순수 접속 요소인 to가 주요소인 동사원형 marry를 지배하여 형용사구를 만듦)이다.

제 2단계의 주요소들과 수식 요소들은 순서대로 보면 수식 요소인 형용사 the(관사), 주요소인 목적어 river(명사), 수식 요소인 부사구 about their marriage(순수 접속 요소인 전치사 about가 명사 marriage를 목적어로 지배하여 부사구를 만듦), 주요소인 동사원형 marry(완전 자동사), 그리고 수식 요소인 부사 soon(시간)이다.

제 3단계의 주요소와 수식 요소는 수식 요소인 형용사 their(소유), 주요소인 목적어 marriage(명사)이다.

학생 : 선생님, 이제 영어의 원리가 손에 잡힌 것 같습니다. 이렇게 간단한 이치를 여태까지 모르고 무턱대고 중구남방식으로 영어 공부를 해온 것에 분한 생각마저 듭니다. 우리말을 영어로 옮기려고 할 때에 그저 막연하게 우리말 단어들과 영어의 단어들을 어떻게 연결시킬 수 있을까 하고 답답했었는데 그러한 막연한 영작의 태도가 완전히 가시고 영작의 원리 의식이 뚜렷하고 체계적이면서 구체적인 윤곽으로 저의 머리 속에 각인된 것 같아 영작에 대한 자신감이 절로 생겼습니다.

선생 : 학생이 이제 영어 원리 의식을 제대로 머리 속에 각인 시켰다고 하니 내가 지금까지 자나깨나 영어 원리 의식을 학생에 고취시키려고 나름대로 노력을 아끼지 않은 것에 보람을 느낀다. 영어를 지금까지 주요소들, 수식 요소들, 그리고 접속 요소들로 분류하여 그것들의 유기적인 관계를 설명하여 영어라는 골치거리를 이제는 영어라는 즐거움으로 바꾸어 놓은 것에 역시 나 자신도 신이 절로 난다. 그런데 학생, 이러한 영어의 원리를 융통성 있게 만드는 것들이 있다. 그것들은 영어의 원리에 바탕을 두고 있기 때문에 그것들도 나름의 원리가 있으니 이제 그것들을 설명하고자 하니 학생은 인내심을 갖고 마저 그 원리를 터득해 주기를 바란다.

세상에 모든 일들은 크건 작건 한 번에 해치워서는 안 되지만 그렇게 쉽게 처리될 수도 없다. 혹여 그러한 쉬운 것이 있다면 그것에 대한 보람이 있겠는가? 그래서 플라톤은 그의 〈국가론〉에서 그리스의 속담인 "아름다운 것은 힘드는 것이다"라는 말을 인용했고 중국의 속담에 "보석은 갈지 않으면 아름다워지지 않는 것처럼 사람은 어려움을 겪지 않으면 훌륭한 인격을 보이지 못한다"라는 말이 있다. 또한 우리의 속담에 "고생은 사서라도 해야 한다"라는 말이 있다. 결국 사무엘 버틀러(Samuel Buttler)가 간단명료하게 "어떤 것이 참된 것이라면 결코 순탄치 않다."라고 말했듯이 어려움이 없는 곳에는 진정한 사람도 없는 것이다. 이제 마지막으로 영어를 어렵게 만드는 것들을 설명하고 본격적인 영작문을 다루겠다.

영어를 어렵게 만드는 것이 영어의 접속 요소들이라고 말했는데 거기에 덧붙여 영어를 더 어렵게 만든 것이 제자리에 있어야 할 것들이 다른 곳으로 옮겨가게 하고 제자리에 있어야 할 것이 없어지게 만드는 것이다. 그것들은 영문법 용어들로서 도치와 생략이다. 이렇게 도치되고 생략되는 것들이 엿장수 마음대로 하는 것이 아니고 그것들의 법칙들이 있다. 이러한 도치나 생략의 법칙들은 각각 특수 법칙과 일반 법칙으로 나뉜다.

1. 도치의 법칙들

(1) 도치의 특수 법칙 : 이것은 법칙적이라기보다는 관용적이라고 해야 할 것이다. 왜냐하면 이렇게 도치되는 것들은 일일이 특수적으로 암기해야 하기 때문이다. 의문사들은 무조건 문장들 맨 앞으로 나가고 관계사들은 그것들이 이끄는 절들에서 무조건 맨 앞으로 나가고 동사나 조동사가 의문문에서는 문장 맨 앞으로 나가는 것, 등등이 있다. 이것들은 수가 제한되어 있어서 금방 외워진다. 의문문의 경우를 보기로 삼아보자

Who is he?
위의 문장에서 의문사 who는 보어이기 때문에 문장 맨 뒤에 와야 하지만 의문사이기 때문에 문장 맨 앞으로 나갔고 동사 is는 주어 he다음에 와야 하지만 의문문에 있기 때문에 주어 앞으로 나갔다. (*be동사 이외의 동사인 경우는 조동사가 주어 앞으로 나간다.) 이러한 관용적인 도치 현상들은 기계적으로 암기할 수밖에 없다. 그리고 그 수는 극히 제한되어 있기 때문에 별문제가 없다.

(2) 도치의 일반 법칙 : 이 법칙은 무한하게 적용이 되기 때문에 글자 그대로 법칙이라고 할 수 있다.

학생 : 선생님께서 "무한하게 적용이 되기 때문에 글자 그대로 법칙이 된다"라고 말씀하셨는데 그 점에 대하여 설명해주십시오.

선생 : 좋은 질문이다. 세계는 현상들과 법칙들로 구성되어 있다. 하나의 현상이 있으면 그것이 있게 하는 법칙이 있다. 현상이 없는 법칙이 없고 그것의 법칙이 없는 현상이 없다. 그러나 법칙들은 유한하고 현상들은 무한하다. 하나의 법칙이 있으면 그 법칙에 따라 일어나는 현상들은 무한한 것이다. 하나의 언어를 구성하는 법칙들은 유한하지만 그것들에 따라 만들어지는 문장들은 끝간데가 없이 무한한 것이다. 영어를 보기로 삼자. 영어를 구성하는 법칙들은 기껏해야 200내외이다. 영문법 학자들에 따라 조금씩 그 숫자가 차이가 날 뿐이다. 나는 영어를 구성하는 법칙들을 166개로 보았다. 나의 저서 〈고급 영어 연구〉에서 명사의 개념을 첫 번째의 법칙으로 삼고 맨 마지막 법칙을 준동사로 삼고 영어의 문장들의 구성 관계를 설명한 바 있다.

지금 내가 설명하는 이 도치의 일반 법칙이 이 166개의 법칙들 중의 하나이다. 이 도치의 일반 법칙을 세분하면 두 가지로 갈라진다. 이 두 가지 법칙에 따라 영어의 문장들의 구성 요소들이 무한하게 도치될 수 있다. 이 도치의 일반 법칙은 다음과 같다.

1) 짧은 구문 앞으로(본래 긴 구문이 그 짧은 구문이 그것 앞에 있을 때) 도치된다.
2) 강조 받는 구문 앞으로(본래 강조 받지 않은 구문이 그것 앞에 있을 때) 도치된다.

· The policemen forced to go away the crowd gathering in front of the embassy.
   (그 경찰들은 그 영사관 앞에 운집한 군중을 강제로 물러가게 했다.)

> 위의 문장은 문장 제 5 형식(주어 + 술어 + 목적어 + 보어)에 속한 데 to go away는 보어이지만 목적어인 the crowd gathering in front of the embassy 보다 짧기 때문에 목적어 + 보어의 순서가 보어 + 목적어의 순서로 도치된 것이다.

· A whole apple pie he devoured at one sitting.
   (그는 앉은 자리에서 사과 파이 하나를 모두 먹어 치웠다.)

> 위의 문장은 문장 제 3 형식(주어 + 술어 + 목적어)에 속한 데 a whole apple pie가 목적어인데 강조를 받아 문장 맨 앞으로 도치된 것이다.

2. 생략의 법칙들

(1) 생략의 특수 법칙 : 도치의 특수 법칙처럼 이것은 법칙적이라기보다는 관용적이다. 역시 이것들은 그 숫자가 몇 안되기 때문에 일일이 외우면 된다. 예컨대, I thank you. 라는 문장은 아주 잘 쓰이기 때문에 주어 I가 생략되어 그냥 Thank you.가 된다. 그리고 기원문인 God may bless you.에서 may가 생략되어 God bless you.(하나님이 당신에게 축복을 내리시기를!)가 된다. 그러나 God blesses you.는 기원문이 아니고 직설법 현재 시제의 문장이 되기 때문에 "하나님이 당신에게 축복을 내리신다."의 뜻이 된다. This is the man (whom) I met yesterday in the park.에서 관계 대명사 (whom)가 목적격이기 때문에 생략될 수 있다.

(2) 생략의 일반 법칙 : 도치의 일반 법칙처럼 이 법칙은 무한하게 적용이 된다. 이 법칙은 다음과 같다.

1) 문맥상으로 알 수 있는 것은 생략된다.

2) 일반적인 의미(즉 전체성의 뜻)를 갖고 있는 것은 생략된다.

Life is short, art long.(인생은 짧고 예술은 길다)에서 문맥상으로 보아 Life is short and art is long.에서 and와 is가 생략된 것이다.

The Union is as concerned for the welfare of grammar schools as for that of all other schools. (미국 합중국은 모든 다른 학교의 복지에 대해서 만큼 국민 학교들에 관심을 가지고 있다.)에서 문맥상으로 보아 접속사 as 다음에 it is concerned가 생략되어 있다.

Man has never changed his emotions in any way.(인간은 인간의 역사가 시작된 이래로 희로애락의 감정들을 변화시킨 적이 한 번도 없다.)에서 since history began이 생략되었는데 그것은 누구나 알고 있기 때문이다. 그리고 history에도 his가 생략된 것도 역사는 인간만이 창출하기 때문에 명시 안 해도 history 하면 인류 역사임을 알 수 있기 때문이다.

이상과 같이 영어의 바탕 지식을 영작의 기본 원리로 삼아 이제부터 본격적으로 우리말을 영어로 옮기는 단계로 들어 가보자.

문장 제 1형식에 속하는 문장들의 영작 방법

이제부터 영작 기초 부분이 다루어지는데 맨 먼저 문장 제 1 형식(완전 자동사를 중심으로 하는)의 영작들을 첫 번째로 공부하기로 한다. 영어의 완전 자동사들은 영어에서 완전 타동사들과 비슷하게 그 숫자가 많다. 심지어는 그 자동사들과 타동사들이 상호 교체가 가능하다. 다시 말하면 자동사들 중에는 타동사들이 될 수도 있고 타동사들이 자동사들이 될 수 있다. 이것의 판가름은 어쩔 수 없이 문장들 속에서의 문맥들로 구분이 될 뿐이다.

문장 제 1 형식을 만드는 자동사들의 대표적일 수 있는 것들을 여기에 나열해보자 come, go, sit, sleep, jump, run, fall, rise, fly, sing, live, die, walk, shout, laugh, cry, lie, stand, 등등이 있다. 우선 위의 보기들만 보아도 자동사의 특성을 아는 것이 매우 중요하다. 만약에 kill이라는 동사를 자동사로 쓰려고 해도 그 뜻이 "…를(을) 죽이다"가 되는데 "를(을)" 앞에 죽임을 당하는 대상물이 있어야 하기 때문에 제아무리 고집이 센 영어의 무식쟁이라도 그것을 자동사라고 우길 수 없는 것이다. 그러나 앞에 나열된 자동사들은 그것 앞에 "…를(을)이 붙은 말이 안 와도 되기 때문에 그 것들은 자연스럽게 자동사들이 된다.

내가 영어를 처음 배울 때에 이 자동사를 잘 이해하였기에 그 뒤의 불완전 자동사, 완전 타동사, 여격 타동사, 그리고 불완전 타동사를 순서에 따라 자연스럽게 알게 되어 노파심에서 학생들에게 하나마나 해도 좋을 것 같은 말을 이렇게 되풀이 하고 있음을 학생들이 고맙게 생각해야지 자질구레하게 되풀이를 거듭하면서까지 너무 따진다고 불만을 갖지 않기를 바란다. 모든 우주의 현상은 되풀이의 현상에 지나지 않고 또한 중요한 것이면 반복해서 몸에 베게 해야 하 고 또한 수사학에서도 반복의 효과를 중시하고 있는 것이다. 그리고 사람은 누구나 올챙이 시절이 있어서 그 시절을 생각하여 다른 사람들에게 무엇이든 가르칠 것을 잘 짚어서 가르쳐야 한다. 이제부터 제 1 형식에 해당되는 영작문들을 공부해보자.

1. 우리들은 차례로 물을 마셨다.

(1) 힌트 : 차례로 = in turns, by turns, in order, one by one, one after another

(2) 한국어의 어순 : 우리들은(we), 차례로(in turn), 물을(water), 마셨다(drank)

(3) 영어의 어순 : we(우리들은) drank(마셨다) water(물을) in turns(차례로)

(4) 영역 : We drank water in turns.

(5) 응용 : 우리는 교대로 망을 보았다.

(6) 번역 : We kept watch in turns.

학생 : 선생님, 이 부분은 문장 제 1 형식을 다루는 줄 알았는데 본 문제나 응용 문제나 다 문장 제 3 형식인 "주어 + 술어(완전 타동사) + 목적어"로 되어 있습니다.

선생 : 학생은 잘 지적했다. We drank water in turns.는 틀림없이 문장 제 3 형식이다. 왜냐하면 We 는 주어이고 drank는 완전 타동사이고 water는 목적어이기 때문이다. 그러나 이 문장에서 목적어인 water를 빼도 문장이 되는데 그것은 문장 제1 형식이 된다. 왜냐하면 drink의 동사 속에 water(" 물을")가 들어 있기 때문이다. 이렇게 한국어에는 목적어가 따로 나오는데 영어에는 동사 속에 목 적어의 뜻까지 들어 있는 경우가 많은데 그러한 경우에는 그 동사는 완전 자동사가 되어 그 동사는 문장 제 1 형식을 만들게 된다. 내가 일부러 이러한 예문을 내세워 한국어와 영어의 미묘한 차이점 을 부각시키고자 한 것이다. 영영 사전인 Webster's Collegiate English Dictionary에서 drink를 찾 아보면 그것은 타동사의 뜻으로 "to take in or suck up(안으로 넣다 또는 빨아들이다)와 자동사 의 뜻으로 (to take liquid into the mouth for swallowing(액체를 삼키기 위해서 입 속으로 넣다)의 두 가지 뜻으로 갈라져 있다.

응용의 예문에서도 kept(완전 타동사 : …를 행하였다)와 watch(명사로서 목적어 감시)는 watched(감시했다)의 자동사로 바뀌어 문장 제 1 형식이 될 수 있다. 위의 문장들은 각각 We drank in turns.와 We watched in turns.의 문장 제 1형식의 문장들로 바뀔 수 있다.

학생들 이러한 것이 사소하게 보이지만 원리적인 면에서 볼 때에는 그것은 엄청나게 큰 원리의식 을 갖게 해준다. 발명의 왕이었던 Edison은 누구나 1 + 1은 2가 된다는 공식인 1 + 1 = 2에 대하 여 왜 그것이 그렇게 되는가를 의심하는 원리를 파고들었기에 다른 사람들이 의당히 지나쳐버리기 쉬운 것을 따져 인류에 위대한 발명들을 남겼고 과학자였던 Newton은 사과나무 밑에서 앉아 있다 가 사과가 위로나 옆으로 움직이지 않고 왜 땅으로만 떨어지는가의 원리를 파고 들었기에 만유인력 의 법칙(the law of gravitation)을 비롯하여 위대한 물리학의 원리들을 발견한 것이다. 학생들도 영 작을 공부하면서 이러한 원리 의식을 견지하는 인물들이 되기를 바란다.

인류 역사 이래로 거의 모든 위대한 업적들은 언뜻 보기에는 극히 사소한 것같아 보이는 것에 대한 원리의 추구에서 비롯된 것이다. 가장 흔한 것들이 가장 본질적이며 가장 필요한 것들이다. 공기는 가장 흔하지만 그것은 생명체에 가장 필요한 것이다. 학생 여러분, 영작하는 데에서도 문장 5 형식들의 문장들을 만드는 동사들은 아마도 으레 그러려니 하고 넘겨버리기 쉬운 것이지만 영어에서 동사가 가장 중요하고 가장 잘 쓰이는 것이다. 이 영어의 동사들의 다섯 가지 종류들 즉 완전 자동사들, 불완전 자동사들 완전 타동사들 여격 타동사들, 그리고 불완전 타동사들을 영어 공부에 있어서 자나 깨나 명심하기를 바라는 마음 간절하다.

2. 너의 실패가 나를 더 실망시켰다.

(1) 힌트 : 실망 = disappointment, despair, 더욱 더하다 = add to(2) 한국어의 어순 : 너의(your) + 실패가(failure) + 나를(me) + 더(more) + 실망시키다(disappointed)

(3) 영어의 어순 : your(너의) + failure(실패가) + disappointed(실망시켰다) + me(나를) + more(더) "Your failure disappointed me more"는 문법적으로 하등의 하자가 없지만 "disappointed me more" 보다 "added(완전 자동사) to my disappointment(부사구)"가 영어의 표현상 더 자연스럽다.

(4) 해답 : You failure added to my disappointment.

(3) 응용 : 너의 행운이 나를 더욱 더 즐겁게 해주다.

(4) 번역 : Your good luck adds to my happiness.

학생 : 선생님, 본 작문이나 응용 작문에서나 한국어의 목적어에 해당되는 "나를"이 영어에서는 동사 added나 adds의 목적어가 되지 않는 것 같습니다.

선생 : 학생이 잘 보았다. 이 두 문장들에서 added나 adds는 타동사들이 아니고 자동사로서 그것 뒤의 전치사 to와 결합하여 increased나 increase의 뜻이 되어 add to는 관용적인 뜻을 갖는다. 그러나 여기서 add동사는 완전 자동사이기에 위의 문장들은 문장 제 1 형식에 속한다.

그것들 뒤의 to my disappointment와 to my happiness는 부사구들로 각각 앞의 자동사들인 added와 adds를 수식한다. 또한 add는 타동사가 되어 목적어를 취하기도 한다. 예컨대, She added sugar to coffee.(그녀는 커피에 설탕을 탔다.)에서 added는 타동사로서 목적어 sugar를 지배하고 있다.

3. 대전은 서울의 남쪽 90마일 지점에 있다.

(1) 힌트 : 서울의 남쪽 90마일 지점에 = 90 miles south of Seoul (* in the south of ∼ = ∼
의 남부에, on the south of ∼ = ∼의 남쪽에 (*여기서 명사 direction의 앞에는 전치사 in이
명사 side의 앞에는 전치사 on이 온다는 것에 유의해야 함 : in the southern direction / on
the southern side.)

(2) 한국어의 어순 : 대전은(Taejeon) + 서울의(of Seoul) + 남쪽(south) + 90 마일(90 miles) +
지점에(at the place 혹은 spot) + 있다(is 혹은 lies)

(3) 영어의 어순 : Taejon(대전은) + lies(있다) + 90 miles(90 마일) + from the southern
place(남쪽 지점에) + of Seoul(서울의)

(4) 해답 : Taejeon lies 90 miles south of Seoul.

(5) 응용 : 그 마을은 그 도시의 북쪽 15마일 지점에 있다.

(6) 번역 : The village is 15 miles north of the city.

4. 피곤해 보이니 너 어제 저녁에는 늦게 잤구나.

(1) 힌트 : = 늦게 자다 = go to bed late, ∼했구나 즉 ∼했음에 틀림없다 = must have + 과거
분사, ∼함에 틀림없다(과거의 사실에 대한 추정), must + 동사원형(현재의 사실에 대한 추정)
위의 것과 맥락을 같이 하는 어법으로서 다음과 같은 것들이 있다

∼일는지 모른다 = may + 동사 원형,(현재의 사실에 대한 가상) ∼였을런지 모른다 = may +
have + 과거분사(과거의 사실에 대한 가상)

∼일리 없다 = cannot + 동사 원형(현재의 사실에 대한 부정적 추정), ∼였을리 없다 =
cannot + have + 과거 분사(과거의 사실에 대한 부정적 추정)

∼인 것 같다 = seem to + 동사 원형(현재의 사실에 대한 상상), ∼였던 것 같다 = seem to
+ have + 과거 분사(과거의 사실에 대한 상상)

> ※ 위의 법칙들에 대한 보기들
> · He must be honest. (그는 정직함에 틀림없다.)
> · He must have been honest. (그는 정직했음에 틀림없다.)
> · He may be honest. (그는 정직한지 모른다.)
> · He may have been honest. (그는 정직했는지 모른다.)
> · He cannot be honest. (그는 정직할 리 없다.)
> · He cannot have been honest. (그는 정직했을 리 없다.)
> · He seems to be honest. (그는 정직한 것 같다.)
> · He seems to have been honest. (그는 정직했던 것 같다.)

- ~looking = ~보이는, tired-looking = 피곤해 보이는,
- angry-looking = 화난 얼굴을 한, 등등

(2) 한국어의 어순 : 피곤해 보이니(from your tired-looking face) + 너(you) + 어제 밤(last night) + 늦게(late) 잤(went to bed), 구나(must have ~)

(3) 영어의 어순 : from your tired-looking face(피곤해 보이니) + you(너) + must(~ 임에 틀림없다) + have gone to bed(잤구나) + late(늦게) + last night(어제 밤)

(4) 해답 : From your tired-looking face, you must have gone to bed late last night.

(5) 응용 : 당신은 이것을 알고 있음에 틀림없다.

(6) 번역 : You must be aware of this.

(7) 응용 : 그녀는 젊었을 때는 틀림없이 미인이었음에 틀림없다.

(8) 번역 : She must have been a beauty in her day.

(9) 응용 : 그것은 어쩌면 사실일는지 모른다.

(10) 번역 : It may be true to my knowledge.

(11) 응용 : 그가 그렇게 말했을 지 모른다.

(12) 번역 : He may have said so.

(13) 응용 : 그것은 정말 일리 없다.

(14) 번역 : It cannot be true.

(15) 응용 : 그녀가 그런 말을 했을 리 없다.

(16) 번역 : She cannot have said that.

(17) 응용 : 그녀는 귀머거리인 것 같다.

(18) 번역 : She seems to be deaf.

(19) 응용 : 그는 전에 부자였던 것 같다.

(20) 번역 : He seems to have been rich.

학생 : 선생님 영작 한 문장을 놓고 이렇게 많은 것들이 연결되고 서로 상호 보완되어 보이니 하나를 배우거나 알면 그것에서 열을 알 수 있다는 말이 실감이 납니다.

선생 : 학생이 학문하는 방법을 적절히 말했다. 사람은 한 사과의 한 쪽을 맛보면 그 사과의 전체의 맛을 알 수 있듯이 인간의 지능은 그렇게 함축적인 가능성이 큰 것이다. 지금 영작만 한 것 같지만 실은 위의 연관된 문장들을 실 생활에 활용하면 곧 영어 회화가 되는 것이다. 그런데 요즈음 우리나라에서는 영어 회화라는 것이 따로 독립되어 있는 것처럼 생각하는 사람들이 많은 것은 서글픈 현상이 아닐 수 없다. 모든 길들은 로마로 통한다는 말대로 영어 독해이든 영어 작문이든 영어 회화이든 다 한 마디로 영어 실력인 것이다. 그 영어 실력의 "로마"가 바로 영문법인 것이다. 왜냐하면 한 언어는 그것의 문법으로 이루어지기 때문이다. 학생들은 지금 영작 공부를 하고 있지만 사실은 영문

법대로 영어를 쓰는 것을 배우고 있다. 이 영작문들을 한국어로 옮기면 영어 독해가 되고 그것들을 소리를 내어 상대자와 대화를 하면 영어 회화가 되는 것이다.

5. 방과 후의 테니스 치는 것이 어떻겠느냐?

(1) 힌트 : ~하는 것이 어떻겠느냐 = how about(how do you think about의 축소형) ~(동명사), 테니스 치다 = play tennis (*play poker = 포커를 하다, play cards = 트럼프를 하다)

(2) 한국어의 어순 : 방과 후에(after school), 테니스를 치는 것이(playing tennis), 어떻겠느냐 (how about)

(3) 영어의 어순 : how about(어떻겠느냐), playing tennis(테니스를 치는 것이), after school (방과 후에)

(4) 해답 : How about playing tennis after school?

(5) 응용 : 수영하러 가지 않겠나?

(6) 번역 : How about going for a swim?

(7) 응용 : 우리와 함께 가는 게 어때?

(8) 번역 : What about coming with us?

6. 나의 고향은 경기도와 강원도의 경계에 있다.

(1) 힌트 : = 고향 = hometown, native place, ~의 경계에 = on the border of ~

(2) 한국어의 어순 : 나의(my), 고향은(hometown), 경기도(Kyunggido), 와(and), 강원도 (Kangwondo), 의(of), 경계(border), 에(on), 있다(is 혹은 lies)

(3) 영어의 어순 : my(나의), hometown(고향), is(있다), on the border of(의 경계에), Kyunggi-do(경기도), and(와), Kangwon-do(강원도)

(4) 해답 : My hometown is on the border of Kyunggi-do and Kwangwon-do.

(5) 응용 : 그는 파국에 직면하고 있다.

(6) 번역 : He is on the border of ruin.

학생 : 선생님, 한국어에서는 "경계"라는 말 앞에 "그(the)"라는 말이 없는데 영작문에는 "the"라는 정관사가 있는데 그것에 대하여 설명해주시면 감사하겠습니다.

선생 : 학생은 참으로 어려운 질문을 했다. 영어에서 관사의 용법이 제일 까다롭다. 학생이 그것을 지적한 것은 참으로 영어의 어려움에 대한 일면을 지적한 것이다. 그러한 관찰력이 사람을 다른 동물들과 다르게 하고 있는 것이다.

내가 지금까지 학생들에게 영작 시험을 치르게 할 때마다 거의 다가 이 관사를 쓸 줄 모를 뿐만 아니라 아예 관사에 대한 개념조차 갖고 있지 않아 속상한 적이 많았다. 우선 학생이 영어의 관사를 관찰한 것만 치더라도 큰 칭찬을 받아 마땅하다.

관사의 용법이 매우 복잡하니 여기서는 정관사(the)의 기본적인 것만을 다루고 앞으로 깊게 영작을 해가면서 그것에 대하여 다 설명해주겠다. 첫째로, the는 앞에 나온 명사를 뒤에서 다시 말할 때에 쓰인다. 예컨대, There is a book on the table. The book is a novel.에서 앞에 나온 명사(book)가 다시 뒤에 나오기 때문에 "다른 책"이 아니라 바로 지금 말한 "책"을 지칭하기 위해서 그 책(book) 앞에 정관사(the)가 쓰인 것이다. 그렇지 않고 뒤에 book 앞에 the가 쓰이지 않거나 부정 관사인 a를 그 앞에 쓰면 비문법적인 것이 되어 틀린 영어가 된다. 이것은 정관사의 용법들 중에서 기본이 되는 것이며 그렇기 때문에 가장 중요한 용법인 것이다.

이제 학생이 질문 한 border 앞의 the를 살펴보자. 영어에서는 뒤에서 한 명사를 수식하는 수식구문이 있으면 십중 팔 구가 그 명사 앞에 정관사 the가 붙는 것이다. 따라서, 위의 영작문에서 border 뒤에 형용사구인 of Kyunggido and Kangwondo가 그것을 수식하고 있기 때문에 border 앞에 the가 온 것이다. 이것을 정관사의 제한적 용법이라고 부르기도 한다. 그 밖의 정관사의 용법들은 앞으로 복잡한 영작문들을 다룰 때에 적절히 설명하겠다.

정관사 the에 대하여는 이것만으로도 큰 지식이지만 이왕에 나온 김에 몇 가지 가장 잘 쓰이는 것들을 여기에 간단히 설명함으로써 학생들이 영어 정관사의 공포증에서 벗어나게 하겠다. The horse is a useful animal.에서 the는 대표 단수라는 용법으로서 명사 단수 앞에 쓰여 그것의 전 부류를 나타낸다. 따라서 위의 영문은 "말이라는 동물은 유용한 동물이다"라고 해석된다. 만약 위의 the horse를 "그 말"이라고 해석하면 멍청이라는 말을 듣게 된다. 또 다른 용법으로서 말하는 사람(the speaker)과 말을 듣는 사람(the hearer) 사이에 암묵적으로 서로 알고 있는 명사를 지칭할 때에 쓰인다. 예컨대, 어느 방에서 "Please close the door."에서 그 말을 듣는 사람은 그들이 있는 방을 닫게 되지 다른 방의 열린 문을 찾아가 닫지 않는다. 비슷한 예문 하나 I went to the station to see my sister off. (나는 나의 누이를 전송하기 위해서 정거장 (서울에서는 서울 정거장)에 갔다.) 또한 우주 속에 유일한 것들 앞에 정관사가 쓰인다. 예컨대, the sun, the moon, the world, the universe, 등등이 있다. 또한 관용적인 구문들에 쓰인다. 예컨대, in the morning, in the afternoon, in the evening, 등등이 있다. 그리고 최상급 앞에 정관사가 쓰인다. 예컨대, the best, the worst, the most beautiful, 등등이 있다.

이정도의 정관사 the에 대한 지식은 필수적이면서 유용성인 면에서 충분하다. 이 이상의 세세한 정관사에 대한 지식은 그때그때 영문법 참고서를 참조하면 된다. 사돈네 팔촌의 생일날까지 기억하는 사람은 칭찬 받기에는 너무 시시콜콜한 것이기에 오히려 딱하게 보일 뿐이다. 그러한 것을 기억할 시간과 재능이 있다면 보다 생산적인 것들에 그 시간과 재능을 투자하는 것이 바람직한 것이다. 우리 주변에는 그러한 백과사전적인 사람들이 많은데 그들을 부러워하는 사람들은 그들보다 더 딱한 사람들이 된다. 사람은 백과사전적인 멍청이(encyclopedic fool)가 되기에는 그 존재 이유와 가치가 아까운 것이다.

7. 그 소식을 듣자 그녀는 갑자기 울음보를 터뜨렸다.

(1) 힌트 : = 울음보를 터뜨리다 = burst into tears 혹은 weep loudly

(2) 한국어의 어순 : 그(the), 소식(news), 듣자(at 전치사가 문맥으로 보아 하나의 동사적인 의미를 가짐 : 여기서는 on hearing과 같음), 그녀는(she), 울음보(tears), 터뜨렸다(burst into)

(3) 영어의 어순 : at(듣자), the(그), news(소식), she(그녀는), wept(울었다), loudly(소리내어). 혹은 on hearing(듣자), the(그), news(소식), she(그녀는), burst into(터뜨렸다.), tears(울음보)

(4) 해답 : At the news, she wept loudly. 혹은 On hearing the news, she burst into tears.

(5) 응용 : 웃음 소리가 청중 속에서 솟구쳤다.

(6) 번역 : A sound of laughter burst out from the audience.

학생 : 선생님, 자동사가 그것의 뜻과 같은 명사를 목적어로 지배하면 문장 3 형식이 됩니까?

선생 : 학생은 시기 적절하게 좋은 질문을 했다. 예컨대, live(살다)라는 자동사가 그것과 같은 뜻의 명사를 목적어로 지배하면 그 자동사는 타동사로 변하고 그것의 문장은 문장 제 3 형식이 된다. 즉 She lived happily라는 제 1 형식의 문장이 그것의 술어(완전 자동사)인 lived가 그것 뒤에 동족 목적어(cognate)인 life를 지배하면 다음과 같이 문장 제 3 형식이 된다. She lived a happy life. 그래서 위의 응용 문제인 At the news, she wept loudly의 문장 제 1 형식을 "At the news, she wept a loud weep의 문장 제 3 형식으로 바꿀 수 있어야 하는데 불행하게도 weep는 명사형이 없어서 그러한 문장은 어색하게 들린다. 그러나 다른 동족 목적어를 갖는 문장들이 더러 있다. 다른 보기를 들면 He died a miserable death와 같은 것이다.

8. 그녀는 모든 집안 일에서 해방되었다.

(1) 힌트 : = ~에서 해방되다 = be relieved of~, be freed from~

(2) 한국어의 어순 : 그녀는(she), 모든(all), 집안 일(the homework), 에서(of), 해방되었다. (was relieved)

(3) 영어의 어순 : she(그녀는), was relieved of(해방되었다), all(모든), the homework(집안 일)

(4) 해답 : She was relieved of all the homework.

(5) 응용 : 그는 그의 어려운 처지에서 벗어났다.

(6) 번역 : He was freed from his difficulties.

9. 우리는 모두 자연법칙의 지배를 벗어날 수 없다.

(1) 힌트 : (법칙의 지배 따위) ~를 받게 되다 = be subject(ed) to ~

(2) 한국어의 어순 : 우리는(we), 모두(all), 자연 법칙(the law of nature), 지배를 벗어날 수 없다 (are subjected to)

(3) 영어의 어순 : we(우리는), are all subject to(지배를 벗어날 수 없다), the law of the nature(자연의 법칙의)

(4) 해답 : We are all subjected to the law of nature.

(5) 응용 : 그들은 큰 위험에 직면해 있다.

(6) 번역 : They were exposed to a great danger.

학생 : 선생님, be 동사 + 타동사의 과거 분사의 구문이면 피동태인데 왜 우리말로 능동태처럼 해석됩니까?

선생 : 학생은 까다로운 질문을 하여 나를 애먹이는가? 그러나 그러한 질문을 하는 것으로 보아 학생은 영어와 한국어와의 미묘한 차이를 간파한 것이다. 영어에는 be 동사 + 타동사의 과거 분사로 되어있어도 피동의 뜻이 없는 것들이 많다. 예컨대, You are supposed to attend the meeting(너는 그 모임에 참석해야 한다)나 He is obliged to help me(그는 나를 도와주어야 한다)나 You are expected to do this job(너는 이 일을 해야 한다)와 같은 피동 형식의 동사는 피동의 뜻이 없다. 그 이유는 나같이 최고의 영어의 지식을 갖춘 사람도 모르겠다. 그러나 피동태는 그 동태의 작위자 (agent)가 by + 목적어로 나타나야 하는데 위의 예문들에서는 그러한 구문이 나타날 수 없다. 나는 이 이상 더 설명할 능력이 속이 상하지만 없다. 학생은 오늘 나를 열등의식에 빠지게 했다. 그러나 그러한 질문을 한 것은 영어의 감각 혹은 원리 의식을 자아낸 것이기에 한 편으로는 기쁘기도 하다.

그러한 질문이 이왕에 나왔으니 그것과 유사한 영어의 용법을 설명하겠다. 타동사 + 재귀대명사 (oneself)가 be 동사 + 타동사의 과거 분사의 형식을 취해도 피동형의 뜻이 없고 능동형의 뜻이 대신한다. 예컨대, He worried himself about it가 He was worried about it와 같이 피동형으로 바뀌면 능동형과 같은 뜻이 된다. 위의 문장들은 둘 다 "그는 그것에 대하여 걱정을 했다."로 해석된다. 다른 보기를 하나 더 들어보자 He disguised himself as a beggar. = He was disguised as a beggar. (그는 거지로 가장했다.)

10. 1920년까지는 그 병에 대해서 알려진 바가 거의 없었다.

(1) 힌트 : 알려진 바가 거의 없다 = very little is known, 알려진 것이 전혀 없다 = nothing is known, 알리다, 발표하다 = make known, 혹은 publish

(2) 한국어의 어순 : 1920년(1920), 까지는(until), 그(the), 질병(disease), 에 대해서(about), 알려졌던 바(was known), 거의 없는 것(very little)

(3) 영어의 어순: very little(거의 없는 것), was known(알려졌던 바), about(에 대해서), the disease(그 질병), until(까지), 1920(1920)

(4) 해답 : Very little was known about the disease until 1920.

(5) 응용 : 너는 왜 그에게 자기 소개를 않느냐?

(6) 번역 : Why don't you make yourself known to him?

11. 그 소식은 재빨리 전국 방방곡곡으로 퍼져갔다.

(1) 힌트 : 재빨리 퍼지다 = quickly spread. 전국 방방곡곡 = every corner of the country

(2) 한국어의 어순 : 그(the), 소식(news), 재빨리(quickly), 전국의(of the country), 방방곡곡 (every corner), 퍼져갔다(spread)

(3) 영어의 어순 : the(그), news(소식은), quickly(재빨리), spread(퍼져갔다), to every corner(방방곡곡으로), of the country(전국의).

(4) 해답 : The news quickly spread to every corner of the country.

(5) 응용 : 가끔 소식 좀 전해주시오.

(6) 번역 : Let me have some news now and then from you.

(7) 응용 : 나쁜 소식은 빨리 퍼진다.

(8) 번역 : Ill news flies apace. 혹은 Bad news travels quickly.

(9) 응용 : 금시초문이다.

(10) 번역 : That is quite a real news to me.

12. 우체부는 여기에 이틀에 한 번씩 온다.

(1) 힌트 : 이틀에 한 번씩 = every other(혹은 second)day. 사흘에 한 번씩 = every third day, 칠일에 한 번씩 = every seventh day. 우체부 = the mailman(여기서 정관사 the 앞에서 설명했듯이 speaker와 hearer가 서로 알고 있는 것을 나타내는 데 쓰이는 것임)

(2) 한국어의 어순 : 우체부는(the mailman), 여기에(here), 이틀에 한 번씩(every other day), 온다(comes)

(3) 영어의 어순 : the mailman(우체부는) comes(온다), here(여기에), every other day(이틀에 한 번씩).

(4) 해답 : The mailman comes here every other day.

(5) 응용 : 그 시골 장은 오일에 한 번씩 열린다.

(6) 번역 : The village fair is held every fifth day.

학생: 선생님, every 다음에 어떤 서수를 쓰거나 됩니까?

선생 : 학생의 질문이 조금 막연하지만 내 짐작으로 대답하면 every hundredth day(매 백일마다), every thousandth month(매 천개월 마다), every second year(매 2 년마다)와 같이 every + 서수 + 시간의 단위의 공식으로 얼마든지 응용할 수 있다. 내 대답이 맞는가?

학생 : 속 시원하게 저의 막연한 질문에 대답해주셔서 감사합니다.

13. 나의 젊은 날의 꿈은 오래 전에 사라졌다.

(1) 힌트 : 오래 전에 = long ago, long before와 long since도 long ago와 같이 오래 전에라는 뜻을 갖는다. 그러나 long ago는 과거형에만 쓰이는 반면에 long before와 long since는 완료형에도 쓰일 수 있다. 사라지다 = vanish, disappear, leave one's mind

(2) 한국어의 어순 : 나의(my), 젊은 (young), 날(days), 의(of), 꿈(dreams), 오래 전에(long ago), 사라졌다(vanished)

(3) 영어의 어순 : the dreams(꿈), of my young days(젊은 날의), vanished(사라졌다), long ago(오래 전에)

(4) 해답 : The dreams of my young days vanished long ago.

(5) 응용 : 나의 그 큰 포부는 이미 사라진 지 오래다.

(6) 번역 : The great ambition of mine left my mind long ago.

학생 : 선생님, 한국어에서는 "꿈" 그리고 "나의 젊은 날"의 "날"처럼 명사들이 단수로 쓰였는데 영어에서는 "dreams" 그리고 "my young days"의 "days"처럼 명사들이 복수로 쓰였습니다. 이 점이 이해가 안갑니다. 왜 그렇습니까?

선생 : 학생이 용하게도 그 점을 잘 관찰했다. 먼저 학생의 그러한 학습 태도에 대하여 치하의 말을 하노라. 한국어에서는 수량의 개념이 정확하지 않는 경우가 많다. 그것은 우리나라가 근대에 이르기까지 한자어를 많이 썼고 지금도 그 영향력이 고질적으로 남아 있다. 한자어에서는 일인(一人)이나 만인(萬人)이나 복수 어미가 없다. 그러한 영향으로 우리는 "한 사람이 오고 있다"나 "많은 사람이 오고 있다"나 똑 같이 "사람"이 양 쪽 문장들에 쓰이고 있다. 그러나 정확성을 기하기 위해서는 앞의 문장의 "사람"은 "한"이라는 단수적인 형용사가 왔기 때문에 맞는 어법이지만 뒤의 문장에서는 그 앞의 형용사가 다수적인 뜻을 갖고 있기 때문에 그것 뒤의 명사는 당연히 "사람들"이어야 한다. 만약에 위의 문장들에서 "한"과 "많은" 대신에 "그"라는 관형사를 쓴다면 그 두 문장들은 모두 "그 사람이 오고 있다"가 되어 그 두 문장들 사이에 하등의 차이가 없게 된다.

그러나 한국어에는 한글이라는 글자가 있어서 보수 어미가 되는 "들"을 복수 명사들에 사용할 수 있다. 그런데도 한자 문자 사용의 타성에 너무 젖어 있어 우리는 그렇게 엄청난 잘못된 언어 생활을 하고 있다. 이것은 빨리 시정되어야 한다. 다행이 이북에서는 한글 전용을 해방 직후부터 시행했기에 그러한 점은 우리가 본받아야 마땅하다. 언젠가 KBS 방송에서 이북의 일기 예보의 형식을 보여주었는데 그들은 보수 어미를 어김없이 붙인 것을 알게 되어 역시 한글의 과학성을 엿볼 수가 있었다. 남한에서는 "많은 지역에서 비가 오겠습니다"라고 했는데 북한에서는 "많은 지역들에서 비가 오겠습니다"라고 방송했다.

따라서 위의 영작문에서 영어에서 "dreams" 그리고 "days"라고 쓰인다면 우리도 한글로 복 수 어미인 "들을 붙여 "꿈들" 그리고 "날들"이라고 당연히 써야 한다. 한글 시대로 접어든 오늘 날들에는 구태의연한 한자식 언어 생활을 청산해야 할 것이다. 영작을 할 때에는 이 점에 특히 유의하지 않으면 비문법적인 영작을 하게 되기가 쉽다.

14. 그들은 국기를 흔들면서 계속 행진했다.

(1) 힌트 : = 계속 행진하다 = march(혹은 proceed, parade) on, 국기를 흔들다 = wave one's national flag

(2) 한국어의 어순 : 그들은(they), 국기를(여기서는 "그들의" 말이 생략됨 한국어의 한 특징 their national flags), 흔들면서(waving), 계속(on), 행진했다(marched)

(3) 영어의 어순 : they(그들은), marched(행진했다), on(계속), waving(흔들며) their(그들의),

national flags(국기들을).

(4) 해답 : They marched on waving their national flags.

(5) 응용 : 그들은 적군의 집중적인 총격 속에서 앞으로 행진했다.

(6) 번역 : They marched forward under the intensive shooting fire of the enemy.

학생 : 선생님, 본문의 영작문에서 "waving"은 "wave"의 현재 분사인데 영어의 준동사들이 (부정사 infinitive, 동명사 gerund, 분사 participle)의 하나인 분사가 사용되었는데 그 용법을 알아야 영작에 이용하겠는데 여기서 그것에 대하여 설명해주시면 좋겠습니다.

선생 : 이 강의 첫 부분에서 분사의 용법을 혼합 접속 요소를 설명하면서 설명한바 있는데 학생 이 아마 그것을 잊은 것 같다. 그러나 인간에게서 반복은 가장 필요한 행동들 중의 하나이기 때문에 다시 설명하겠다. 나도 영어 공부 올챙이 시절에 그러했다. 분사는 영문법에서 큰 부분을 차지하는데 그 용법은 나의 책 "영어 정복자"에서 아주 자세히 그리고 철두철미하게 설명해 놓았다. 시간이 나는 대로 그 책을 참고 하기를 바라면서 여기서는 영작이 본분이기 때문에 영작에 우선 필요할 정도로 간단히 설명하겠다. 분사의 용법은 크게 분사의 형용사적 용법, 분사의 본동사적 용법, 그리고 분사의 구문적 용법으로 갈라 놓고 설명될 수 있다. 영어에서 분사가 갖는 비중이 엄청나다. 따라서 나는 기쁜 마음으로 그것을 다시 반복적으로 설명하겠다.

첫째로, 분사의 형용사적 용법은 분사가 명사 앞에 와 그 명사를 형용하는 것을 말한다. 완전 자동사의 현재 분사가 명사 앞에 오면 진행의 의미를 내포한다. 보기 falling leaves(leaves which are falling : 떨어지고 있는 잎사귀들), 완전 자동사의 과거 분사가 명사 앞에 오면 완료 (또는 결과)의 의미를 내포한다. 보기 fallen leaves(leaves which are fallen : 떨어진 잎사귀들), 완전 타동사의 현재 분사가 명사 앞에 오면 그것의 목적어를 내포한다. 보기 a loving wife(a wife who loves her husband : 남편을 사랑하는 아내), 완전 타동사의 과거 분사가 명사 앞에 오면 "by + 목적어"를 내포한다. 보기 a loved wife(a wife who is loved by her husband : 남편에 의해서 사랑을 받는 아내)

둘째로, 분사의 본동사적 용법은 분사가 be 동사나 have 동사를 조동사로 삼는 본동사의 기능을 한다. 현재 분사가 그것 앞에 be 동사를 조동사로 삼으면 진행형을 만드는 본동사가 된다. 보기 I am writing a letter(나는 한 편지를 쓰고 있다)에서 am은 조동사이고 현재 분사 writing은 본동사로서 진행형을 만들어주고 있다. 완전 자동사의 과거 분사가 그것 앞에 be 동사를 조동사로 삼으면 완료형을 만드는 본동사가 된다. 보기 The winter is gone(겨울은 지나갔다. The winter has gone과 같은 뜻을 가짐)에서 is가 조동사이고 완전 자동사인 go의 과거 분사인 gone은 본동사로서 완료형을 만들어주고 있다. 타동사의 과거 분사가 그것 앞에 be 동사를 조동사로 삼으면 피동형을 만드는 본동사가 된다. 보기 The tiger was killed by a hunter(그 호랑이는 한 사냥 군에 의해서 죽여 졌다)에서 was는 조동사이고 타동사인 kill의 과거 분사인 killed는 본동사로서 피동형을 만들어주고 있다. 과거 분사가 그것 앞에 have 동사를 조동사로 삼으면 완료형을 만드는 본동사가 된다. 보기 The spring has com.(봄이 왔다)에서 has는 조동사이고 과거 분사인 com은 본동사로서 완료형을 만드는 본동사가 된다.

셋째로, 분사의 구문적 용법은 분사에 다른 말이 첨가되어 하나의 구문(construction)을 이루는데 분사 구문은 다음과 같이 세 가지로 갈라진다 (1) 분사 구문의 위치, (2) 분사 구문의 문맥상의 주어, (3) 분사 구분의 문맥상의 시제이다.

(1) 분사 구문의 위치

1) 분사 구문이 본문 앞에 올 때에는 그 분사 구문은 종속 접속사 +주어 + 술어(혹은 복합 술어)…., 보기 Living in the country, he has few visitors.에서 분사 구문인 living in the country가 본문인 He has few visitors 앞에 왔기 때문에 As he lives in the country, he has few visitors.로 바뀔 수 있다.

2) 부사 구문이 comma를 앞세워 본문 뒤에 올 때에는 그 분사 구문은 등위 접속사 + 주어 + 술어(혹은 복합 술어)…. 아니면 그 분사 구문 앞에 comma(,)가 없으면 종속 접속사 + 주어 + 술어(혹은 복합 술어)….로 바 뀔 수 있다. 보기 He entered the room, turning on the light에서 분사 구문인 turning on the light가 본문 뒤에 오고 그것 앞에 comma가 있기 때문에 He entered the room and he turned on the light.로 바뀔 수 있다. 이 영작문의 문제에서처럼 They marched on waving their national flags에서 분사 구문인 waving their national flags가 본문 뒤에 오고 그것 앞에 comma가 없기 때문에 They marched on while they were waving their national flags.로 바뀔 수 있다.

3) 분사 구문이 본문 사이 즉 본문의 명사 뒤에 와 그 명사를 수식할 때에 는 그 분사 구문은 관계 대명사 + 술어(혹은 복합 술어)….로 바뀔 수 있다. 보기 The church standing on a hill commands a fine view.에서 분사 구문인 standing on a hill이 본문 사이 즉 본문의 명사인 church 뒤에 왔기 때문에 The church which stands on a hill commands a fine view.로 바뀔 수 있다.

(2) 분사 구문의 문맥상의 주어

1) 분사 구문이 본문의 주어와 일치할 때에 그것의 주어가 생략된다. 보기 Living in the country, he has few visitors.에서 분사 구문의 주어가 본문의 주어인 he와 같기 때문에 생략되었다.

2) 분사 구문의 주어가 일반적인 주어(generic subject)일 때에도 그것의 주어가 생략된다. 보기 Judging from his accent, he must be an American.에서 분사 구문의 주어가 일반적

인 주어인 we이기 때문에 생략되었다.

3) 분사 구문의 주어가 본문의 주어와 일치하지도 않고 일반적인 주어도 아닐 때에는 그 분사 구문 앞에 명시한다. 보기 The sun rising over the mountain, they began to march on.에서 분사 구문의 주어가 본문의 주어인 they와 일치하지 않는 the sun이기 때문에 그것 앞에 명시되었다.

(3) 분사 구문의 문맥상의 시제

1) 분사 구문의 시제가 본문의 시제와 일치할 때에는 그 분사 구문은 일반 분사 즉 현재 분사와 과거 분사가 쓰인다. 보기 Living in the country, he has few visitors.에서 분사 구문의 시제가 본문의 현재 시제인 has와 일치하기 때문에 일반 분사의 능동형인 현재 분사 living이 쓰였다. 보기 Written in English, the book is difficult to read.에서 분사 구문의 시제가 본문의 현재 시제인 is와 일치하기 때문에 일반 분사의 피동형인 과거 부사 written이 쓰였다.

2) 분사 구문의 시제가 본문의 시제보다 앞설 때에는 having + 과거 분사(능동형인 경우)와 having + been + 타동사의 과거 분사(피동형인 경우)가 쓰인다. 보기 Having finished his home work, he went to the movies.에서 분사 구문은 After he had finished his homework처럼 본문의 시제인 went(과거)보다 앞선 과거 완료형(능동형 had finished)을 표시하는 having finished가 쓰였다. Having been helped by his brother, he is successful in his business.에서 분사 구문은 As he was helped by his brother처럼 본문의 시제인 is(현재)보다 앞선 과거(피동형 was helped)를 표시하는 having been | helped가 쓰였다.

자! 학생들 지금까지 분사의 용법의 기본이 되는 것을 총망라 하여 설명했다. 이러한 분사 구문의 기본 용법을 모르면 분사 구문이 필요로 하는 영어의 작문을 할 수가 없는 것이다. 지루하였겠지만 이 분사에 대한 이러한 기본적인 지식은 필수적이다.

학생 : 선생님 정말로 고맙습니다. 이제는 분사에 관한한 자신이 생겼습니다. 너무너무 기쁩니다. 우리 학생들이 철저히 이해할 수 있게끔 분사에 대하여 설명해 주신데 대하여 그리고 분사의 중요성을 깨닫게 해주신데 대하여 다시 한 번 선생님께 감사드립니다.

선생 : 나도 후련하다. 학생들 무엇이나 안다는 것은 그것의 원리 또는 기본을 안다는 것이다. 그저 그때그때 땜질 식으로 단편적이며 현상적인 것만 알면 그 당시에는 좀 아는 것 같지만 그것은 도로 아미타불이 되는 무지로 돌아갈 수밖에 없는 것이다. 그런데, 학생들이 이러한 원리 의식에 눈이 뜬 것 같아서 선생으로서 나도 매우 기쁘다.

15. 한국 전쟁은 1950년 6월에 일어났다.

(1) 힌트 : 일어나다(break out 일어나다의 뜻에는 happen 또는 take place가 있지만 전쟁이 일어나다에는 break out을 주로 쓰게 된다)

(2) 한국어의 어순 : 한국(의) 전쟁(the Korean War(여기서 the는 유일무이한 것에 쓰이는 정관사의 용법에 의한 것임), 1950년(1950) 6월(June), 에(in), 일어났다(broke out)

(3) 영어의 어순 : the Korean war(한국(의) 전쟁), broke out(일어났다), in June, 1950(1950년 6월에)

(4) 해답 : The Korean War break out in June, 1950.

(5) 응용 : 우리는 삼차 세계 대전이 일어나지 않도록 최선을 다해야 한다.

(6) 번역 : We must do our best to prevent The Third World War from breaking out.

학생 : 선생님, 본문에 1950년 6월 25일과 같이 날짜를 넣으면 그 날짜를 어디에 써넣어야 합니까?

선생 : 학생이 좋은 질문을 했다. 사고방식에서 영어와 한국어의 차이점들이 무수히 많다. 그 가운데 하나가 영어는 세세한 부분까지 구체적인 것들을 제시하는 반면에 한국어에서는 어림잡아 막연하게 말하기가 쉽다. 사실은 위의 본문에서는 "1950년 6월" 대신에 "1950년 6월 25일"이 보다 구체적인 사정을 말해준다. 우리가 영어를 배우는데 있어서 비단 영어 자체만 배우는 것이 아니라 영어식 사고방식까지 배우는 것이다. 그러기 때문에 위의 본문의 "1950년 6월"을 한국어로 번역할 때에는 구체적인 날짜까지 제시해야 한다. 따라서 위의 in June, 1950" 대신에 "in June 25, 1950"이거나 "on the 25th of June, 1950"로 표현하는 것이 바람직하다. 대체로 "...년...월...일" 영어의 표현은 "in + the month + the day + , + the year"가 된다. 물론 "on + the dayth + of + the month + , + the year"도 잘 쓰인다.

16. 취미라는 것은 설명할 수 없다.

(1) 힌트 : 설명하다(account for, explain), ~할 도리가 없다(there is no ~(동명사) for), 취미(taste, hobby)

(2) 한국어의 어순 : 취미라는 것은(tastes), 설명할 수 없다(there is no accounting for)

(3) 영어의 어순 : There is no accounting for(설명할 수 없다), tastes(취미)

(4) 해답 : There is no accounting for tastes.

(5) 응용 : 그가 언제 도착할지 전혀 알 수 없다.

(6) 여 : There is no telling when he will arrive.

17. 그는 한 달 정도만 있으면 고등학교를 졸업하게 된다.

(1) 힌트 : 한 달(정도) 있으면(in a month or so),

> ※ 여기서 주의할 것은 미래의 동사와 쓰일 때에는 전치사 in 은 [후에]의 뜻을 갖고 그렇지
> 않을 때에는 [기간의 뜻을 갖는다. 다음의 보기들을 생각해 보자. He will arrive here in a
> few minutes (그는 2, 3분 후에 도착할 것이다)와 He lived in Seoul in 1950. (그는 1950
> 기간에 서울에서 살았다.)

졸업하다(graduate from)

(2) 한국어의 어순 : 그는(he), 한달 정도만 있으면(in a month or so 혹은 in about a month), 고
등학교를(from (his) high school), 졸업할 것이다(will graduate)

(3) 영어의 어순 : he(그는), will graduate(졸업할 것이다), from (his) high school(고등학교를)

(4) 해답 : He will graduate from high school in a month or so.

(5) 응용 : 그는 그가 졸업한 대학에서 철학을 가르친다.

He teaches philosophy at his old university.

18. 그 이후로 나는 그의 소식을 전혀 듣지 못했다.

(1) 힌트 : 그 이후(since then), 소식을 전혀 듣지 못했다(have never heard of, have heard
nothing of) *긍정적으로 소식을 듣는다는 뜻일 때는 hear from을 쓴다.

(2) 한국어의 어순 : 그 이후로(since then), 나는(I), 그의 소식을(of him), 전혀 듣지 못했다.
(have heard nothing of him)

(3) 영어의 어순 : I(나는), have heard nothing(전혀 듣지 못했다), of him(그의 소식을), since
then(그 이후로)

(4) 해답 : I have never heard of him since then

(5) 응용 : 이따금씩 그에게서 소식이 옵니다.

(6) 번역 : I hear from him now and then.

19. 그 위대한 장군을 위하여 파티가 열렸다.

(1) 힌트 : 파티가 열리다(a party is given (혹은 presented, 혹은 held)), 위하여(in honor of)

(2) 한국어의 어순 : 그(the), 위대한(great), 장군을(general), 위하여(in honor of), 파티가(a party, 열렸다(was given)

(3) 영어의 어순 : a party(파티가, was given(열렸다), in honor of (위하여), the(그), great(위대한), general(장군)

(4) 해답 : A party was given in honor of the great general.

(5) 응용 : 오늘 저녁 그 신혼 부부를 위하여 만찬회가 열릴 것이다.

(6) 번역 : Tonight a dinner party will be held for the newly Wedded couple.

학생 : 선생님, 두 가지 질문들이 있습니다. 먼저 본 문에서는 한국어에서는 그냥 "파티"로 되어 있는데, 영어에서는 "a party"처럼 부정 관사 "a"가 쓰이고 있고 둘째로, 본문에서는 "위하여"가 "in honor of"으로 되어 있고 응용 문에서는 "for"로 번역되었는데 그 차이점을 설명 해 주시면 감사하겠습니다.

선생 : 학생의 첫 질문이 부정 관사가 한국어의 본문에는 없는데 왜 영어의 번역에서는 부정관사 "a"가 나타났는가이다. 이 질문은 앞서 정관사 "the"에 대한 설명처럼 기본적으로 설명한 바 있는데 역시 이 부정관사의 용법을 잊은 것 같다. 하지만 다시 설명하겠다. 왜냐하면 선생은 모름지기 자신의 올챙이 시절을 잊어서는 안 되고 선생이라는 말 속에는 자상함이라는 뜻이 들어 있기 때문이다. 우선 영어의 보통 명사가 단수이면 무조건 그 앞에 부정 관사 a 혹은 an이 붙는다. 예컨대, "뱀이 지금 나무 위로 기어오르고 있다"의 한국어에서는 보통 명사들인 "뱀"과 "나무"에 부정 관사가 없지만 이 문장을 영어로 옮기면 반드시 부정 관사 "a"가 그것들 앞에 붙는다 "A snake is rising up a tree." 만약 관사를 한국어의 문장처럼 생략하면 다음과 같이 비문법적인 문장이 된다 "Snake is rising up tree." 또한 추상 명사나 물질 명사도 그것이 한 사건으로 나타나면 역시 부정 관사가 붙는다 "A fire broke out in the kitchen." 이 영문에서 "fire"는 원래 물질 명사이지만 "불"이라는 물질을 의미하지 않고 사건의 의미를 갖는 "화재"의 뜻의 보통 명사가 된다. 이 같은 물질 명사의 보통 명사화의 보기들을 몇 개 더 들면, 다음과 같다 glass(유리), a glass(한 유리 잔), paper(종이), a paper(한 서류), 등등, 추상 명사가 보통 명사가 되는 경우의 보기들 kindness(친절 : 추상 명사), a kindness(한 친절한 행위), love(사랑 : 추상 명사), a love(한 사랑의 행위)이 있다.

이제는 학생의 두 번째의 질문인 우리말의 "위하여"가 영어에서는 여러 다른 표현들로 나는 것을 설명하겠다. "in honor of"는 한 사람 또는 사람들의 영예를 기리기 위한 뜻이 뚜렷이 나타나고 "in the interest of"는 한 사람 또는 사람들의 이익이나 권익의 뜻이 두드러지는 표현들이지만 둘 다 전치사 "for"의 뜻을 갖기에 "for"로 대치될 수 있다. 이것 이외에도 "on behalf of"(대신하여) 와 같은 표현도 전치사 "for"로 대신할 수 있다. 이런 점에 비추어 볼 때에 영어에서 전치사가 얼마나 유용한가를 알 수 있다. 우선 여기서는 전치사에 대하여 잠깐 멈추고 다른 영작으로 이어야겠다.

20. 그는 저녁이면 으례 텔레비전을 본다.

(1) 힌트 : 저녁이면 으례(almost every evening)

(2) 한국어의 어순 : 그는(he), 저녁이면(evenings), 으례(usually), 본다(watches)

(3) 영어의 어순 : he(그는), watches(본다), TV(텔레비전) almost every evening(저녁이면 으례)

(4) 해답 : He watches TV almost every evening.

> ※ 다르게 표현하면 His evenings are usually devoted to watching TV, 또 다르게 표현하면 He usually spends his time in watching TV in the evening.

(6) 응용 : 그는 여가를 독서로 보낸다.

(7) 번역 : He devotes (his) spare time to reading. (His spare time is devoted to reading 문장 제 1 형식).

(8) 응용 : 그는 공부 이외의 모든 여가를 이 책을 완성하는 데 바쳤다.

(9) 번역 : All his spare time has been devoted to the completion of this work.

> ※ devote는 완전 타동사이지만 그것이 앞에 be 동사를 조동사로 하여 본 동사가 되면 수동태가 되면서 문장 제 1형식을 만든다는 것을 아는 것이 중요하다. 왜냐하면 모든 영어 문장들을 동사의 종류들로 완전 자동사, 불완전 자동사, 완전 타동사, 여격 타동사, 그리고 불완전 타동사에 따라 각각 문장 제1형식, 2 형식, 3형식, 4형식 그리고 5 형식들의 문장들을 만들기 때문이다. 따라서 이 책의 전면부인 기본 영작에서는 문장 5 형식들로 갈라놓고 영작의 원리가 설명되고 있는 것이다. 각 형식의 끝에 정리 형식으로 다시 설명 될 것이겠지만 영어 문장들의 피동형들이 몇 형식에 속하는 것을 여기서 다루어지는 것이 적절하다. 완전 타동사가 피동형으로 쓰일 때에는 그것은 문장 제 1 형식을 만들고 여격 타동사가 피동형으로 쓰일 때에는 간접 목적격이 주어가 되면 그것은 문장 3 형식이 되고 직접 목적어가 주어가 되면 문장 제 1형식이 된다. He gave me a book.에서 간접 목적어 me가 주어가 되는 문장인 I was given a book by him.은 문장 제 3 형식이 되지만 직접 목적어 a book가 주어가 되는 문장인 A book was given to me는 문장 제 1 형식이 된다. 그리고 불완전 타동사가 피동형이 될 때 목적어가 주어가 되면 문장 제 2 형식이 되는 데 보어가 주어가 되지는 않는다. His great father made him a great soldier에

서 목적어인 him이 주어가 되는 피동형은 He was made (to be) a great soldier by his great father는 문장 제 2 형식이 된다. 그러나 보어인 a great soldier가 주어가 되는 피동형 문장인 A great soldier was made him by his great father는 비문법적인 문장이 된다.

21. 과반수가 그에게 투표했다.

(1) 힌트 : 과반수 = the greater number of people, 그에게 투표하다 = vote for him

(2) 한국어의 어순 : 과반수가(the greater number of people), 그(him), 에게(for), 투표했다.(voted)

(3) 영어의 어순 : the greater number(과반수), of(의), people(사람들이), voted(투표했다), for(에게), him(그)

(4) 해답 : The greater number of people voted for him.

(5) 응용 : 그는 전체 투표수 200에서 30표 차이로 당선되었다.

(6) 번역 : He was elected by a majority of 30 out of a total of 200 votes cast.

※ 영어의 특수 용법들 중의 하나가 "of" 의 용법인데 수량 또는 종류를 뜻하는 단어 뒤에 "of" 가 오면 일종의 관용적인 용법으로서 앞의 수량 또는 종류의 단어와 뒤의 "of" 가 한 단위의 형용사 구문이 되어 뒤의 명사를 수식한다 a number of students는 "학생들의 한 수자" 가 아니고 "많은 학생들" 이 된다. A new type of influenza는 "신형 독감" 으로 해석이 되지 "독감의 신형" 으로 해석 되지 않는다. 다른 보기들 a lot of boys = 많은 소년들, a great deal of money = 많은 돈, a kind of disease = 일종의 질병, a new sort of game = 새로운 종류의 놀이.

22. 서울은 뉴욕과 같은 위도에 위치하고 있습니까?

(1) 힌트 : be in the same latitude as ∼ = ∼와 같은 위도에 위치하고 있다, the same = 같은

※ same이 [같은]의 뜻으로 형용사가 될 때에는 항상 그 앞에 정관사가 오지 않으면 안 된다. 그리고 그것의 용법은 다음과 같은 차별적인 중요한 용법들이 있다. a, with와 상관적으로 쓰임 It is just the same with our family. (우리집에서도 역시 똑같다.), b. as와 상관적으로 쓰임 He always hold the same opinion as those of the majority (그는 항상 대다수의 사람들과 같은 의견을 갖는다.), c. 뒤에 관계 대명사 that으로 이어질 때 This is the same watch that I lost the other day.(이것은 언젠가 내가 잃어버린 바로 그 시계이다.),

> d. 뒤에 관계대명사 as로 이어질 때 This is the same watch as I lost the other day.(이 것은 언젠가 내가 잃어버린 것과 같은 종류의 시계이다.), e. 다른 관계 대명사와 관계부 사로 이어질 수 있다 He is the same man whom I saw yesterday (그 는 어제 내가 만 났던 바로 그 사람이다.), He will wait for you at the same place where I met you. (그 는 내가 너를 만났던 바로 같은 장소에서 너를 기다릴 것이다.)

(2) 한국어의 어순 : 서울은(Seoul), 뉴욕(New York), 과(as), 같은 the same), 위도 (latitude), 위 치에(in), 있습니까?(is?)

(3) 영어의 어순 : is(있습니까?), Seoul(서울), in(에 위치하고), the same(같은), attitude(위도), as New York(뉴욕과)

(3) 해답 : Is Seoul in the same attitude as New York?

(4) 응용 : 나에 대한 그녀의 태도도 언제나 변함이 없다.

(5) 번역 : She has been always the same to me.

(6) 응용 : 그는 병을 앓은 뒤로 달라졌다.

(7) 번역 : He is not the same man since his illness.

23. 그를 보자 그녀는 기쁜 나머지 울었다.

(1) 힌트 : 기쁜 나머지 울다(wept with joy), 그를 보자(at the sight of him, on seeing him)

(2) 한국어의 어순: 그를(him), 보자(at the sight of), 그녀는(she), 기쁜 나머지(with joy), 울었다 (wept)

(3) 영어의 어순 : she(그녀는), wept(울었다), with joy(기쁜 나머지), at the sight of(보자), him(그를)

(4) 해답 : She wept with joy at the sight of him.

(5) 응용 : 그는 그녀의 죽음에 대한 소식을 듣자 충격을 받고 실신했다.

(6) 번역 : He fainted shocked at the news of her death.

24. 프로메테우스는 하늘에서 불을 가져간 죄로 호되게 벌을 받았다.

(1) 힌트 : ∼에 대하여 처벌을 받다(be punished for) ∼에 대하여 꾸지람을 받다(be scolded for∼), 불을 가져간 죄로(for the pilferage of fire)

(2) 한국어의 어순 : 프로메테우스는 (Prometheus) 하늘에서(from Heaven), 불을 가져간 죄로(for the pilferage of fire), 호되게(severely 혹은 harshly), 벌을 받았다(was punished)

(3) 영어의 어순 : Prometheus(프로메테우스는), was punished(벌을 받았다), severely(심하게), for the pilferage of fire(불을 가져간 죄로)

(4) 해답 : Prometheus was harshly punished for the pilferage of fire from Heaven.

(5) 응용 : 그는 부주의 때문에 꾸지람을 받았다.

(6) 번역 : He was scolded for his carelessness.

학생 : 선생님, 본문에서 "죄로"라는 말이 한국어에는 있는데 영어에서는 그것에 해당되는 말 (crime)과 같은 것이 빠졌습니다. 그것이 이해가 되지 않습니다.

선생 : 학생은 참 적절한 질문을 했다. "죄로 벌을 받았다"라는 구문에서 벌을 받은 이유가 영어 의 "for (이유로)"가 있기 때문에 중복(redundancy)이 되어 그 말이 생략된 것이다. 이왕에 죄라는 질문이 나온 김에 그것에 대하여 간단히 설명하겠다. 영어에서 죄의 뜻을 갖는 말이 셋 있다 crime = 형사적인 죄, vice = 도덕적인 죄, 그리고 sin = 종교적인 혹은 양심적인 죄.

25. 당신은 당신의 직업을 스스로 선택해야 한다.

(1) 힌트 : ∼해야 한다(have to∼)

> ※ 우리말로 "…해야 한다"라는 말에 해당하는 말이 셋 있다.
> 1) must(…해야 한다 : 강제성의 뜻이 강함)
> 2) should(…해야 한다. 의무감의 뜻이강함), 그리고 3) have to(…해야 한다 : 사정상의 뜻이 강함). 그러나 이것들은 어디까지나 기본적인 차이에 지나지 않기 때문에 상호 교체적으로 쓰일 수 있다.
> 보기들을 들어 보자
> ① should(의무적으로) "You should love your country." 여기서는 should 대신에 must는 쓸 수 있으나 have to는 어색한 표현(awkward expression)이 된다.
> ② must(강요로) You must help me.
> ③ have to(사정상으로) I have to go now.

· 스스로(for yourself), ∼을 결정하다, ∼를 선택하다(decide on ∼)

(2) 한국어의 어순 : 당신은 (you), 당신의(your), 직업을(career), 스스로(for yourself), 선택해야 한다(have to decide on)

(3) 영어의 어순 : you(당신은), have to(해야 한다), decide on(결정하다), your(당신의), career(직업)

(4) 해답 : You have to decide on your career.

(5) 응용 : 그녀는 짐과 결혼하기로 결정했다.

(6) 번역 : She decided on marrying Jim.

26. 그녀는 아침 식사를 준비하기 위하여 일찍 일어나야만 했다.

(1) 힌트 : 아침 식사를 준비하다(prepare breakfast), 해야 한다(have to)

(2) 한국어의 어순 : 그녀는 (she), 아침 식사를(breakfast), 준비하다(prepare), 위하여(to), 일찍(early), 일어나다(get up), 해야 한다(has to)

 (3) 영어의 어순 : she(그녀는), has to(해야 한다), get up(일어나다), early(일찍), to prepare(준비하기 위하여), breakfast(아침 식사를)

(4) 해답 : She had to get up early to prepare breakfast.

(5) 응용 : 그렇게 큰소리로 말해서는 안 된다.

(6) 번역 : You should not speak so loud in the company present.

27. 선생님은 나의 대답을 불만스럽게 생각하셨다.

(1) 힌트 : 불만스럽게 생각하다(be dissatisfied with, 혹은 cannot be satisfied with)

(2) 한국어의 어순 : 선생님은(the teacher), 나의(my), 대답(answer),을 불만스럽게 생각하였다(was dissatisfied)

(3) 영어의 어순 : the(그), teacher(선생), 을 불만스럽게 생각하였다(was dissatisfied with), my(나의), 대답(answer)

(4) 해답 : The teacher was dissatisfied with my answer.

(5) 응용 : 나는 그 답으로 선생님을 만족시켜 드리지 못했다.

(6) 번역 : I could not satisfy the teacher with my answer.

28. 저 나무는 일 년에 2인치씩 자란다.

(1) 힌트 : ～치씩 = ～의 비례로(at the rate of ～)

(2) 한국어의 어순 : 저(that), 나무는(tree), 일 년에((in) a year), 2인치(two inches), 씩(at the rate of), 자란다(grows)

(3) 영어의 어순 : that(저), tree(나무는), grows(자란다), at the rate of(씩), two inches(2 인 치), a year(일 년에)

(4) 해답 : That tree grows at the rate of two inches a year.

(5) 응용 : 그 승용차는 시속 20마일의 속도로 달렸다.

(6) 번역 : The car ran at the rate of 20 miles an hour.

29. 개발도상 국가의 국민들은 일을 많이 한다.

(1) 힌트 : 개발도상국가 = a developing country

> ※ 선진국 = a developed country, 분사가 명사를 수식하는 형용사의 역할을 할 때에는 다음과 같은 네 가지 용법들이 있다. 이것은 앞에 이미 분사의 용법에서 설명했지만 영어의 분사의 용법 중에서 분사의 이 형용사적 용법이 기본이면서 가장 중요하다. 따라서 이 용법만 알아도 분사의 모든 용법들을 쉽게 알 수가 있다. 그러나 지금까지 이것을 지적한 영어 참고서는 하나도 없다. 적어도 나의 과식으로는,
> 1. 자동사의 현재분사 : 진행을 나타냄 falling leaves(떨어지고 있는 나뭇잎들)
> 2. 자동사의 과거분사 : 완료 또는 결과를 나타냄 fallen leaves(땅 위에 떨어진 나뭇잎들)
> 3. 타동사의 현재분사 : 목적어를 내포하고 있음 a loving wife(남편을 사랑하는 아내)
> 4. 타동사의 과거분사 : by + 목적어를 내포하고 있음, a loved wife(남편에 의해 사랑 받는 아내)

(2) 한국어의 어순 : 개발 도상 국가들(developing countries), of(의), 국민들은(the people), 일을 많이 한다(work hard)

(3) 영어의 어순 : the people(국민들은), of developing countries(개발 도상 국가들), work hard(일을 많이 한다).

(4) 해답 : The people of developing countries work hard.

(5) 응용 : 그 방송국은 사람을 계몽시키는 프로그램을 많이 다룬다.

(6) 번역 : The broadcasting station deal with many enlightening programs.

30. 그 정부는 선거에 의해 집권했다.

(1) 힌트 : 선거에 의해(through election), 집권하다(come into power)

(2) 한국어이 어순 : 그(the), 정부는(the government), 선거에 의해(through election), 집권하다 (came into power)

(3) 영어의 어순 : the government(그 정부는), came into power(집권하다), through election(선거를 통해서)

(4) 해답 : The government came into power through election.

(3) 응용 : 선거로 집권한 정부는 국민에 의해 지지 받는 정부다.

(4) 번역 : The government of an election system is supported by its people.

31. 그 소년들은 공휴일이면 언제나 운동장에 모였다.

(1) 힌트 : 모이다(get together, come together), 운동장에(on the ground)

> ※ ground는 운동장의 뜻 외에 많이 쓰이는 것은 기초, 근거 또는 입장과 같은 뜻을 나타낸다.

(2) 한국어의 어순 : 소년들(the boys), 공휴일이면(every holyday), 언제나(always), 운동장에(on the ground), 모였다(got together)

(3) 영어의 어순 : the boys(그 소년들은), always(언제나), got together(모였다), on the ground(운동장에), every holyday(공휴일이면)

(4) 해답 : The boys always got together on the ground every holyday.

(5) 응용 : 그는 너무 쉽게 자신의 주장을 바꾼다.

(6) 번역 : He shifts his ground too easily.

(7) 응용 : 불평의 근거는 무엇이냐?

(8) 번역 : What are the grounds of your complaint?

학생 : 선생님, 본문에서 우리말에서는 "운동장" 앞에 정관사 "the" 의 뜻이 없는데 그것은 선생님이 지난 번 말하는 사람(the speaker)과 듣는 사람(the hearer) 사이에 서로 묵계로 알고 있는 용법입니까?

선생 : 너의 적절한 질문에 바로 너 자신이 잘 대답했다. 학생은 이제 정관사의 까다로운 쓰임새를 이제 완전히 깨우쳤구나! 참 고맙다. 이것 만으로도 선생 노릇이 이 세상에서 제일 가는 일이 아닐 수 없구나!

학생 : 과찬이십니다. 이 모두가 선생님의 가르침 덕분입니다.

선생 : 나도 과찬을 받은 기분이다.

32. 가구 당 평균 월 수입이 십만원으로 늘었다.

(1) 힌트 : 가구 당(per house), 평균 월 수입(the average monthly income), 십만원으로 늘다 (increase to 100,000won)

(2) 한국어의 어순 : 가구 당(per house), 평균 월 수입(the average monthly income), 십만원으로(to 100,000 won), 늘었다(increased)

(3) 영어의 어순 : the average monthly income(평균 월 수입), per house(가구 당), increased(증가했다), to 100,000 won(십만원으로)

(4) 해답 : The average monthly income per house increased to 100,000 Won.

(5) 응용 : 그는 보통 지능의 소유자이다.

(6) 번역 : He is a man of the average intelligence.

학생 : 선생님, 미국의 화폐 단위인 "dollar"는 1 달라 이상이면 "dollar" 뒤에 복수 어미인 "s"가 붙는데 왜 한국의 화폐 단위인 "won" 뒤에는 복수 어미 "s"가 붙지 않고 있는 이유를 모르겠습니다.

선생 : 학생이 용하게 관찰력을 발휘하였다. 시간 관계상 간단히 대답하겠다. 영어의 "dollar" 이외의 지폐 단위는 단수이건 복수이건 다 단수로 쓰이고 첫 글자가 대문자로 쓰이는 것이 원칙이다.

33. 그 사고는 부주의의 결과였다.

(1) 힌트 : ~의 결과였다(resulted from~)

※ result from ~은 사건의 결과에 대한 원인을 말한다. 다른 보기를 하나 더 들면 "The damage resulted from the fire" (그 피해는 화제로 인한 것이다.)가 있는 반면에 result in ~은 종결적인 결과를 말한다. result 혹은 end 다음에는 결과의 전치사 "in"이 오고 begin 혹은 start 뒤에는 시작의 전치사 "with"이 온다. 대조적인 보기들 result(혹은 end) in failure(실패로 끝나다.) begin (혹은 start) with kiss(키스로 시작하다.)

(2) 한국어의 어순 : 그(the), 사고는(accident), 부주의(carelessness), 의(from), 결과였
다.(resulted)

(3) 영어의 어순 : the(그), accident(사고는), resulted(결과였다), from(의), carelessness(부주의)

(4) 해답 : The accident resulted from carelessness.

(5) 응용 : 그의 노력은 실패로 끝났다.

(6) 번역 : His efforts resulted in failure.

학생 : 선생님, 같은 영어 동사에도 전치사가 다르면 뜻이 정 반대가 되거나 달라진다는 것을 알게 되었습니다. 그러나 선생님, 그렇게도 많은 전치사들이 다른 품사들 특히 동사들과 조합하면 그것들의 용법들이 엄청나게 복잡할 것이니 영어를 배운다는 것이 그처럼 어려울 것이라 고 생각을 하니 한숨이 절고 나고 어느 세월에 영어를 배울 수 있을까 더 나아가 영작을 할 수 있을까 암담하기 그지 없습니다.

선생 : 하! 하! 하! 학생의 고심어린 말을 들으니 웃음이 절로 나온다. 내가 나의 저서 영문법 참고서 인 "영어 정복자"에서 이미 밝혔듯이 언어는 법칙 지배의 행위이기 때문에 그 법칙 즉 영문법을 알면 영어는 쉽게 정복할 수 있다. 특히 영어는 그것의 전체적인 문법을 이루는 영문법이 그야말로 체계적으로 잘 엮어져 있어서 그것은 어떤 다른 외국어보다 쉽게 배울 수 있다. 학생이 말하는 전치 사는 영어가 오늘날 세계어가 되는데 가장 큰 공헌을 했다고 해도 지나친 말이 아니다. 자세하고 세 밀한 것은 나의 저서 "영어 정복자"를 참고하기를 권하면서 역시 영어 전치사의 기본 법칙들을 비 교적 체계 있게 설명하고자 한다. 영어의 전치사들은 그것들 자체로 떼어 놓고 보면 그것의 전형적 인 뜻이 하나 또는 둘은 밝혀져 있다. 그러나 그것들은 일반적으로 말하면 혼자서는 뜻이 없고 다만 주변이 다른 품사들 특히 명사, 동사 그리고 형용사에 의하여 그것들의 뜻이 결정된다. 이정도의 전 치사에 대한 예비 지식을 배경으로 꼭 알지 않으면 안 되는 그리고 그것들만 알면 영어의 전치사는 거의 완전히 터득이 될 수 있는 요령을 여기에 소개하겠다.

첫째로 전치사는 타동사처럼 반드시 그것 뒤에 명사 대명사, 혹은 명사 상당어구를 목적어로 지 배해야 한다. 예를 들면, "Come in"에서 "in"은 언뜻 전치사처럼 보이지만 그것 뒤에 목적어가 지배되어 있지 않기 때문에 그것은 전치사가 아니고 그것 앞의 동사 "come"을 수식하는 부사가 되고 있다. "He slept in the room."에서 "in"은 그것 뒤에 명사인 "room"을 목적어로 지배하 여 하나의 문법 단위와 의미 단위를 이루고 있다. 문법적인 단위로써는 "in the room"은 그것 앞의 동사 "slept"를 수식하는 부사적 수식의 기능을 하여 부사구가 되었고 의미적인 단위로서는 앞의 말 "slept(잤다)"와 뒤의 말 "room"의 문맥으로 보아 "그 방 안에서"라는 "안에서"의 뜻 을 얻게 된 것이다. 위의 설명은 영어의 전치사를 알게 되는 "원리"인 것이다. 영어의 전치사에 대 한 이러한 원리 의식 없이는 영어의 전치사를 알 수 없고 더 나아가 영어 전체를 알 수 없는 것이다.

위의 전치사에 대한 설명을 하자면 다음과 같다.

전치사는 반드시 그것 뒤에 명사, 대명사, 혹은 명사 상당어구를 타동사처럼 목적어로 지배해야 한다. (한국의 영어 학도들이 이 기본 원리를 등한시하고 있음은 극히 애석한일이 아닐 수 없다. 내가 이렇게 강조하는데도 이것을 터득하지 못하거나 무시한다면 그 사람은 영어 공부를 포기하고 다른 공부에 매진하는 것이 바람직하다.)

(1) 전치사의 기능

1) 그것 뒤의 목적어를 지배하여 명사구를 이루어 문장 가운데에서 주어, 보어, 혹은 목적어가 되는 명사구를 이룬다. In the darkness was the situation for the murder. 앞의 문장에서 "in the darkness"에서 전치사 "in"은 명사 "darkness"를 그것의 목적어로 지배하여 명사구를 이루어 술어 "was"의 주어가 되었다.

2) 그것 뒤에 목적어를 지배하여 형용사구를 이루어 문장 가운데에서 명사나 대명사를 수식하는 형용사구가 되거나 불완전 자동사나 불완전 타동사의 보어가 되는 형용사구가 된다. The book on the table is a novel. 앞의 문장에서 "on the table"에서 전치사 "on"은 명사 "table"을 목적어로 지배하여 형용사구를 만들어 그것 앞의 명사 "book"를 수식하는형용사구가 되었다. The tool is of great use.에서 전치사 "of"는 그것 뒤의 명사 "use"를 목적어로 지배하여 형용사구를 이루어 앞의 술어인 불완전 자동사인 "is"의 보어가 되고 있다.

3) 그것 뒤에 목적어를 지배하여 부사구를 이루어 문장 가운데에서 동사, 형용사, 부사, 속은 문장을 수식하는 부사구가 된다. I am glad of that. 앞의 문장에서 "of that"에서 전치사 "of"는 대명사 "that"를 목적어로 지배하여 부사구를 만들어 그것 앞의 형용사 "glad"를 수식하는 부사구가 되고 있다.

(2) 전치사의 의미

1) 앞의 말에 의해 그것의 뜻이 결정된다. He is different from his brother. 앞의 문장에서 전치사 "from"은 그것 앞의 말 "different(다른)"에 영향을 받아 그것은 "차이점"의 뜻을 나타내고 있다.

2) 뒤의 말에 의해 그것의 뜻이 결정된다. He was different from the beginning. 앞의 문장에서 전치사 "from"은 그것 뒤의 말 "beginning(시작)"에 영향을 받아 그것은 "출발 점"의 뜻을 나타내고 있다.

3) 앞의 말과 뒤의 말에 의해 그것의 뜻이 결정된다. I can say from his accent that he is an American. 앞의 문장에서 전치사 "from"은 그것 앞의 말 "say(판단 혹은 생각을 말하

다)"와 그것 뒤의 말 "his accent(말투 : 판단 혹은 생각의 증거)"의 영향을 받아 판단 혹은 생각의 자료를 뜻하는 "놓고 볼 때"의 뜻을 나타내고 있다.

자! 영어의 전치사의 법칙 즉 지식에 관하는 한 이 정도면 완벽에 가깝다. 학생들은 영어를 읽을 때나 전치사와 관계되는 것이면 위의 설명을 하나도 빼놓지 않고 생각해내야 할 것이다. 그렇게 하면 전치사의 지식 만만세가 될 것이다!!

34. 그에게는 어딘지 고상한 면이 있다.

    (1) 힌트 : ～에게는 ～면이 있다 = there is something ～ about ～

    (2) 한국어의 어순 : 그에게는(about him), 어딘지(some), 고상한(noble), 면(thing), 있다 (there is)

    (3) 영어의 어순 : there is(있다), something(어딘지…면), noble(고상한), about him(그에게는

    (4) 해답 : There is something noble about him.

    (5) 응용 : 그에게는 (외모로) 어떤 이상한 면이 있다.

    (6) 번역 : There is something strange about him.

    (7) 응용 : 그에게는 (내면적으로) 이상한 면이 있다.

    (8) 번역 : There is something strange in him.

학생 : 선생님, 위의 본문과 응용 문을 비추어 놓고 보아 "그녀의 옷맵시에는 어딘지 우아한 면이 있다"라는 우리말 문장을 "There is something elegant about her style of dressing."이라고 번역하면 영어가 되겠습니까?

선생 : 영어가 되고도 남는다. 허! 허! 교육은 영향의 줄(선생의 몫)과 영향의 받음(학생의 몫)이라고 내가 평소에 항상 느껴왔는데 오늘 학생의 스스로의 영작은 나의 생각을 입증했구나! 하나를 가르치면 전혀 그 하나를 모르는 학생, 그 하나의 절반 정도는 아는 학생, 그리고 그 하나의 배움으로 둘 또는 열을 깨치는 학생들이 있는 법인데 지금 학생은 세 번째에 속하니 이 선생은 정말로 선생으로서 보람을 느낀다. 자 이렇게 여러분이 영작의 일부분인 문장 제 1 형식에 속하는 것들을 제대로 다루었고 학생들 또한 제대로 따라왔으니 이제는 문장 제 2 형식에 속하는 영작을 다루겠다.

저기 저 학생 얼굴에 기쁨의 표정을 지우고 있는데 어디 문장 제 1 형식에 속하는 영어의 자동사들을 몇 개만 열거해보겠는가?

학생 : 예, 선생님! 우선 단어 하나로 된 본래의 자동사들로 "go : 가다", "swim 수영하다", "fly : 나르다", "creep : 기다" 등등이 있습니다. 이것들을 이용하여 문장을 만들면 왜 이것들이 자동사들인가가 드러납니다. "I went there 나는 거기에 갔다", "He swims every day 그는 매일 수영합니다", "Birds fly in the sky 새들은 하늘에서 나른다", "Snakes creep on the ground 뱀들은 땅 위에 긴다" 입니다. 타동사가 피동태가 될 때에 자동사가 되는 경우도 있습니다 "The window is broken 창문이 깨졌다", "The book is written in English 그 책은 영어로 쓰였다" 등이 있습니다. 본래의 타동사가 목적어가 생략되면 그것도 완전 자동사가 됩니다. 예컨대, "I know 나는 알고 있다", "The boys played there 그 소년들은 거기서 놀았다" 등등입니다. 선생님, 너무 시시한 문장들만 보기로 내세워 죄송합니다.

선생 : 죄송하다니. 학생은 문장 제 1 형식을 만드는 자동사들을 쉽게 끌어내어 설명을 하니 더더욱 학생의 영어의 원리 의식이 돋보인다. 사소한 것같이 보이지만 이러한 영어에 대한 원리의식이 결여되어 있으면 아무리 영어 문장들을 많이 외우고 심지어 영문법의 모든 규칙들을 기계적으로 달달 외우고 있어도 영어를 습득하는데 결정적인 도움이 되지 않아 다람쥐 쳇바퀴 도는 것 이상의 발전을 기할 수 없음을 아는 것이 영어 공부에서 무엇보다 중요하다. 내가 "영어 정복자"라는 영문법 책에서 왜 소설 형식으로 선생과 학생 사이의 대화 방식으로 그리고 원리 의식을 제시한 것은 이러한 연유에서인 것이다. 학생들은 자나깨나 영어 공부를 하는데 있어서 한국어와 영어의 원리적인 차이점들이 무엇인가를 단어 하나, 문장 하나, 그리고 무엇보다 영문법의 규칙 하나라도 보면 그 원리들의 차이점들을 이해하는 것이 가장 긴요한 것이다. 이 영작문 강의에서도 나는 이러한 원리 의식을 주안점으로 삼고 하고 있다.

제 2형식

사실 문장 5 형식들 중에서 문장 제 2 형식이 아마도 중심적인 성격을 띤다. 문장 제 2 형식을 만드는 동사들 중에서 be 동사가 대표적이다. 아니 모든 동사들에는 존재와 상태의 뜻을 순수하게 담고 있는 be 동사가 숨어있다고 해도 과언이 아니다. 심지어 철학에서는 문장 2 형식을 만드는 be 동사가 그것의 가장 어려운 아니 가장 골치 아픈 문제가 되는 것이다. 그래서 철학의 중추적인 분야인 존재론(ontology)이 형이상학적인 본령을 차지하고 있다. 이 ontology라는 말은 onto(to be)와 logy(speaking 즉 science)가 합한 말로서 onto(존재와 이대로 logy(학문적으로 말하기)한다는 것이다. 그래서 위대한 철학자 Leibniz는 모든 다른 동사들로 된 문장들을 be동사로 환원할 수 있다고 말했다. 예컨대, "I teach you English." 라는 문장은 "I am your English teacher." 로 환원할 수 있다.

이와 같이 모든 동사들을 be동사로 환원한다면 다음과 같이 얼마든지 가능하다 "Horses run fast." = "Horses are fast runners.", "He killed many people." = "He was a killer of many people.", "The detective investigated the murder." = "The detective was the investigator of the murder." 등등, 좌우지간 영어에 있어서 이 문장 2 형식의 원리 의식을 제대로 인식한다면 영어를 배우는데 가장 큰 길 잡이가 되는 것이다. 사실, 한 사람은 어떤 존재이고 언제 존재하고 어디서 존재하고 어떻게 존재하고 있고 그리고 어떤 이유로 존재하는가 하는 것이 그가 알아야 할 전부일 뿐이다. 이러한 존재 상태의 문장들이 제 2 형식에 속한다.

문장 제 2 형식을 만드는 동사는 불완전 자동사인 것은 주지의 사실이다. 불완전 자동사는 제 1 형식을 만드는 완전 자동사에 비교하여 무엇인가 부족하기 때문에 그 부족한 것을 보충하는 보충어 즉 보어(complement)의 도움을 받아 주어를 서술하는 것이다. 학생들이 이미 완전 자동사는 보충어 즉 보어가 필요로 하지않는 동사이기에 동사 하나로 주어를 서술하는 것과 연관시키며 이 중요한 문장 제 2 형식을 원리 의식을 갖고 잘 공부하기를 바란다.

be 동사가 영어의 불완전 자동사들의 대표적인 것으로써 보어를 보충 받아 주어를 서술하는 다른 불완전 자동사들의 전형적인 것들을 미리 여기에 소개하여 학생들의 문장 제 2 형식에 대한 원리 의식을 갖는데 도움이 되게 하겠다. be 동사 "I am tired", remain 동사 "He remained silent", "become 동사" "The man became a doctor", get 동사 "He got tired" 불완전 타동사 (leave)의 피동태형 be left "She was left alone", 등등, 이제부터 본격적으로 문장 제2형식에 속하는 영작문으로 들어가겠다.

1. 그가 지금 여기에 있다면 얼마나 좋을까?

> ※ 문장 1 형식에서 우리말과 영어의 대칭 관계를 괄호( )로 표시했는데 문장 2 형식부터는 등식표시인 =로 표시하겠다. 예컨대, 문장 1 형식에서는 "선생"을 ("teacher")로 표시했는데 문장 2 형식부터는 "선생" = "teacher" 로 표시하겠다. 이러한 표시가 더 합리적이기 때문이다.

(1) 힌트 : ~라면 얼마나 좋을까 = if only~

(2) 한국어의 어순 : 그가 = he, 지금 = now, 여기에 = here, 살아 = alive, 있었다 = were, 면 = if, 얼마나 좋을까 = only

(3) 영어의 어순 : 얼마나 좋을까 = only, if = 면, he = 그가, were = 있었다, alive = 살아, here = 여기에, now = 지금

(4) 해답 : Only if he were alive here now!

(5) 응용 : 비가 그치면 얼마나 좋을까?

(6) 번역 : If only it would stop raining?

학생 : 선생님, 제가 알기로는 보통 문장의 어순으로는 주어가 맨 먼저 오는데 왜 여기서는 부사 only가 맨 앞으로 나왔습니까?

선생 : 나는 혹시나 내가 그저 설명하는 대로 그저 그렇구나 또는 으레 그러려니 하고만 생각 하고 그러한 질문이 없을까 못내 고심했는데 학생이 나의 선생으로서의 고민을 말끔히 씻어주니 고마울 뿐만 아니라 내가 정말 배울 수 있는 학생들 앞에 선 선생이라고 생각하니 선생으로서 행복하기 그지 없다. 잔소리는 그만하고, 아니지 잔소리가 아니고 학생의 원리 의식을 확인하고 그것의 중요성을 강조한 것이니 적절한 말을 내가 한 것이지.

위의 문장은 사실을 반대로 말하는 과거 가정법의 문장이다. 위의 문장을 직설법으로 말한다면 "Sorrily, he is not alive here now" ("유감스럽게, 그는 지금 여기에 살아 있지 않고 있다")가 된다. 가정법의 술어나 복합 술어의 특징은 과거형이다. 문맥으로 보아 현재형 시제가 되어야 할 것인데 과거 동사가 나오면 그 문장은 가정법의 문장이 된다. 예컨대, I wish I had much money with me now.에서 문맥은 now라는 부사가 들어 있어 현재의 사정을 말하는 데 동사 had는 과거형이기에 이것은 가정법형 동사로서 지금 현재의 사실(돈을 많이 갖고 있지 않는 것을 반대로 말하고 있음)을 가정하고 있다. 위의 본 영작문 문제에서 그래서 be 동사 (불완전 자동사)의 과거형(were)이 온 것이다. 가정법에서 be 동사의 과거형은 인칭을 막론하고 were가 쓰인다. 학생의 질문에 대한 대답

은 only if는 일종의 관용구문으로서 I wish와 같다. 따라서 위의 영작은 I wish(that) he were alive here로도 된다. 이 가정법 영작은 앞으로 가정법 문장이 나올 때마다 적절히 설명되어질 것이다.

2. 벗 꽃은 4월말에 한창이다.

(1) 힌트 : 벗 꽃 = cherry blossoms, 한창이다 = be at one's best, 4월 말에 = at the end of April (2) 한국어의 어순 : 벗 꽃은 = cherry blossoms, 4월의 = of April, 말에 = at the end, 한창이다 = are at their best

(3) 영어의 어순 : cherry blossoms = 벗 꽃, are = 이다, at their best = 한창, at the end = 말에, 4 월의 = of April

(4) 해답 : Cherry blossoms are at their best at the end of April.

(5) 응용 : 그 배우는 그 연극에서 최고의 연기를 보여 주었다.

(6) 번역 : The actor was at his best in that play.

3. 그것은 결코 쉬운 문제가 아니다.

(1) 힌트 : 결코 아니다 = by no means

> ※ [결코 아니다]의 뜻을 갖는 구문은 다음과 같은 공식에 의해서 많이 만들어 질 수 있다.
> 공식 : 전치사 + no + 명사 = not ── 전치사 + any + 명사 : 보기 by + no + means =
> not ── by any means, in + no + way = not ── in any way, on + no + condition
> = not ── on any condition

(2) 한국어의 어순 : 그것은 = it. 결코 = in any way, 쉬운 = easy, 문제가 = a problem, 아니다 = is not

(3) 영어의 어순 : it = 그것은, is = 이다. by no means = 결코 아니, an easy problem 쉬운 문제

(4) 해답 : It is by no means an easy problem. (= It is not an easy problem by any means.)

(5) 응용 : 그와 같은 비극은 다시는 어떤 처지에서도 결코 일어나서는 안 된다.

(6) 번역 : Such a tragedy should not again happen under any circumstances

4. 나는 그의 충고가 문득 생각났다.

(1) 힌트 : 생각나다 = be reminded of, remind ~ of ~ = ~에게 ~을 상기시키다.

(2) 한국어의 어순 : 나는 = I, 그의 = his, 충고가 = advice, 문득 = suddenly, 생각났다 = was reminded

(3) 영어의 어순 : I = 나는, was suddenly reminded = 문득 생각났다. of his advice = 그의 충고가.

(4) 해답 : I was suddenly reminded of his advice.

(5) 응용 : 나에게 전화하는 것을 잊지 않도록 그녀에게 일러두시오

(6) 번역 : Please remind her to call me.

(7) 응용 : 내가 내일 간다는 것을 그에게 다짐해주시오.

(8) 번역 : Remind him that I will go to him tomorrow.(= He must be reminded that I will call on him tomorrow.)

5. 말을 잘한다고 해서 반드시 글을 잘 쓰게 되는 것은 아니다.

(1) 힌트 : 말을 잘 하다 = speak well |

> ※ 위의 구문으로 to speak well, speaking well(말을 잘 하는 것), a good speaker(말을 잘 하는 사람)과 같은 구문들로 활용된다. 글을 잘 쓰다 = write well
>
> ※ 위의 구문으로 to write well, writing well(글을 잘 쓰다), a good writer(글을 잘 쓰는 사람)과 같은 구문 등으로 활용된다. ~한다고 해서 ~하는 것은 아니다 = ~ will not I make ~, 반드시 아니다 = ~not always (~한다고 해서 반드시 ~하는 것은 아니다 = it does not always follow that ~)

(2) 한국어의 어순: 말을 잘 한다고 해서 = a good speaker, 반드시 = always, 잘 쓰게 되는 것은 = a good writer, 아니다 = is not

(3) 영어의 어순 : A good speaker = 말을 잘 한다고, will not always = 반드시 아니다, make a good writer = 글을 잘 쓰는 것은

(4) 해답 : A good speaker will not always make a good writer.

(5) 응용 : 부유한 사람이 반드시 행복한 사람이 되는 것은 아니다.

(6) 번역 : It does not always follow that a rich man is a happy man.

(7) 응용 : 부자라고 반드시 행복한 것은 아니다.

(8) 번역 : A rich man is not always happy.

(9) 응용 : 영어 문장들을 많이 안다고 해서 반드시 네가 영어를 잘하게 되는 것은 아니다.

(10) 번역 : A good deal of knowledge of English sentences (= a good knowledge of English sentences) will not always make you a good speaker of English.

6. 나의 형은 운전 솜씨가 능숙하다.

(1) 힌트 : 형 = elder brother

> ※ (제일 큰 형 = the eldest brother 동생 = younger brother)

   (솜씨가) 능숙하다 = be skillful (skilled) in(at), be master of, be expert in (at), be good at

(2) 한국어의 어순 : 나의 = my, 형은 = elder brother, 운전 솜씨 = a skillful driver, 이다 = is

(3) 영어의 어순 : my = 나의, elder brother = 형, is = 이다, a skillful driver = 능숙한 운전자

(4) 해답 : My elder brother is a skillful driver.

(5) 응용 : 그는 어학에 능숙하다.

(6) 번역 : He is a good linguist.

(7) 응용 : 그는 영어를 잘 한다.

(8) 번역 : He is good at English.

(9) 응용 : 그는 영작에 정통해 있다.

(10) 번역 : He is well versed in English composition.

7. 외국 사람들과 전화로 통화하는 것은 그가 매일 하는 일과이다.

(1) 힌트 : 전화로 말하다 = talk over the telephone. 매일 하는 일 = a matter of routine

(2) 한국어의 어순 : 외국 사람들과 = to foreigners, 전화 = the telephone, 로 = over, 통화하는 것은 = to talk, 그가 = for him, 매일 하는 일 = a matter of routine, 이다 = is

(3) 영어의 어순 : it = 그것은(가주어), is = 이다, a matter of routine = 매일 하는 일, for him(부정사의 의미상 주어) = 그가, to talk = 말하는 것은(가주어 it에 대한 진주어), over the telephone = 전화로

(4) 해답 : It is a matter of routine for him to talk to foreigners over the telephone.

(5) 응용 : 우리는 즐겁게 한 잔 하면서 그 일에 대하여 논의했다.

(6) 번역 : We discussed the matter over a cheerful glass.

8. 내 시계는 고장이 났다.

(1) 힌트 : 고장이 나다 = go (혹은 be) wrong, be out of order

> ※ do not function 또는 do not work도 고장이 나다라는 뜻이 된다.

(2) 한국어의 어순 : 내 = my, 시계 = watch, 고장이 = wrong, 났다 = went

(3) 영어의 어순 : something = 무엇인가(우리말에는 나타나지 않음 영어의 감각으로만 알 수 있음) went = 났다, wrong = 고장이, with my watch = 나의 시계에는.

(4) 해답 : Something went wrong with my watch. (= My watch is out of order.)

(5) 응용 : 엘리베이터가 고장이 나있었다.

(6) 번역 : The elevator was not functioning.

9. 우리는 6시에 명동에서 만나기로 되어 있다.

(1) 힌트 : ~하기로 되어 있다 = be to ~(동사 원형)

> ※ be to 다음에 동사 원형이 오는 어법은 영어에서 세 가지 밖에 없다. 영어를 배우는 사람이 꼭 알아야 할 것은 어법은 반드시 그 법칙이 몇 개로 한정되어 있으므로 그것들만 알면 된다. 따라서 이것들이 전부라는 생각을 해야 한다.

1) 주어 + be 동사 + to + 동사 원형의 구문에서 to + 동사 원형이 보어가 되는 경우 : The plan is to help poor people.

※ 위의 보기에서 to help poor people이 is의 보어가 됨.

2) 주어 + be 동사 + to + 동사 원형의 구문에서 be 동사 + to가 조동사 (will, shall, must, may)와 같은 기능을 하는 경우 : You are to help poor people. 위의 보기에서 are to가 조동사 must와 같은 기능을 하고 있음.

3) if + 주어 + be 동사 + to + 동사 원형의 구문에서 be 동사는 wish의 뜻을 갖는 경우 : If you are to succeed, you must work hand. 위의 보기에서 are는 wish의 뜻을 가지고 있음.

(2) 한국어의 어순 : 우리는 = we, 6 시에 = at six, 명동에서 = at Myungdong, 만나기로 = to meet, 되어 있다 = is

(3) 영어의 어순 : we = 우리는, are = 되어 있다, to meet = 만나기로, at Myungdong = 명동
에서, at six = 6 시에

(4) 해석 : we are to meet at Myungdong at six.

(5) 응용 : 마당을 파면 안 돼.

(6) 번역 : You are not to dig in the garden.

(7) 응용 : 내가 올 때까지 여기 있어야 돼.

(8) 번역 : You are to stay here until I come back.

(9) 응용 : 그는 다시는 고향으로 돌아가지를 못했다.

(10) 번역 : He was never to see his home again.

(11) 응용 : 아무 소리도 들리지 않았다.

(12) 번역 : Not a sound was to be heard.

10. 애들은 유모가 돌보고 있다.

(1) 힌트 : A + be 동사 + in the care of + B = B가 A를 돌보다. 유모 the nurse(여기서 the는
speaker와 hearer가 서로 알고 있는 것을 나타내는데 쓰인 것이다.) = 유모

(2) 한국어의 어순 : 애들은 = the children, 유모 = the nurse, 돌보고 = in the care of, 있다 =
are

(3) 영어의 어순 : the children = 애들은, are = 있다, in the care of = 돌보고, the nurse = 유모

(4) 해답 : The children are in the care of the nurse.

(5) 응용 : 너의 장래는 너 자신이 돌보아야 한다.

(6) 번역 : Your future must be in your own care.

11. 내일은 우리 학교의 개교 30주년 기념일이다.

(1) 힌트 : 개교 30주년 기념일 = the 30th anniversary of the opening of school.

> ※ 환갑 the 60th anniversary of one's birth(혹은 one's 60th birthday.)

(2) 한국어의 어순 : 내일은 = tomorrow, 우리 학교의 = of our school, 개교 = the opening, 30
주년 = the 30th, 기념일 = anniversary, 이다 = is

(3) 영어의 어순 : tomorrow = 내일은, is = 이다, the 60th anniversary = 60 주년 기념일, of
the opening = 개교, of our school = 우리 학교

(4) 해답 : Tomorrow is the 60th anniversary of the opening of our school.

(5) 응용 : 그의 환갑에 성대한 잔치가 베풀어졌다.

(6) 번역 : A splendid banquet was given on the 60th anniversary of his birth.

12. 우리 한국 사람들은 자랑스런 과거를 가진 국민이다.

(1) 힌트 : 자랑스런 과거 = a nation of a proud past

> ※ 긴 역사를 가진 나라 = a nation of a long history, 빛나는 전통을 가진 학교 = a
> school of a splendid tradition

(2) 한국어의 어순 : 우리 = we, 한국 사람들은 = Koreans, 과거를 = past, 가진 = of, 국민 = a
nation, 이다 = are

(3) 영어의 어순 : we = 우리, Koreans = 한국 사람들, are = 이다, a nation = 국민, of = 가진
(…의 소유의 뜻을 갖는 전치사), their = 그들의 (우리말 본문에는 없지만 문맥으로 보아 나
타남), proud = 자랑스런, past = 과거

(4) 해답 : We Koreans are a nation of their proud past. (= We Koreans as a nation are
proud of their past.)

(5) 응용 : 나라마다 풍속이 다르다.

(6) 번역 : So many nations, so many customs. (Cf. So many different people, so many
different faces. = 사람들 마다 얼굴들이 다르다.)

(7) 응용 : 모든 국민이 그 계획을 반대하였다.

(8) 번역 : All the (혹은 the whole) nation opposed the plan.

학생 : 본문의 "we Koreans" 는 언뜻 "we" 와 "Koreans" 가 동격 관계의 구문과 같습니다.
동격 구문들은 comma로 구분되어 동격의 관계를 보이는데 여기에서는 그 comma들이 보이지 않
습니다.

선생 : 학생이 아주 예리한 질문을 했다. 학생이 지적했듯이 "we" 와 "Koreans" 는 동격 구문이
다. 그러나 여기서는 대명사 "we" 가 관(형)사처럼 "Koreans" 에 온 것이다.

보기를 하나 더 들면, "You scoundrels shall be put to justice (너희 불량배들은 법의 심판을 받게
하겠노라)" 에서 대명사 "you" 가 마치 그 뒤의 명사인 "scoundrels" 에 대하여 관사처럼 지적

하는 일종의 형용사적인 쓰임이다. 위의 것들을 삽입 구문적인 동격 구문이 되게 하려면, 각각 we, the Koreans," 와 "you, the scoundrels," 와 같이 두개의 comma들로 묶어야 한다.

그리고 comma 대신에 dash(__)가 쓰일 수도 있다. 동격 구문에 대해서는 다음 적절한 곳에 이르면 자세히 설명하겠다. 여기서 내가 덧붙여 말하거니와 이 영작문 책이 다 끝날 때에는 영어의 모든 법칙들 즉 영문법과 독해의 요령을 다 터득하게 될 것이다. 따지자면 영어 습득에서는 영어공부만 있는 것이지 영문법이니, 영작문이니 그리고 영 독해니 하는 것은 인위적인 구분밖에 아무것도 아니다. 그러나 언어 행위는 법칙 지배의 행동이기 때문에 한 언어의 습득에서 가장 중요한 것은 그것을 있게 하는 그것의 법칙들 즉 그것의 문법이다. 따라서 그 언어를 습득한다는 것은 그것의 문법을 안다는 것이 된다.

13. 나의 영어 선생님은 철두철미한 신사이다.

(1) 힌트 : 철두철미 = every inch, in every way, to the core
(2) 한국어의 어순 : 나의 = my, 영어 = English, 선생은 = teacher, 철두철미 = every inch, 신사 = a gentleman, 이다 = is
(3) 영어의 어순 : my = 나의, English = 영어, 선생 = teacher, is = 이다, every inch = 철두철미, a gentleman = 한 신사
(4) 해답 : My English teacher is every inch a gentleman.
(5) 응용 : 그는 철두철미한 학자이다.
(6) 번역 : He is a scholar to the core.

14. 그는 아직 20대 초반이다.

(1) 힌트 : 아직 = still(긍정문에서), yet(부정문에서), 20대이다 = be in one's twenties

> ※ 20대 초반이다 = be in one's early twenties

(2) 한국어의 어순 : 그는 = he, 아직 = still, 20대 초반 = in his early twenties, 이다 = is
(3) 영어의 어순 : he = 그는, is = 이다, still = 아직, in his early twenties = 20대 초반에
(4) 해답 : He is still in his early twenties.
(5) 응용 : 그녀는 30대 초반이다.
(6) 번역 : She is in her early thirties.

15. 우리의 모든 노력이 허사였다.

(1) 힌트 : 우리의 모든 노력 = all our efforts, 허사이다 = be in vain, be (rendered, left, 혹은 made) useless

(2) 한국어의 어순 : 우리의 = our, 모든 = all, 노력이 = efforts, 허사 = in vain, 였다 = were

(3) 영어의 어순 : all = 모든, our = 우리의, efforts = 노력이, were = 였다, in vain = 허사

(4) 해답 : All our efforts were in vain.

(5) 응용 : 우리는 그녀를 즐겁게 해주려고 했으나 허사였다.

(6) 번역 : We tried to please her in vain.

(7) 응용 : 그를 설득하려고 했으나 허사였다.

(8) 번역 : We tried in vain to persuade her.

16. 그는 오전 내내 편지 쓰느라고 바빴다.

(1) 힌트 : 오전 내내 = all the morning, all morning

※ (온종일 = all day(long), 밤새 = all night, 어제 종일 = all day yesterday), ~하느라 바쁘다 = be busy~ (동명사)

(2) 한국어의 어순 : 그는 = he, 오전 = the morning, 내내 = all, 편지 = a letter, 쓰느라고 = writing, 바쁜 = busy, 았다 = has been

(3) 영어의 어순 : he = 그는, has been = 았다, busy = 바쁜, writing = 쓰느라고, a letter = 한 편지를, all = 내내, the morning = 오전

(4) 해답 : He has been busy writing a letter all the morning.

(5) 응용 : 김씨 부인은 아침식사를 준비하느라 바빴다.

(6) 번역 : Mrs. Kim is busy getting breakfast ready.

(7) 응용 : 그는 입학 시험 준비하느라고 바빴다.

(8) 번역 : He has been busy preparing for the entrance examination.

(9) 응용 : 나는 오후 내내 집안을 청소하느라고 바빴다.

(10) 번역 : I have been busy cleaning the house all afternoon.

17. 너의 형이 나만큼 키가 크냐?

(1) 힌트 : 키가 크다 = be tall, (* 살이 찌다 = be fat), ~ 만큼 ~ = as ~ as ~

(2) 한국어의 어순 : 너의 = your, 형이 = elder brother, 나만큼 = as … as I, 키가 큰 = tall, 이냐 = is

(3) 영어의 어순 : is = 이냐, your = 너의, elder brother = 형, as tall as I = 나만큼 키가 큰

(4) 해답 : Is your brother as tall as I?

(5) 응용 : 그는 나만큼 살쪄 있다.

(6) 번역 : He is as fat as I am.

(7) 응용 : 그는 미국인만큼 영어를 잘 한다.

(8) 번역 : He speaks English as well as an American.

학생 : 선생님, "as…as" 라는 구문에서 "as" 가 두 번 나왔는데 앞의 "as" 와 뒤의 "as" 의 차이 점을 설명해주십시오.

선생 : 그것 참 좋은 질문이다. 앞의 "as" 는 정도를 뜻하는 부사이고 뒤의 "as" 는 종속 접속사로서 앞의 부사 "as" 를 수식하는 부사절을 이끈다. 그런데 뒤의 "as" 가 접속사라면 문장을 이끌어 종속절(여기서는 부사절)이어야 하는데 "as" 다음에 달랑 주어 "I" 만 나온 것은 문맥으로 보아 알 수 있는 "am tall" 이 생략된 것이다. 영어 독해에서나 영어 작문에서 문제를 어렵게 만드는 것들 중의 하나가 바로 영어의 생략 어법이다. 이미 앞에서 자세히 설명했지만 그리고 나의 "영어 정복자" 의 문법서를 보면 알겠지만 노파심에서 기본적인 생략의 용법을 설명하겠다.

생략에는 생략의 일반 법칙과 생략의 특수 법칙의 두 가지가 있는데 특수 법칙의 경우에는 하나 하나씩 그 법칙을 외워야 한다. 그러나 영어를 조금이라도 공부한 사람이라면 생략의 특수 법칙들은 금방 알게 되어 있다. 예컨대, "Thank you" 라는 말에서 주어 "I" 가 생략되었는데 이 말은 일상 생활에서 많이 쓰이기 때문에 누구나 주어 "I" 가 생략된 것을 알 수 있어서 생략된 것이다. 이렇듯 특수 법칙의 용법은 대게 금방 알 수 있지만 생략의 일반 법칙에 의해 생략된 것들은 관찰을 주의 깊게 해야 한다.

생략의 일반 법칙은 두 가지로 갈라진다. 첫째로, 문맥으로 보아 알 수 있는 것으로서 생략되어도 문법적으로 하자가 없어야 한다. 둘째로, 표현을 명시적으로 표현하지 않아도 알 수 있는 것으로서 역시 문법적으로 하자가 없어야 한다. 이것은 매우 중요하기 때문에 도표로 다시 설명하겠다. 생략의 일반 법칙 (1) 문맥상으로 반복을 피하여도 문법적으로 지장이 없는 것은 생략됨. (2) 명시적으로 표현을 안 하여도 그 뜻이 누구나 다 알 수 있는 일반적인 의미를 갖고 있는 것이 생략되어도 문

법적으로 지장이 없는 것은 생략된다.

위의 본문의 문제는 문맥상으로 알 수 있어서 즉 "as tall as I"에서 문맥의 "is"와 "tall"로 보아 "I" 다음에 "be" 동사인 "is"에 대응하는 "am"과 그것들의 보어가 되게 되어 있는 형용사 "tall"이 생략된 것이다. 일반적인 뜻을 갖고 있어서 생략되는 보기로써 "The most important thing to any one is how to live."에서 "to any one" 다음에 "in life"가 생략된 것이다. 왜냐하면 "in life"는 "인생"이라는 말은 누구나 명시되지 않아도 알 수 있기 때문이다. 영어에서 생략과 더불어 도치가 영어를 어렵게 하는 것들 중의 하나이기에 이 점을 항상 유의해야 한다.

18. 여기서 서울역까지는 걸어서 20분 걸리는 거리이다.

(1) 힌트 : 걸어서 20분 걸리는 거리 = twenty minute's walk

> ※ 지하철로 반시간 걸리는 거리 = half an hour's ride by subway, 기차로 두 시간 걸리는 거리 = two hour's ride by train, 차를 몰고 5시간 걸리는 거리 = five hour's drive, 비행기로 3시간 걸리는 거리 = three hour's flight

(2) 한국어의 어순 : 여기서 = from here, 서울역까지는 = to Seoul Station, 걸어서 20분 걸리는 거리 = twenty minute's walk, 이다 = is

(3) 영어의 어순 : it = 시간, 날씨, 거리에 의미 없이 형식적인 주어이다. (고대 영어에서는 그러한 it는 쓰이지 않았다), is = 이다. twenty minute's walk = 걸어서 20분 걸리는 거리, from here = 여기서, to Seoul Station = 서울역까지

(4) 해답 : It is twenty minute's walk from here to Seoul Station.

(5) 응용 : 우리 집에서 그 백화점까지는 지하철로 한 시간 걸리는 거리이다.

(6) 번역 : It is half an hour's ride by subway from my house to the department store.

(7) 응용 : 서울에서 대전까지는 기차로 두 시간 걸리는 거리이다.

(8) 번역 : It is two hour's ride by train from Seoul to Taejon.

(9) 응용 : 서울에서 부산까지는 자동차를 몰고 다섯 시간 걸리는 거리이다.

(10) 번역 : It is five hour's drive from Seoul to Pusan.

(11) 응용 : 서울에서 홍콩까지는 비행기로 세 시간 걸리는 거리이다.

(12) 번역 : It is three hour's flight from Seoul to Hong-Kong.

19. 배움에 있어서 무엇보다도 가장 중요한 것은 독서이다.

(1) 힌트 : 무엇보다도 가장 중요한 것은 = the most important thing (of all), 배움에 있어서 = in learning

(2) 한국어의 어순 : 배움에 있어서 = in learning, 무엇보다 = of all, 가장 중요한 것은 = the most important thing, 독서 = reading, 이다 = is

(3) 영어의 어순 : the most important thing = 가장 중요한 것은, of all = 무엇보다, in learning = 배움에 있어서, is = 이다, reading = 독서

(4) 해답 : The most important thing of all in learning is reading.

(5) 응용 : 인생에서 가장 중요한 것은 어떻게 사느냐 이다.

(6) 번역 : The most important thing in life is how to live.

20. 나는 시험 준비를 하느라고 몹시 바쁘다.

(1) 힌트 : 시험 준비를 하다 = prepare for the examination, ~ 하느라고 바쁘다 = be busy ~ (동명사)

(2) 한국어의 어순 : 나는 = I, 시험 = the examination, 준비를 하느라고 = preparing, 몹시 = very, 바쁘 = busy, 다 = am

(3) 영어의 어순 : I = 나는, am = 다, very = 몹시, busy = 바쁘, preparing for = 준비하느라고, the examination = 시험

(4) 해석 : I am very busy preparing for the examination.

(5) 응용 : 그는 자기 집 정원의 풀을 깎느라고 바쁘다.

(6) 번역 : He is busy cutting the grass in his home.

(7) 응용 : 그는 여기 저기 돌아다니느라고 바쁘다.

(8) 번역 : He is busy going around here and there.

(9) 응용 : 농부들은 밭에 씨를 뿌리느라고 바쁘다.

(10) 번역 : The farmers are busy sowing seeds in the field.

21. 한국과 일본은 다같이 천연자원이 부족하다.

(1) 힌트 : ~이 부족하다 = be poor in ~, want for ~ (주로 사람을 주어로 하여), 천연자원 = natural resources

(2) 한국어의 어순 : 한국과 일본은 = Korea and Japan, 다같이 = both, 천연자원 = natural resources, 이 부족하 = poor in, 다 = are

(3) 영어의 어순 : both = 다같이, Korea and Japan = 한국과 일본은, are = 다, poor in = 부족하, natural resources = 천연자원

(4) 해답 : Both Korea and Japan are poor in natural resources.

(5) 응용 : 내가 살아있는 한 너한테 부족한 것이 없도록 할 것이다.

(6) 번역 : You shall not want for nothing as long as I live.

22. 네가 새처럼 날아다니는 것은 불가능하다.

(1) 힌트 : ~가 ~하는 것은 불가능하다 = it is impossible for ~ to ~(동사원형)

> ※ 위의 표현을 쉽게 ~ cannot ~(동사원형)으로 할 수도 있다.

(2) 한국어의 어순 : 네가 = for you(to fly…의 의미상 주어), 새처럼 = like a bird, 날아다니는 것은 = to fly, 불가능하 = impossible, 다 = is

(3) 영어의 어순 : it = 그것은(부정사 구문인 to fly like a bird의 의미상 주어), is = 다, impossible = 불가능하, for you = 네가, to fly = 날아다니는 것은, like a bird = 새처럼

(4) 해답 : It is impossible for you to fly like a bird. (= You cannot fly like a bird)

(5) 응용 : 내가 그 수학 문제를 풀기는 쉬웠다.

(6) 번역 : It was easy for me to solve the mathematic problem. (= I could easily solve the mathematic problem.)

23. 한국은 자연의 아름다움으로 유명하다.

(1) 힌트 : 자연의 아름다움 = natural beauty, ~으로 유명하다 = be famous for~

(2) 한국어의 어순 : 한국은 = Korea, 자연의 = natural, 아름다움 = beauty, 으로 = for, 유명하 = famous, 다 = is

(3) 영어의 어순 : Korea = 한국은, is = 다, famous = 유명하, for = 으로, its = 그것의, natural beauty = 자연의 아름다움

(4) 해답 : Korea is famous for its natural beauty.

(5) 응용 : 세종대왕은 한글의 발명으로 유명하다.

(6) 번역 : Sejong the Great is famous for his invention of Hangeul.

(7) 응용 : 경주는 고적이 많기로 유명하다.

(8) 번역 : Kyeong-ju is famous for its many historic remains.

(9) 응용 : 아인슈타인은 그의 과학적 업적으로 유명하다.

(10) 번역 : Einstein is famous for his scientific achievements.

학생 : 선생님, 우리말 본문에서는 "그것의 = its" 가 없는데 왜 영어에서는 "natural beauty" 앞에 "its = 그것의" 즉 "한국의" 가 왔습니까?

선생 : 그것은 참 미묘한 질문이다. 이것은 언어학적으로 말하면 "직감 = intuition" 의 문제이다. 우리말은 상당한 부분에서 눈치로 알 수 있는 것은 그냥 생략해버리지만 영어에서는 그러한 눈치가 통하지 않는다. 한국어와 영어의 그러한 미묘한 차이점들은 영어를 많이 접하다 보면 거의 직관적으로 알 수 있다.

24. 교통의 소음이 점점 더 커져 가고 있다.

(1) 힌트 : 교통의 소음 = the noise of traffic, 소리가 점점 더 커져 가고 있다 = be going louder and louder

> ※ 같은 비교급이 and로 연결되면 "점점" 의 뜻이 더해진다. 보기를 더 들면 more and more = 점점 더 많이, less and less = 점점 더 적게, higher and higher = 점점 더 높은

(2) 한국어의 어순 : 교통의 = of the traffic, 소음 = the noise, 점점 더 커져 = louder and louder, 가고 있다 = is growing

(3) 영어의 어순 : the noise = 소음 뒤의 형용사구가 수식하여 noise 앞에 the가 붙음. of the traffic = 교통, is growing = 가고 있다. louder and louder = 점점 더 커

(4) 해답 : The noise of the traffic is growing louder and louder.

(5) 응용 : 날씨가 점점 더 추워지고 있다.

(6) 번역 : The weather is getting colder and colder.

(7) 응용 : 그 로켓은 점점 더 하늘 높이 올라갔다.

(8) 번역 : The rocket went up into the sky higher and higher.

(9) 응용 : 그 배는 둑으로 점점 더 가까이 오고 있었다.

(10) 번역 : The ship was coming nearer and nearer to the dock.

(11) 응용 : 요즈음 점점 더 많은 관광객들이 한국을 방문한다.

(12) 번역 : More and more tourists visit Korea these days.

25. 그것은 나의 의견으로는 결코 쉬운 문제가 아니다.

(1) 힌트 : 결코 아니다 = not… by any means 혹은 by no means , 쉬운 문제 = an easy problem, 나의 의견으로는 = in my opinion

(2) 한국어의 어순 : 그것은 = it, 나의 의견으로는 = in my opinion, 결코 = by any means, 쉬운 문제 = an easy problem, 아니 = not, 다 = is

(3) 영어의 어순 : it = 그것은, is = 이다, not = 아니, in my opinion = 나의 의견으로는, by any means = 결코, an easy problem = 쉬운 문제 우리말에는 부정관사가 없는데 영어에는 부정관사 "an" 이 나타났음

(4) 해답 : It is not in my opinion by any means an easy problem.

선생 : 25번에서는 학생들이 스스로 우리말 응용문제를 만들고 그것을 번역하라.

26. 그는 그 전쟁에서 무사히 돌아왔다.

(1) 힌트 : 전쟁터에서 = from the war, 무사히 돌아오다 = return safe and sound

(2) 한국어의 어순 : 그는 = he, 그 전쟁 = the war, 에서 = from, 무사히 = safe (and sound), 돌아왔다 = returned 혹은 came back

(3) 영어의 어순 : he = 그는, returned = 돌아왔다, safe and sound = 무사히, from = 에서, the war = 전쟁 (정관사 the는 speaker와 hearer가 서로 알고 있는 것을 뜻함.)

(4) 해답 : He returned safe and sound from the war.

27. 그 사건은 보고할 가치가 없다.

(1) 힌트 : 보고할 가치가 있는 = worth reporting.

※ ～할 가치가 있다는 뜻의 구문을 갖는 것으로서 worth~와 worthy of ~가 있다.

(2) 한국어의 어순: 그 = the, 사건은 = incident, 보고 = reporting, 할 가치가 있는 = worth, 없다 = is not

(3) 영어의 어순 : the = 그, incident = 사건, is = 있다, not = 아니, worth = 가치가 있는, reporting = 보고할

(4) 해답 : The incident is not worth reporting.

(5) 응용 : 이것은 잘 연구할 가치가 있는 문제이다.

(6) 번역 : This is a subject worthy of careful study.

28. 그 날카로운 칼을 조심이 다루어라.

(1) 힌트 : 조심이 다루다 = be careful with, deal with (혹은 handle) carefully, 날카로운 칼 = sharp knife

(2) 한국어의 어순 : 그 = the, 날카로운 = sharp, 칼을 = knife, 다루어라 = be careful with 혹은 use(handle) carefully

(3) 영어의 어순 : be careful = 조심이 다루어라, the = 그, sharp = 날카로운, knife = 칼

(4) 해답 : Be careful with the sharp knife.

(5) 응용 : 그것을 잃지 않도록 주의하라.

(6) 번역 : Be careful that you do not lost it.

29. 스웨터를 입기에는 날씨가 너무 덥다.

(1) 힌트 : ～하기에는 너무 ～하다 = be too ～(형용사) to ～(동사원형)

> ※ 위의 경우에도 형용사가 reads han old와 같이 즐겁다는 뜻이 될 때에는 "기꺼이 ～하다"라는 뜻이 된다. 예컨대, "I am too glad to help you"에 있어서 "나는 너무 기뻐서 너를 도울 수 없다"로 해석되지 않고 "나는 기꺼이 너를 돕겠다"는 뜻의 문장이 된다. 또한 cannot과 too가 합해서 "아무리 ～해도 지나치지 않는다"라는 뜻을 이룬다.

(2) 한국어의 어순 : 스웨터를 = a sweater, 입기에는 = to wear, 날씨가 = it, 너무 = too, 덥다 = hot

(3) 영어의 어순 : it = 날씨가, is = 이다. too = 너무, hot = 더운, to wear = 입기에는, a sweater = 스웨터를

(4) 해석 : It is too hot to wear a sweater.

(5) 응용 : 우리는 아무리 차를 조심해도 지나치지 않다.

(6) 번역 : We cannot be too careful of cars.

30. 분노한 군중을 진압하기란 어렵다.

(1) 힌트 : ~을 진압하다 = bring ~ under control (* be beyond control = 억제할 수 없다)

(2) 한국어의 어순 : 분노한 = an angry, 군중을 = crowd, 진압하기란 = to bring…under control, 어렵 = difficult, 다 = is

(3) 영어의 어순 : it = …것(가주어), is = 다, difficult = 어렵, to bring an angry crowd under control = 분노한 군중을 진압하기란(it에 대한 진주어의 구문)

(4) 해답 : It is difficult to bring an angry crowd under control.

(5) 응용 : 인구 폭발이 억제될 수 없다.

(6) 번역 : The population explosion is beyond control.

31. 한 통계에 의하면, 시골 사람들이 도시 사람들 보다 더 건강하다고 한다.

(1) 힌트 : 한 통계에 의하면 = according to a statistics, 시골 사람들 = country people, 혹은 rural people, 도시 사람들 = city people, 혹은 urban people)

(2) 한국어의 어순 : 한 통계 = a statistics, 에 의하면 = according to, 시골 = country, 사람들이 = people, 도시 = city, 사람들이 = people, 보다 = than, 더 건강한 = healthier, 하다고 = 앞의 according to의 복합 전치사 속에 그 뜻이 들어 있음, 한다 = are

(3) 영어의 어순 : according to = 의하면, a statistics = 한 통계, country people = 시골 사람들, are = 하다 (=이다), healthier = 더 건강한, than = 보다, city people = 도시 사람들

(3) 해답 : According to a statistics, country people are healthier than city people. (4) 응용 : 나는 도시 생활보다 시골 생활을 더 좋아한다.

(5) 번역 : I like the rural life than the urban life.

32. 정상적인 식사를 하면서 저렇게 허약할 수 없다.

(1) 힌트 : 정상적인 식사로는 = on the normal diet

(2) 한국어의 어순 : 정상적인 식사를 = the normal diet, 하면서 = on, 저렇게 = so, 허약할 = weak, 수 없다 = one(일반적인 주어) cannot become

(3) 영어의 어순: one = 일반적인 주어, cannot become = ㄹ 수 없다, so = 저렇게, weak = 허약하, on = 하면서, the normal diet = 정상적인 식사

(4) 해답 : One cannot become so weak (as that) on the normal diet.

(5) 응용 : 그 환자는 특별 식사를 받는다.

(6) 번역 : That patient is put on a special diet.

학생 : 선생님, 때론 전치사가 영어에서는 동사적인 뜻까지 포함한 것 같습니다. 위의 본문에서 "on the normal diet"의 "on"이 마치 "식사를 하다"라는 뜻이 바로 그러한 보기라고 생각이 듭니다.

선생 : 오! 학생이 이제 막 문장 2 형식의 영작을 끝내려는데 정말 좋은 것을 지적했다. 학생이 이제 영어의 원리들 중의 가장 중요한 것을 스스로 터득하니 선생으로서 나는 보람을 또 다시 느낀다. 그렇다. 영어의 전치사는 동사의 뜻을 갖는 경우가 많다. 예컨대, "They talked over a cup of tea."(그들은 차 한잔 마시면서 이야기했다.)에서 "over"는 "drinking"(마시면서)이라는 동사의 뜻을 갖는다. "The island is looking in a quick fix"(그 섬은 빠른 속도로 곤경에 빠져가는 것 같이 보인다)에서 전치사 "in"은 "falling"(빠져가는)이라는 동사의 뜻을 갖는다. 우연히 이 전치사의 동사적 쓰임새를 설명하면서 위의 문장을 영국의 유명한 BBC TV 방송에서 지난 2004년 12월 말일 경에 쓰나미(thunami) 참상을 당한 스리랑카의 어느 섬에 사정을 이야기한 것을 보기로 삼았다.

제 3형식

    문장 제 3 형식에 속하는 영작문에 이르렀다. 영어에서 이 문장 3 형식을 만드는 동사들이 가장 많으면서 가장 역동적이다. 삼라만상은 자극과 반응의 법칙에 의해 존재하기에 자극을 주는 행위자가 있고 그 자극을 받는 피행위자가 있게 마련이다. 그것의 가장 전형적인 인간 행위가 사랑하는 행위인 완전 타동사인 "사랑하다 love"이다. 이 동사의 행위에 있어서 그 행위를 하는 쪽이나 그 행위를 받는 쪽이나 얼마나 역동적인 인간의 자극과 반응의 생명력인가! 다른 완전 타동사들이 바로 이 자극과 반응의 역동성을 보여주는 것이기에 이 문장 제 3 형식이야말로 위대한 인간의 존재 양식의 으뜸인 것이다. 아마도 이 문장 제 3 형식만 가지고서도 인간의 거의 모든 사상들과 감정들을 표현할 수 있다고 해도 과언이 아니다.

    그런데, 이 문장 제 3 형식이 피동형으로 바뀔 때에는 그것은 문장 제 1 형식이 된다. 예컨대, "John loves Mary"의 문장 제 3 형식이 피동형으로 바뀌면 "Mary is loved by John"의 문장 제 1 형식이 된다. 영어의 피동형의 문장들 가운데 완전 타동사가 만든 문장 제 3 형식의 피동형의 문장들 또한 가장 많은 피동형 문장들이다. 그래서 영어의 대표적인 문장 형식을 이 문장 제 3 형식으로 삼아 영어를 일컬어 S V O형의 언어라고까지 대표성을 띄고 있기도 하다. 여기서 S는 주어(subject)의 약자이고 V는 완전 타동사(complete transitive verb)의 약자이고 그리고 O 는 목적어(object)의 약자이다.

    이러한 영어의 대표성 S V O에 대비되는 한국어의 대표성은 S O V이다. 영어와 한국어와의 기본적인 차이점이 이 약자들로만 가지고도 두 언어들 사이의 원리 의식의 차이가 드러난다. 영어에서는 주어 다음에 (완전 타)동사가 오고 맨 끝에 목적어가 오는 반면에 한국어에서는 주어 다음에 목적어가 오고 맨 끝에 (완전 타)동사가 온다. 이것은 언뜻 가볍게 여기기 쉽지만 영어와 한국어의 차이점에 대한 원리 의식의 근본이 되는 것이다. 자! 이러한 원리 의식을 철저히 갖고 영어 문장 제 3 형식에 속하는 영어 문장들에 대한 공부를 시작하자.

1. 그날 밤 그들은 계곡에 천막을 쳤다.

(1) 힌트 : 그날 밤 = that night, 천막을 치다 = put up a tent

(2) 한국어의 어순 그날 밤 = that night, 그들은 = they, 계곡에 = in the valley(우리말에 없는 the는 speaker와 hearer가 서로 알고 있음의 정관사의 용법), 천막을 = a tent(우리말에 없는 부정 관사 a는 보통 명사 단수 앞에 오는 부정관사의 용법), 쳤다 = put up 혹은 set up 혹은 build

(3) 영어의 어순 : they = 그들은, put up = 쳤다, a tent = 천막을, in the valley = 계곡에, that night = 그날 밤 (that night 앞에 전치사 on이 붙어 시간의 부사구를 이룬 것인데 on이 생략되어 that night가 부사적 수식 구문을 이루고 있다. 이러한 전치사가 생략된 부사를 대격 부사(accusative adverb)라고 하는데 이러한 구문들이 영어에서는 많이 쓰인다. 예컨대, every day, this way, the next day, this year, this month, this week, 등등이 있다.

(4) 해답 : They set up a tent in the valley that night.

(5) 응용 : 집집마다 그날은 기를 내걸었다.

(6) 번역 : Every house puts up a flag that day.

학생 : 선생님, 동사를 수식하는 부사 또는 부사적 수식 구문들이 시간을 나타내는 것과 장소를 나타내는 것이 한 문장 속에 있으면 장소의 부사 또는 부사적 수식 구문이 시간을 나타내는 부사 또는 부사적 수식 구문 앞에 오는 것을 지금까지 관찰했습니다. 선생님, 그러한 법칙이 영어에 있습니까?

선생 : 하! 하! 학생은 용하게도 그 법칙을 스스로 관찰했구나! 영어에서는 동사를 수식하는 장소의 부사 또는 부사적 수식 구문이 시간의 부사 또는 부사적 수식 구문 앞에 오는 것이 하나의 법칙으로 되어 있다. 지난 번에도 말했지만 사람은 관찰하는 동물이라고 부를 정도로 관찰하는 행위가 그에게는 그렇게 중요하다. 아니 필연적인 것이다. 다른 동물들도 일종의 관찰 행위를 하는 것 같지만 그것은 1 회적으로 살아 남기 위한 일종의 본능적인 행동에 지나지 않는다. 사람은 한 사건을 놓고 그것이 왜 그리고 어떻게 일어나는가를 자세히 살펴보아 그 사건에서 어떠한 법칙을 찾아낸다. 그리하여 사람은 그러한 사건이 그에게 유익하면 그러한 사건들을 계속 있게 하여 인간 사회를 윤택하게 만들고 그러한 사건이 그에게 해악이 되면 그러한 사건들이 계속 일어나지 않게 하여 인간 사회의 존속을 도모하는 것이다.

과학은 다름이 아니고 바로 이 관찰하는 행위인 것이다. 예측하여 유해한 사건들은 미리 막고 예견하여 유익한 사건들은 준비하여 발생하게 하는 인간은 그래서 만물의 영장이라는 별칭을 얻고 있는 것이다. 한 마디로 학문하는 행위는 관찰하는 행위이다. 인간 사회를 부유하고 흥미 있게 해주는 이 관찰의 행위야 말로 정말 인간이 우주를 창조한 창조주가 있다면 인간은 관찰력으로 그러한 창조주의 창조행위를 모방하는 것이 된다.

그래서 가장 관찰력이 높은 사람이 가장 잘 사는 사람이고 인간 사회를 가장 잘 살게 하는데 가장 큰 공헌을 하는 사람인 것이다. 관찰력을 발휘하면 할수록 관찰력과 함께 창의력이 강화되면 인생을 그 만큼 보람차게 해준다. 내가 이렇게 강의(글)를 하고(쓰고) 있는 것도 따지자면 관찰력의 행위에서 비롯된다. 학생 고맙다. 학생의 말 속에서 나는 나대로 관찰력을 발휘했다. (내 생각으로는 가장 부유하고 가장 행복한 사람은 가장 관찰력이 높은 사람이다 "The richest and happiest man is, in my opinion, the most observable person."

2. 그 일을 하는 데에는 다섯 사람이 필요하다.

(1) 힌트 : ~를 하는 데는 다섯 사람이 필요하다 = it takes five men to ~(동사 원형)

> ※ it takes a lot of time(or effort) to ~(동사 원형) = ~하는 데에는 많은 시간(혹은 노력)이 필요하다.

(2) 한국어의 어순 : 그 = the, 일을 = Work, 하는 데에는 = to do, 다섯 = five, 사람들 = men, 필요하다 = takes

(3) 영어의 어순 : it = 뒤의 진 주어를 대신하는 가주어, takes = 필요하다, five = 다섯, men = 사람들, to do = 하는 데에는, the = 그, work = 일을

(4) 해답 : It takes five men to do the work.

(5) 응용 : 도보로 거기에 가기에는 단 십분 걸린다.

(6) 번역 : It only takes ten minutes to go there on foot.

3. 그 많은 노력을 기울이고도 그는 큰 성공을 거두지 못했다.

(1) 힌트 : 그 많은 노력을 기울이고도 = with all his effort, 큰 성공을 거두지 못했다 = could not make a success

(2) 한국어의 어순 : 그 = the, 많은 = all(여기서는 양보의 뜻이 있기 때문에 many 대신에 all이 쓰임), 노력 = his effort(여기서 우리말에 없는 his가 나타나는 것은 영어에서는 구체적인 말의 성격 때문임), 기울이고 = with (바로 앞에 학생이 지적하여 내가 설명한 전치사의 동사적인 의미에 유의할 것), 그는 = he, 큰 = big, 성공을 = success, 거두지 = make, 못했다 = could not

(3) 영어의 어순 : with = 거두고서도, all his effort = 그의 모든 노력을, he = 그는, could not = 못했다, make = 거두지, a big success = 하나의 큰 성공을

(4) 해답 : With all his effort, he could not make a big success.

(5) 응용 : 그 많은 자연자원을 가지고도 그 나라는 아직도 가난한 나라에 속한다.

(6) 번역 : With all its natural resources, the country is still among the poor nations.

(7) 응용 : 그 많은 보석을 가지고도 그녀는 만족하지 않는다.

(8) 번역 : With all her jewels, she is not satisfied.

(9) 응용 : 그렇게도 저축을 하고서도 그는 집을 살 여유가 없다.

(10) 번역 : With all his saving, he cannot afford to buy a house.

4. 선생님은 예습을 안 해온 것에 대해 그에게 벌을 주었다.

(1) 힌트 : ~을 예습하다 = prepare for~, ~ 에게 ~ 대하여 벌을 주다 = punish ~ for~

(2) 한국어의 어순 : 선생님은 = the teacher(여기서 정관사 the의 출현은 speaker와 hearer 사이에 알려진 것이기 때문임 앞으로 이 the의 용법이 나오면 생략적으로 "알고 있음의 the"로 설명을 대신할 것임), 예습을 = preparing, 안 해온 것에 대해= for not, 그에게 = him, 벌을 주었다 = punished

(3) 영어의 어순 : the teacher = 선생은, punished = 벌을 주었다, him = 그에게, for not = 안⋯ 것에 대하여, preparing = 예습을, for the lesson = 배울 공부에 대하여

(4) 해답 : The teacher punished him for not preparing for the lesson.

(5) 응용 : 그들은 그 때에 최악의 순간을 각오했었다.

(6) 번역 : They then prepared for the worst.

학생 : 우리말 본문에는 "배울 공부에 대하여"라는 구문이 없는데 영어의 어순과 해답에는 각각 "배울 공부에 대하여" = "for the lesson"이 느닷없이 나타났는데 이것은 도깨비 장난만 같아 어리둥절합니다.

선생 : 아까는 학생이 관찰력을 스스로 발휘했는데 이 번은 머리가 그렇게 잘 안 돌아가는 모양이지! 하나의 언어를 다른 언어로 옮기는 작업이 그렇게 쉬운 일은 아니지. 그래서 흔히들 "번역"은 "반역"이라고 말한다. 여기서는 우리말의 "예습을"이라는 말 속에 "배울 공부에 대하여"의 뜻이 들어 있기 때문에 영어에서는 항상 말했듯이 구체적인 표현이 어떤 문맥 속에 파묻혀 있어도 그것을 들추어 내어 반드시 명시된다. 학생이 이러한 점까지 이제부터는 스스로 터득할 수 있기를 바라노라!

5. 우리는 각자 그 기금 모금 운동에서 큰 역할을 해야 한다.

(1) 힌트 : 큰 역할을 하다 = play a great part, play an important role, 기금모금운동 = campaign for funds 혹은 fund-raising campaign

(2) 한국어의 어순: 우리는 = of us, 각자는 = each, 그 = the, 기금 = funds, (모금)운동 = (for) campaign, 에서 = in, 큰 = great, 역할을 = a part, 해야 = should, 한다 = play

(3) 영어의 어순 : each = 각자, of us = 우리의, should = 해야, play = 한다, a = 한, great = 큰, part = 역할, in = 에서, the = 그, campaign = (모금)운동, for = 위한, funds = 기금.

(4) 해답 : Each of us should play a great part in the campaign for funds.

(5) 응용 : 그는 이 계획에서 적극적인 역할을 했다.

(6) 번역 : He played a positive part in the plan.

6. 과거에 우리 농민들은 너무나 쉽게 운명에 체념하였다.

(1) 힌트 : 과거에 = in the past (* 현재에 = at present, 미래에 = in the future), ~에 체념하다 = resign oneself to, 너무 쉽게 = too easily, too readily, too quickly

(2) 한국어의 어순 : 과거에 = in the past, 우리(의) = our, 농민들은 = farmers, 너무나 = too, 쉽게 = easily, 운명 = fate, 에 = to, 체념하였다 = resigned ourselves

(3) 영어의 어순 : in the past = 과거에, our = 우리의, farmers = 농민들은, resigned themselves = 체념하였다. to = 에, fate = 운명, too = 너무나, easily = 쉽게

(4) 해답 : In the past, our farmers resigned themselves to fate too easily.

(5) 응용 : 그 소년은 가엾게도 노숙하기로 하였다.

(6) 번역 : The poor boy resigned himself to passing the night under the stars.

학생 : 우리말 본문에는 "과거에" 다음에 comma가 쓰이지 않고 있는데 영어 본문의 해답에는 "in the past" 바로 뒤에 comma가 왔습니다. 저는 지금까지 그렇게 많이 영어에 comma가 쓰였는데 별 질문을 다 하는 것이 아닌가 해서 벙어리 냉가슴 앓듯 해왔는데 이제 참지 못하여 그까지 것 점(.)에다 작은 꼬리(,)를 붙인 것이 그래도 영어에서는 그것의 법칙이 있지 않나 해 서 이제서야 부끄럽지만 선생님께 여쭈었습니다.

선생 : 무엇이야! "부끄럽지만"이라는 말을 학생이 할 것이 아니라 선생인 내가 진작 했어야 했다. 오히려 학생이 나의 둔감한 행동을 일깨워 주어서 고맙다. 성경에 "극히 작은 일에 충성되지 못하면 큰 일에도 충성되지 못하고 극히 작은 일에 의로우면 큰 일에도 의로운 것이 된다"라는 말이

있다. 내가 성경의 이 말씀을 좌우명으로 삼고 살아왔는데 내가 왜 진작 이 극히 작은 것 같이 보이는 comma를 등한시 했구나!!

　Comma는 영문법에서 punctuation(구두점)에 속한다. 영어의 구두점은 크게 두 가지로 나뉜다. 첫째로, 종료 구두점으로서 (1) period(종지 부호) : 평서문이 끝날 때 쓰인다. 예컨대, "The earth is round." 와 "He did not come here." 에서와 같이 긍정문의 종료를 그리고 부정문의 종료를 알리는 ".". (2) question mark(의문 부호) : 의문문이 끝날 때 쓰인다. 예컨대, "Are you happy?" 에서와 같이 의문문의 종료를 알리는 "?". (3) exclamation mark(감탄 부호) : 감탄문이나 명령문이 끝날 때 쓰인다. 예컨대, "How wonderful the world is!" 와 "Get out of this room!" 에서와 같이 감탄문이나 명령문의 종료를 알리는 "!".

　두 번째로, 한 문장 속에서 단어와 단어, 구와 구, 절과 절과 같은 단위들을 연결시키는 연결 구두점이 있다. (1) comma(콤마 ",") : 한 문장 속에서 1) 등위 접속사의 역할을 한다. and, or, but, for, so. 예컨대, "I drink coffee, milk and tea every day." 에서와 같이 coffee와 milk 사이의 comma는 등위 접속사 and의 역할을 한다. 2) 경계선의 역할을 한다. 종속 구문과 본 구문 사이의 경계선, 긴 주부와 술부 사이의 경계선, 접속사 앞에서의 경계선, 그리고 문법적으로 중요한 단위 구문 앞에서의 경계선, 예컨대, "When I was young, I was weak." 에서와 같이 종속 구문인 when I was young 뒤의 comma는 그저 본 구문 I was weak를 경계선으로 알린다. 3) 삽입 구문을 유도한다. 삽입 구문은 수식적 삽입 구문과 동격적 삽입 구문의 두 가지로 갈라진다. 예컨대, "The soldier, badly wounded, was carried to the field hospital." 에서와 같이 badly wounded 앞 뒤의 comma들은 앞의 명사인 soldier를 수식하는 삽입 구문을 유도한다. Mr. Smith, my English teacher, came to my house yesterday." 에서와 같이 my English teacher 앞 뒤의 comma들은 앞의 Mr. Smith를 동격 적으로 부연하는 동격적 삽입 구문을 유도한다. 동격적 삽입 구문은 매우 복잡하고 그 종류가 많기 때문에 앞으로 동격적 삽입 구문의 영작문이 다루어질 때에 철저히 다루어질 것이다.

(2) dash(대쉬 "__")는 comma와 같이 경계선의 역할과 삽입 구문을 유도하는 역할을 한다.
(3) semi-colon(쎄미 콜론 ";")는 comma와 같이 등위 접속사의 역할과 경계선의 역할을 한다. 이 두 가지 dash와 semi-colon은 comma의 용법만 알면 저절로 알게 되어 있다. 그래서 여기서는 보기들을 생략하는 것이 시간을 아끼는 것이 되겠다. (3) colon(콜론 ":")은 1) 인용 구문을 유도한다. She said : "I am happy." 이 문장에서 콜론은 "I am happy" 의 인용 구문 을 유도하고 있다. 2) 동격 구문을 유도 한다. He does only two things : eating and sleeping. 이 문장에서 콜론은 앞의 구문 two things에 대한 동격 구문 eating and sleeping 을 유도하고 있다. 3) 설명 구문을 유도 한다. He went to bed early : he had overworked himself. 이 문장에서 콜론은 앞의 went to bed(과거 동사 뒤에 일어난 일)에 대하여 그 앞에 일어난 일(had overworked 과거 완료)이 설명하고 있다.

지금까지 영어의 구두점(punctuation)에 대하여 다 망라하여 설명했다. 영어의 구두점에서 가장 많이 그리고 유익하게 쓰이는 것이 comma이다. 말하자면 comma의 용법만 알고 있으면 영어의 구두점에 관한한 만사형통이다. 내가 처음으로 중 3학년 때에 영문으로 일기를 쓸 생각을 갖게 하고 따라서 영문으로 완벽하게 일기를 썼던 것은 바로 영어의 구두점 그 중에서도 comma의 용법을 완전히 정복했기 때문이다. 이 이야기는 나의 저서 "영어의 정복자"에 그것의 세세한 용법과 더불어 자세히 기술되어 있다. 아! 참! 영어의 문장이 시작할 때에는 반드시 대문자로 시작하는 것 또한 따지자면 그것도 영어의 punctuation에 속하는 법칙이다.

오늘날 우리말도 영어의 구두점의 법칙을 그대로 모방하고 있다. 이것은 우리말의 발전의 토대가 되는데 큰 몫을 했다. 한글이 처음 세종대왕이 창제 했을 때에는 이러한 구두점은 하나도 쓰이지 않았다. 그런데도 한글이라는 글자는 인류가 만들어 내 쓰고 있는 것들 중에서 으뜸인 것을 학생들은 꿈에서라도 잊어서는 안 된다. 다시 말하면 한글은 글자들 중에서는 말할 것도 없고 인간의 두뇌로 만들어 낸 것들 중에서 으뜸인 것이다. 다른 글자들은 자연 발생적이지만 한글은 처음부터 끝까지 발명된 것이다. 지금 우리가 영어로 쓰고 있는 문자인 로마자도 자연 발생적인 것이 조금씩 진화되어 온 것이다. 나는 이 말을 국수주의적이며 맹목적 애국주의의 못난 발상에서 이야기하는 것이 아님을 여기에 분명히 밝힌다. 이 한글의 위대성에 대해 말을 하자면 끝이 없을 것이기에 못내 여기서 줄이겠다. 그리고 지금 우리가 공부하고 있는 것은 영작이기에 영작문의 본령으로 아쉽지만 돌아가련다.

학생 : 선생님께서 그야말로 comma를 비롯해서 영어의 punctuation에 대하여 철저하게 설명해주셨습니다. 그렇다면, 위의 본문 영작에 있어서 "in the past."의 comma는 종속 구문과 본문인 our farmers…과의 경계선의 역할을 하는 것입니까?

선생: 학생의 생각이 맞다. 다른 comma의 용법은 절대로 생략될 수 없지만 이 경계선의 역할을 하는 comma는 생략될 수 있다.

7. 비서가 내 우편물을 처리합니다.

(1) 힌트 : 비서 = secretary, 처리하다 = take care of 혹은 deal with, 내 우편물 = my mail 혹은 my letters
(2) 한국어의 어순 : 비서가 = my secretary(여기서 역시 영어와 한국어의 구체성에 관한 차이점이 드러난다. 우리말에서는 "비서"에 뒤의 "내 우편물의 "내가 있기 때문에 생략되었지만 영어에는 생략되면 비문법적이 문장이 된다), 내 우편물을 = my mail, 처리합니다 = takes care of

(3) 영어의 어순 : my secretary = 나의 비서가, takes care of = 처리한다, my mail = 내 우편물.

(4) 해답 : My secretary takes care of my mail.

(5) 응용 : 어머니는 아이들을 돌보아야 한다.

(5) 번역 : A mother should take care of her children.

8. 그들은 그들의 전통을 자랑스럽게 여겼다.

(1) 힌트 : ~을 자랑스럽게 여기다 = take pride in, 혹은 be proud of, pride

(2) 한국어의 어순 : 그들은 = they, 그들의 = their, 전통 = tradition, 을 = in, 자랑스럽게 여기다 = took pride

(3) 영어의 어순 : they = 그들은, took pride = 자랑스럽게 여기다, in = 을, their = 그들의, tradition = 전통을

(4) 해답 : They took pride in their tradition.

(5) 응용 : 이 출판사가 이 책을 펴냄을 자랑스럽게 여깁니다.

(6) 번역 : This publishing company is proud to present this book.

9. 우리는 이 기회를 최대한으로 활용해야 한다.

(1) 힌트 : 최대한으로 활용하다 = make the most of, (* make the best of = 최대한으로 잘 이용하다), take advantage of = 이용하다. 기회 = opportunity, (* chance 우연한 기회)

(2) 한국어의 어순: 우리는 = we, 이 = this, 기회를 = opportunity, 최대한으로 활용해야 한다 = make the most of

(3) 영어의 어순 : we = 우리는, must make the most of = 를 최대한으로 이용해야 한다, this opportunity = 이 기회

(4) 해답 : We must make the most of this opportunity.

10. 그 일에 대한 최근의 소식을 모른다.

(1) 힌트 : 최근의 소식 = up-to-date news(혹은 information)

(2) 한국어의 어순 : 그 일에 대한 = about the matter, 최근의 소식 = up-to-date information, = 모른다 = I do not have any(우리말에서는 "나는" 을 생략하기 때문에 "I"가 보충된 것이다)

(3) 해답 : I do not have any up-to-date information about the matter.

(4) 응용 : 나는 그 사건에 대한 최근의 기록을 가지고 있다.

(5) 번역 : I have an up-to-date record about the event.

11. 해마다 3월 초하루가 되면 우리 한국인들은 3.1 독립운동 기념일을 경축한다.

(1) 힌트 : 해마다 3월 초하루에는 = on March 1, every year, 우리 한국인들 = we Koreans, 기념일을 경축하다 = celebrate the anniversary of

(2) 한국어의 어순 : 해마다 3월 초하루가 되면 = on March 1 every year, 우리 한국인들은 = we Koreans, 3.1 독립운동 기념일을 = the anniversary of the March, 1 Independence Movement, 경축한다 = celebrate

(3) 영어의 어순 : on March 1, every year = 해마다 3월 초하루가 되면, we Koreans = 우리 한국인들은, celebrate = 경축한다, the anniversary of the March 1 Independence Movement = 3.1 독립 운동 기념일을

(4) 해답 : On March 1, every year we Koreans celebrate the anniversary of the march 1 Independence Movement.

(5) 응용 : 우리는 나무를 장식하고 선물을 주고 받으며 성탄절을 축하했다.

(6) 번역 : We celebrated Christmas with trees and presents.

> ※ 이 문장에서도 전치사 with가 decorate와 exchange라는 동사들의 뜻을 갖고 있음을 알 수 있다. 다시 말하거니와 영어가 오늘날 국제어가 된 것은 그것의 전치사의 덕이 큰 것이다. 특히 영작과 회화에서 전치사를 잘 이용하는 것이 필요하다.

12. 아이들은 자기들의 책을 잘 간수하지 않는다.

(1) 힌트 : 잘 간수하지 않다 = do not take good care of, do not keep ~ well, 혹은 do not handle carefully

(2) 한국어의 어순 : 아이들은 = children, 그들의 = their, 책(들)을 = books, 잘 간수하지 않는다 = do not take good care of

(3) 영어의 어순 : children = 아이들은, do not take good care of = 잘 간수하지 않는다, their = 그들의, books = 책(들)을.

(4) 해답 : Children do not take good care of their books.

(5) 응용 : 그들은 낡은 편지들을 잘 보관하지 않고 버렸다.

(6) 번역 : They threw away old letters instead of keeping them well.

(7) 응용 : 그들은 책을 더러운 손으로 만진다.

(8) 번역 : They handle books with dirty hands.

13. 내 구두는 수선해야 되겠다.

(1) 힌트 : 수선해야 된다 = need repairing

> ※ need, require, want와 같이 필요의 뜻을 나타내는 타동사 뒤에 동명사가 오면 그 동명사는 수동적인 뜻을 내포하게 된다. need repairing에 있어서 repairing은 being repaired와 같은 뜻을 가진다.

(2) 한국어의 어순 : 내 = my, 구두는 = shoes, 수선해야 = repairing, 되겠다 = need
(3) 영어의 어순 : my = 나의, shoes = 구두는, need = 되겠다, repairing = 수선해야.
(4) 해답 : My shoes need repairing.
(5) 응용 : 이 옷들은 세탁해야 한다.
(6) 번역 : These clothes want washing.
(7) 응용 : 그 묘목들은 주의 깊게 돌봐줄 필요가 있다.
(8) 번역 : The young seedlings require looking after carefully.

14. 솔직히 말해서 나는 그 일에 대하여 아무 것도 모른다.

(1) 힌트 : 솔직히 말해서 = to be frank with you, frankly speaking, 아무것도 모른다 = know nothing of (혹은 about), be completely ignorant of
(2) 한국어의 어순 : 솔직히 말해서 = to be frank with you, 나는 = I, 그 = the, 일 = matter, 아무 것도 모른다 = know nothing
(3) 영어의 어순 : to be frank with you = 솔직히 말해서, I = 나는, know nothing = 아무 것도 모른다, of the matter = 그 일에 대하여
(4) 해답 : To be frank with you, I know nothing of the matter.
(5) 응용 : 그는 무엇이 그를 기다리고 있는지 전혀 모르고 있다.
(6) 번역 : He little knows what awaits him.
(7) 응용 : 내가 그를 다시 못 보리라고는 꿈에도 생각하지 못했다.
(8) 번역 : Little did I dream that I should never see him again.

15. 그는 자금 부족으로 고전하고 있다.

(1) 힌트 : 고전하고 있다 = be having a hard time, 자금 부족으로 = for want(혹은 lack) of money (혹은 funds)

(2) 한국어의 어순 : 그는 = he, 자금 = money, 부족으로 = for want of, 고전하고 있다 = is having a hard time

(3) 영어의 어순 : he = 그는, is having a hard time = 고전하고 있다, for want of = 부족으로, money = 자금

(4) 해답 : He is having a hard time for want of money.

(5) 응용 : 식물은 물이 모자라서 시들어가고 있다.

(6) 번역 : This plant is dying for want of water.

(7) 응용 : 그 아이는 영양 실조로 고생하고 있다.

(8) 번역 : The child is suffering from want of food.

16. 정부는 한편으로 생활비를 줄이기를 바란다.

(1) 힌트 : 한 편으로는 = on the one hand (*이것은 "on the other hand" (다른 한 편으로는)와 상관시켜 쓰는 말이다.

> ※ for one thing은 in the first place(우선)의 뜻으로서 for another(또 다음에는)와 상관시켜 쓰는 말이다.), 생활비 = the cost of living, 줄이다 = reduce 혹은 cut

(2) 한국어의 어순 : 정부는 = the government, 한편으로 = on the one hand, 생활비를 = the cost of living, 줄이기를 = to reduce, 바란다 = wishes

(3) 영어의 어순 : on the one hand = 한편으로, the government = 정부는, wishes = 바란다, to reduce = 줄이기를, the cost of living = 생활비를

(4) 해답 : On the one hand, the government wishes to reduce the cost of living.

(5) 응용 : (그것은 쓰라린 경험이었지만,) 다른 각도에서 보면 그는 자기의 잘못에서 많은 것을 배울 수 있을 것이다.

(6) 번역 : (It was an unfortunate experience,) but on the other hand, he can learn from the misfortune.

17. 그는 조국의 독립을 위해서 일생을 바쳤다.

(1) 힌트 : 조국의 독립 = the national independence, ~에 일생을 바치다 = dedicate one's life to ~, devote oneself to, 혹은 throughout one's life

(2) 한국어의 어순 : 그는 = he, 조국의 = of his nation, 독립을 위하서 = to the independence, 일생을 바쳤다 = dedicated his life

(3) 영어의 어순 : he = 그는, dedicated his life = 일생을 바쳤다, to the independence = 독립을 위해서, of his nation = 조국의

(4) 해답 : He dedicated his life to the independence of his nation.

(5) 응용 : 그는 그 사업에 전념했다.

(6) 번역 : He dedicated himself to the business.

18. 학교까지 걸어 가는데 1시간 반 걸린다.

(1) 힌트 : ~ 하는 데 ~ 시간(시간, 공간, 노력, 정신 따위) 걸리다 = it takes ~ 시간 to ~(동사원형), 한 시간 반 = an hour and a half. 학교까지 걸어가다 = Walk to school, 혹은 go to school on foot

(2) 한국어의 어순 : 학교까지 = to school, 걸어 = on foot, 가는데 = to go, 한 시간 반 = an hour and a half, 걸린다 = takes

(3) 영어의 어순 : it = 가주어, takes = 걸린다, an hour and a half = 한 시간 반, to walk to school = 학교에 걸어가는데(진 주어)

(4) 해답 : It takes an hour and a half to go to school on foot.

(5) 응용 : 어학을 습득하는 데는 인내와 근면이 필요하다.

(6) 번역 : It takes patience and industry to learn a language.

(7) 응용 : 그것을 하는 데는 용기가 필요하다.

(8) 번역 : It takes courage to do that.

(9) 응용 : 그 가구는 자리를 얼마 차지하지 않는다.

(10) 번역 : The furniture takes little room.

(11) 응용 : 너는 그 일을 하는데 넉넉한 시간을 들여야 한다.

(12) 번역 : You must take your time over the work.

(13) 응용 : 내가 그 일을 완성하는 데 3년 걸렸다.

(14) 번역 : It took three years for me to complete it.

학생 : 선생님, 우리말 본문에 "걸어서 가다"를 "go on foot"이라고 표현했는데 발로 걷지 않고 차량 또는 다른 교통 수단에 쓰이는 전치사도 "on foot"에서와 같이 전치사 "on"를 사용해도 좋습니까?

선생 : 아니다. "도보로"라는 표현에서만 "on foot"과 같이 전치사 "on"이 쓰인다. 기타 다른 교통 수단에서는 대체로 전치사 "by"가 쓰인다. 예컨대 "나는 학교에 버스로 간다"는 "I go to school by bus"로 번역이 된다. 이와 같이, "열차로", "지하철로", "선박으로", 그리고 "비행기 로"는 각각 "by train", "by subway" "by ship", 그리고 "by airplane"으로 번역된다.

이왕에 차량에 의한 교통 문제가 나왔으니 차량을 타고 내리는 표현도 여기에 함께 설명하고자 한다. 대형 차량을 타고 내릴 때에는 "get on the bus(혹은 train) 버스(열차)에 타다"와 "get off the bus(혹은 train) 버스(열차)에서 내리다"와 같이 표현된다. 그러나 소형 차량을 승하차 할 때에는 "get into the taxi(혹은 jeep) 택시(지프)에 타다"와 "get out of the taxi(jeep) 택시(지프)에서 내리다"와 같이 표현된다.

19. 일기 예보에 의하면 내일 비가 온다고 한다.

(1) 힌트 : 일기예보에 의하면 = according to the weather forecast 혹은 the weather forecast says that

※ 오늘 신문에 의하면 = according to today's newspapers, today's newspapers say that), 비가 올 것이다 = we shall have rain(혹은 it will be rainy) (*눈이 올 것이다 = we shall have snow it will be snowy)

(2) 한국어의 어순 : 일기예보에 의하면 = according to the weather forecast, 내일 = tomorrow, 비가 온다(고 한다) = we shall have rain

(3) 영어의 어순: according to the weather forecast = 일기 예보에 의하면, we = 우리들은(일반적인 주어), shall have rain = 비가 온다(고), tomorrow = 내일

(4) 해답 : According to the weather forecast, we shall have rain tomorrow.

(5) 응용 : 오늘 신문에 의하면 이번 눈은 50년 이래 최대의 폭설이라고 한다.

(4) 번역 : According to today's newspapers, this is the heaviest snow we have had for the first time in 50 years.

20. 나는 어디서 그를 찾아야 할지 몰랐다.

(1) 힌트 : 그를 어디서 찾아야 할지 = where to look for him

> ※ 그를 언제(어떻게) 찾아야 할지 = when (how) to look for him, 그 편지에 무엇을 써
> 야할지 = what to write in the letter, 어느 것을 골라야 할지 = which to choose

(2) 한국어의 어순 : 나는 = I, 어디서 = where, 그를 = him, 찾아야 할지 = to look for, 몰랐다 = didn't know

(3) 영어의 어순 : I = 나는, didn't know = 몰랐다, where = 어디서, to look for = 찾아야, him = 그를

(4) 해답 : I didn't know where to look for him.

(5) 응용 : 나는 당신을 어떻게 도울지를 모르겠다.

(6) 번역 : I do not know how to help you.

(7) 응용 : 언제 그 방법을 쓰는 가를 아는 것이 중요하다.

(8) 번역 : It is important to know when to use the method.

(9) 응용 : 나는 그 편지에 무엇을 써야 할지 몰랐다.

(10) 번역 : I did not know what to write in the letter.

(11) 응용 : 나는 어느 것을 골라야 할지 나는 어리둥절했다.

(12) 번역 : I was quite at a loss which to choose.

21. 대다수의 사람들이 경기를 하는 것보다 구경하기를 더 좋아한다.

(1) 힌트 : 대다수의 사람들 = the majority of people, 경기를 하다 = play games, 경기를 구경
하다 = watch games, ~보다 ~을 더 좋아하다 = like ~ better than~ 혹은 prefer~to~

(2) 한국어의 어순 : 대다수의 사람들이 = the majority of people, 경기를 = games, 하는 것
= playing, 보다 = to(prefer가 앞에 올 때) 혹은 than(비교급이 앞에 올 때), 구경하기를 =
watching, 더 = (앞에 설명됨), 좋아한다 = prefer

(3) 영어의 어순 : the majority of people = 대다수의 사람들은, prefer = 좋아한다, watching
games = 경기를 구경하는 것을, to playing games = 경기를 하는 것보다

(4) 해답 : The majority of people prefer watching games to playing them. (= Most people
like watching games better than playing games.)

(5) 응용 : 그는 그것보다 이것을 하고자 했다.

(6) 번역 : He preferred to do this ratter than that.

22. 그는 정직한 사람이라고 주장할 만하다.

(1) 힌트 : ~을 주장할 만하다 = lay just claim to ~혹은 may well lay claim to ~

> ※ may well ~(동사 원형)은 능히 ~할 만 하다 혹은 당연하다의 뜻을 갖는 구문(보기 : "He may well think so 그가 그렇게 생각하는 것도 당연하다")은 may(might) as well~ = ~하는 것이 좋다라는 구문(보기 : "You may as well know that I am a strict instructor : 내가 엄격한 선생이라는 것을 너는 알아두는 것이 좋다")과 대조된다. 또한 may as well~as~는 "~하기보다는 ~하는 것이 낫다"의 뜻을 갖는다. 보기 : "You may as well read some novel as look at the ceiling 천장을 바라보고 있느니 소설이라도 읽는 편이 낫다." 더 나아가 "might as well ~" 는 "~하는 것이 낫다(You want to prevent a woman from talking; you might as well try to turn the course of the Danube 네가 여자의 제잘거리는 입을 다물게 하고 싶다지만, 그것은 도나우강의 흐름을 바꾸려고 하는 것과 같다")와 "might as well ~ as ~" 는 ~할 바엔 차라리~하는 편이 좋다(보기 : "You might as well expect the river to flow backward as hope to move me. 네가 내 마음을 움직이려고 하는 것은 강이 거꾸로 흐르기를 바라는 것과 같다.")에서 may가 과거형 might로 바뀐 것은 과거 가정법(현제의 사실에 반대를 말하고 있음을 나타냄)의 형식이기 때문이다. 가정법에 대하여는 앞으로 더 설명할 기회가 올 것이다.

(2) 한국어의 어순 : 그는 = he, 정직한 사람이라고 = to his honesty, 주장할 만하다 = can lay just claim

(3) 영어의 어순 : he = 그는, can lay just claim = 주장할 만하다, to his honesty = 정직한 사람이라고

(4) 해답 : He can lay just claim to his honesty. (= He may well lay claim to his honesty.)

(3) 응용 : 너는 5시에 오는 것이 좋다.

(4) 번역 : You might as well come at five.

23 그 파티는 우리의 기대에 어긋났다.

(1) 힌트 : 기대에 어긋났다 = not meet(혹은 satisfy) one's expectation

> ※ meet a person's wishes = 한 사람의 희망을 충족시키다, meet the case = 안성맞춤이다, meet debts = 빚을 갚다.

(2) 한국어의 어순: 그 = the 파티는 = party, 우리의 = our, 기대 = expectations, 어긋났다 = did not satisfy

(3) 영어의 어순 : that = 그, party = 파티는, did not satisfy = 어긋났다, our = 우리의, expectations = 기대에

(4) 해답 : That party did not satisfy our expectations.

(5) 응용 : 그는 셈을 치룰 수 없었다.

(6) 번역 : He could not meet his bills.

(7) 응용 : 그는 급료에서 매달의 분할 금을 지불했다.

(8) 번역 : He could meet the monthly installments out of his pay,

24. 나는 그 집을 살만한 돈이 충분히 있다.

(1) 힌트 : ～ 를 할만한 충분한 ～ = enough ～(명사) to ～ (동사 원형)

> ※ ～ 할 만큼 충분히 ～ 하다 = be ～ (형용사) enough to ～ (동사 원형)

(2) 한국어의 어순 : 나는 =I, 그 = the, 집을 = house, 살만한 = to buy, 돈이 = money, 충분히 = enough, 있다 = have

(3) 영어의 어순 : I = 나는, have = 있다. enough = 충분히, money =돈이, to buy = 살만한, the house = 그집을

(4) 해답 : I have enough money to buy the house.

(5) 응용 : 그는 친절하게도 내게 길을 가르쳐 주었다.

(6) 번역 : He was kind enough to show me the way.

(7) 응용 : 그는 철학을 이해할 만한 나이가 아니다.

(8) 번역 : He is not old enough to understand philosophy.

(9) 응용 : 곳간에는 우리가 먹을 만한 충분한 식량이 있다.

(10) 번역 : There is enough food in the barn to feed all of us.

25. 그 배는 정각 보다 앞서 부산항을 떠났다.

(1) 힌트 : 정각보다 빨리 = ahead of time)

※ behind time = 정시 보다 늦게, behind the times = 유행에 뒤져서, 정 시각에 = on time

(2) 한국어의 어순 : 그 = the 배는 = ship, 정각 보다 앞서= ahead of time, 부산항을 = the Pusan harbor, 떠났다 = left

(3) 영어의 어순 : the = 그, ship = 배는, left = 떠났다. the Pusan harbor = 부산항을, ahead
   of time = 정각 보다 앞서

(4) 해답 : The ship left the Pusan harbor ahead of time.

(5) 응용 : 버스는 정시보다 10분 뒤에 도착했다.

(6) 번역 : The bus arrived ten minutes behind time.

26. 고대 희랍인들은 그들의 신들을 모실 웅장한 신전들을 지었다.

(1) 힌트 : 고대 희랍인들 = the ancient Greeks, ~을 모시다 = house ~, 웅장한 신저들을 =
   magnificent temples

(2) 한국어의 어순: 고대 희랍인들은 = the ancient Greeks, 그들의 = their, 신들을 = gods, 모
   실 = to house, 웅장한 = magnificent, 신전들을 = temples, 지었다 = built

(3) 영어의 어순 : the ancient Greeks = 고대 희랍인들은, built = 지었다. magnificent = 웅장
   한, temples = 신전들을, to house = 모실, their gods = 그들의 신들을.

(3) 해답 : The ancient Greeks built magnificent temples to house their gods.

(4) 응용 : 이 절은 한국에서 가장 큰 불상을 모시고 있다.

(5) 번역 : This temple houses the largest Buddha in Korea.

27. 우리는 한국 고유의 가치를 소중히 여겨야 한다.

(1) 힌트 : = 한국 고유의 가치 = the values peculiar to Korea, 소중히 여기다 = cherish

(2) 한국어의 어순 : 우리는 = we, 한국 고유의 = peculiar to Korea, 가치를 = the values, 소중
   히 여겨 = cherish, 야 한다 = must

(3) 영어의 어순 : we = 우리는, must = 야 한다, cherish = 소중히 여겨, the values = 가치들
   을, peculiar to Korea = 한국에 고유한

(4) 해답 : We must cherish the values peculiar to Korea.

(5) 응용 : 사람은 소년 시절의 추억을 소중히 여긴다.

(6) 번역 : One cherishes the memory of one's boyhood days.

학생 : 선생님, 우리말 본문에서는 "가치" 라고 단수로 취급했는데 영어에서는 "values 가치들"
로 번역되었습니다.

선생 : 그 질문은 지난 번에 이미 대답했는데 학생이 아직도 잘 이해를 못한 것 같다. 그것도 무리는 아니지. 그 이유는 학생이 한국어에 그 동안 완전히 젖어왔기 때문이다. 한국어에서는 보통 명사의 복수에서도 마치 그것이 단수인 양 복수 어미 "들"을 붙이지 않으니 추상 명사가 보통 명사로 전환된 것에서는 일러 무엇하리요. 인간의 인식 능력에는 가장 중요한 직감(intuition)이 있다. 한국인들이 한국어에 젖어 관형사나 복수 어미에 대한 개념이 약하기 때문에 어쩔 수 없이 영어에 나타나야 할 것에 거의 본능적으로 무시하기가 쉽다.

학생들에게는 조금은 벅찰지 모르겠지만 직관은 어느 의미에서는 철학에서 말하는 "연역적 사고 행위"인 것이다. 이 점에 대하여 서양의 대철학자 Discartes의 말을 인용하여 번역할 터이니 학생들은 미리 사고의 수준을 조금 씩 높여가기를 바라노라

"By a method I mean certain and simple rules, such that, if a man observes them accurately, he shall never assume what is false as true and will never spend his mental efforts to no purpose, but will always gradually increase his knowledge and so arrive at a true understanding of all that does not surpass his powers…. But If our method rightly explains how our mental vision should be used, so as not to fall into the contrary error, and how deduction should be discovered in order that we may arrive at the knowledge of things, I do not see what else is needed to make it complete" "내 생각으로는 하나의 방법이라는 것은 일정하고 단순한 규칙들임을 의미하는 것인데 만약 한 사람이 그 규칙들을 정확하게 준수한다면 거짓된 것을 참된 것이라고 결코 단정하지 않고 따라서 그의 정신적인 노력을 적절치 못하게 이끌지 않고 점진적으로 그의 지식을 증가시켜 그의 능력을 넘지 않는 범위 내에서의 모든 것들에 대하여 참된 지식을 얻게 될 것이 다. … 그러나 만약 우리들의 방법이 전혀 다른 과오에 이르지 않도록 우리들의 정신적인 시야를 어떻게 이용해야 할 것인가를 올바르게 설명해주고 그와 동시에 사물들에 대한 이해에 도달할 수 있도록 어떻게 하여 우리들이 연역법을 발견해야 하는가를 올바르게 설명해준다면 사물들에 대한 지식을 완전하게 하는데 있어서 (연역법 이외의) 어떤 다른 것도 필요치 않는 다고 나는 생각한다." 위의 말을 더 간단히 말하면, 확실하게 알고 있는 다른 사실들로부터 어떤 다른 것들을 필연적으로 완전하게 추리하는 인식 능력이 연역법이다. 그리고 연역적 사고와는 좀 다르게 직관은 합리적인 그리고 추리적인 사고 행위를 이미 전제로 하여 그러한 합리성과 추리의 과정을 밟지 않고 사물에 대한 직각적인 옳고 그름에 대한 판단 능력이다.

이와 같이 인간의 직관(intuition)은 연역법(deduction)과 밀접한 관계를 갖는다. 연역법을 다른 말로 설명한다면 일반적인 원리를 통하여 사물의 이치를 갖고 사물을 보는 행위이다. 다른 동물들은 이러한 일반 원리를 터득할 수 없어서 그들의 지능(혹시 있다면)은 본능적인 생물학적인 기계 작용에 언제나 머물러 있는 것이다. 사람이 이러한 연역적 사고 행위를 하기까지에는 관찰과 경험의 근거를 마련하게 마련인데 그 관찰된 것들과 그 경험된 것들이 질서(order)와 관계(relationship)의 유

기적인 사고 행위를 거치는 것이다.

학생들! 지금 내가 귀신 씨 나락 까먹는 이야기를 하고 있는 것 같이 보일 것이다. 모든 학문은 따지자면 이러한 행위에 지나지 않는다. 그러나 인간은 그렇게 쓸데 없는 것 같은 것들을 하기 때문에 지금까지 이렇게 사고의 진화를 해 온 것이다. 앞으로 영작이 복잡하게 되어감에 따라 이러한 이야기가 덩달아 올 것이다. 나는 이것을 인간의 원리 의식으로 매우 중요시 여기는데 한 사람이 외국어를 습득 또는 공부할 때에 이 원리 의식이 무엇 보다 중요하다. 원리 의식! 원리 의식! 원리 의식!

28. 그는 그 시험에 합격하지 못했다.

(1) 힌트 : ~ 하지 못하다 = fail to ~(동사 원형), 합격하다 = pass, get through

(2) 한국어의 어순 : 그는 = he, 그 = the, 시험 = examination, 합격하지 = pass, 못했다 = failed to

(3) 영어의 어순 : he = 그는, failed to = 못했다, pass = 합격하지, the = 그, examination = 시험

(4) 해답 : He failed to pass the examination.

(5) 응용 : 나는 네가 그 시험에 합격한 것을 축하한다.

(6) 번역 : I congratulate you on your success in the examination.

(7) 응용 : 그는 내야 할 할부금을 내지 못했다.

(8) 번역 : He failed to pay the installments due.

29. 그는 그의 친구들에게 손을 흔들어 작별 인사를 했다.

(1) 힌트 : ~에게 작별 인사를 하다. = wave goodbye to ~, say goodbye to ~ by waving one's hands

> ※ 작별하다 = take leave, bid farewell, say goodbye 친구와 작별하다 = take leave of one's friends

(2) 한국어의 어순 : 그는 = he, 그의 = his, 친구들 = friends, 에게 = to, 손을 = his hands, 흔들어 = by waving, 작별 인사를 했다 = said goodbye

(3) 영어의 어순 : he = 그는, said goodbye = 작별 인사를 했다, to = 에게, his = 그의, friends = 친구들, by waving his hands = 손을 흔들어

(4) 해답 : He said goodbye to his friends by waving his hands.

(5) 응용 : 그는 인사도 없이 떠났다.

(6) 번역 : He left without even saying goodbye. (= He left without so much as saying goodbye.

(7) 응용 : 나는 김 군과 작별의 악수를 했다.

(8) 번역 : I grasped Mr. Kim's hand in farewell.

(9) 응용 : 이제 작별을 해야겠습니다.

(10) 번역 : I must say goodbye.

학생 : 선생님! 본문의 우리말 "손을 흔들어"가 "by waving his hands"로 번역되었는데 "손"을 This hands"로 번역된 것은 전 번에 선생님께서 영어는 사물을 항상 구체적으로 표현한다. ("his"와 "s" 복수 어미 : 다른 사람의 손이 아니고 "그의"라는 구체적인 표현과 "한 손을 흔든 것이 아니고 두 손들을 흔든다"는 구체적인 표현)고 설명하셨기에 그 점은 알겠는데 "흔들어"가 왜 "by waving"으로 번역되는가를 모르겠습니다.

선생 : 학생이 이제 영어 표현의 특징들의 하나인 구체성을 잘 이해한 것에 치하의 말을 하지 않을 수 없다. 왜냐하면 한국 학생들이 그들의 의사를 영어로 표현하는데 그러한 구체적인 관형사들과 복수 어미를 무시하기 쉽기 때문이다. 그러면 이제 학생의 질문으로서 우리말의 흔들어"가 영어로 "by waving"로 번역된 것에 대하여 설명하겠다.

영어의 "by waving"에서 문법적으로 "by"는 전치사이고 "waving"은 동명사이다. 영어에는 "전치사 + 동명사"의 관용적인 법칙이 있는데 네 가지로 갈라진다 : (1) in + 동명사, (2) on + 동명사, (3) by + 동명사, 그리고 (4) of + 동명사. 이 네 가지 용법을 보기를 들며 설명해보자. (1) in + 동명사 : 과정적인 시간을 나타낸다. 우리말로 "…하면서"로 해석된다. 보기 "Be careful in crossing the street." (그 길을 건너면서 조심하라.)

(2) on + 동명사 : 순간적인 시간을 나타낸다. 우리말로 "…하자마자"로 해석된다. 보기 : "He run away on seeing a policeman." (그는 한 경찰을 보자마자 도망쳤다.)

(3) by + 동명사 : 수단 또는 방법을 나타낸다. 우리말로 "…함으로써"로 해석된다. 보기 : "You can keep your health by taking a little exercise every day." (너는 매일 운동을 조금씩 함으로써 너의 건강을 지킬 수 있다.)

(4) of + 동명사 : 동격적인 뜻을 나타낸다. 우리말로 "즉…하는 것, …하는"로 해석된다. 보기 : "The boys carried out the plan of helping poor people." (그 소년들은 그 계획 즉 가난한 사람들을 돕는 것을 실행했다. = 그 소년들은 가난한 사람들을 돕는 계획을 실행했다.)

내 생각에 지난 번에 이 전치사 + 동명사의 용법을 설명한 것 같지만 이 용법은 워낙 많이 쓰이기 때문에 되풀이 하여 설명한 것이다. 중요한 것은 되풀이 하여 되새겨야 한다. 사실, 모든 인간의 필수적인 것은 되풀이 되지 않으면 안 된다. 매일 밥 먹는 것은 가장 필수적인 것을 되풀이 하는 것이 아니고 무엇이겠나?

따지자면, 되풀이 하는 것은 똑 같은 것을 이어간다는 말이 되는 데 사실, 그러한 똑 같은 것의 되풀이는 없는 것이다. 왜냐하면 이 세상에 똑 같은 것은 하나 뿐이기 때문이다. 그렇다면 되풀이는 한 번 행한 것을 비슷하게 다시 또는 계속 하는 것에 지나지 않는다. 따라서 되풀이는 비슷한 행동을 새롭게 계속한다는 의미를 갖는다. 새로운 것은 이 세상에 하나도 없는 것이기에 새롭게 계속한다는 것은 그 거듭된 새로운 것은 결국 하나의 창조적인 것이 될 수밖에 없다. 우리가 매일 걷는 발걸음 하나 하나가 되풀이 되는 것인데 그 되풀이가 이전의 발걸음과 다르기 때문에 그것은 역시 새로이 창조된 행위가 되는 것이다. 그래서 인간의 모든 행위 하나 하나가 되풀이 된다는 것은 그 되풀이 되는 하나 하나가 새로운 창조적인 것이 된다.

어제 해가 동 쪽에서 떠서 서쪽으로 진 것과 같이 오늘도 해가 동 쪽에서 떠서 서쪽으로 졌다. 그것은 해 뜸과 해 짐의 현상의 되풀이지만 어제의 해와 오늘의 해가 엄연히 다르고 그러기에 그 둘 사이의 되풀이는 결국 새로운 현상일 수밖에 없다. 이와 같이 언어는 같은 법칙들에 따라 문장들이 되풀이 되지만 그것들은 새로운 언어 행위일 수 밖에 없다. 내가 어제 어떤 상황에서 "Thank you" 라고 말한 것이 오늘의 어떤 다른 상황에서 "Thank you" 라고 말하면 그 두 표현들은 되풀이되었지만 그 둘 사이는 엄연히 다르다. 내가 어제는 그 표현을 작은 소리로 그 말을 했지만 오늘은 그 표현을 큰 소리로 말했다면 우선 그것만 가지고도 같은 표현이 되풀이 되었지만 그것들 사이에는 천지차이와 같은 차이 점 즉 새로운 점이 있는 것이다. 새로운 행위가 창조행위라면 우리 인간은 되풀이 하는 것의 일거수일투족이 다 창조성을 띄우고 있다. 그래서 우리는 되풀이 하는 모든 행위들을 건설적인 그리고 발전적인 창조행위로 이끌어야 할 의무를 갖고 있는 것이다.

30. 한국 사람들은 가난한 국민으로 생각되어지기를 더 이상 원치 않는다.

(1) 힌트 : 가난한 국민 = a poor people, 혹은 a poor nation, 생각되어지다 = be considered, 더 이상 ~ 않다 = no longer, not ~ any longer
(2) 한국어의 어순 : 한국 사람들은 = the Koreans, 가난한 국민으로 = as a poor people, 생각되어지기 = to be considered 더 이상 = longer, 원치 = want, 않는 = no, 다 = (Want 속에 들어 있음)
(3) 영어의 어순 : the Koreans = 한국 사람들은, no longer = 더 이상 않는, want = 원하다, to be considered = 생각되어지기를, as a poor people = 가난한 국민으로
(3) 해답 : The Koreans no longer want to be considered as a poor nation.
(4) 응용 : 주권은 국민에게 있다.

(5) 번역 : Sovereign power resides in (혹은 with) the people.

(6) 응용 : 국민 전체가 그 안을 반대했다.

(7) 번역 : The whole country opposed the plan.

31. 한국은 노동력이 풍부하다.

(1) 힌트 : ~ 이 풍부하다 = have a rich, 노동력 = labor force(혹은 man power)

> ※ ~풍부하다 = be abundant in ~, abound in ~

(2) 한국어의 어순 : 한국은 = Korea, 노동력이 = a labor force, 풍부하다 = have ···rich

(3) 영어의 어순 : Korea = 한국은, has = 갖고 있다, a rich labor force = 풍부한 노동력을

(4) 해답 : Korea has a rich labor force.

(3) 응용 : 한국은 인력이 풍부하다.

(4) 번역 : Korea has a rich man power.

32. 나는 조용한 교외에 집을 짓고 싶다.

(1) 힌트 : 조용한 교외에 = in a quiet suburb

> ※ (outskirts도 교외의 뜻을 가지는 데 전치사 on이 앞에 붙는다.), 집을 짓다 = build a house

(2) 한국어의 어순 : 나는 = I, 조용한 교외에 = in a quiet suburb, 집을 = a house, 짓고 =to build, 싶다 = would like to

(3) 영어의 어순 : I = 나는, would like = 싶다. to build = 짓고, a house = 집을, a quiet suburb =조용한 교외에

(4) 해답 : I would like to build a house in a quiet suburb,

> ※ I would like to have a house built in a quiet suburb. I want a house to be built in a quiet suburb.

(5) 응용 : 그는 그 도시의 교외에 살고 있다.

(6) 번역 : He lives on the outskirts of the city.

33. 그 두 나라는 관계를 개선하기 위해서 학생들을 교환한다.

(1) 힌트 : 1 그들의 관계를 개선하기 위해서 = for the purpose of bettering their relationship, 학생들을 교환하다 = exchange students

(2) 한국어의 어순 : 그 = the, 두 = two, 나라들은 = nations, 관계를 = relationship, 개선하기 = bettering, 위해서 = for the purpose of, 학생들을 = students, 교환한다 = exchange

(3) 영어의 어순 : the = 그, two = 두, countries = 나라들은, exchange = 교환한다, students = 학생들을, for the purpose of = 위해서, bettering = 개선하기, their = 그들의, relationship = 관계를

(4) 해답 : The two countries exchange students for the purpose of bettering their relationship.

(5) 응용 : 좀더 주의를 기울이면 우리는 그 일을 더 향상시킬 수 있다.

(6) 번역 : We can better that work by being more careful.

34. 정부는 해외 투자를 장려한다.

(1) 힌트 : 해외 투자 = overseas (혹은 foreign) investments, 장려하다 = encourage

(2) 한국어의 어순 : 정부는 = the government, 해외 = overseas, 투자를 = investments, 장려한다 = encourage

(3) 영어의 어순 : the government = 정부는, encourages = 장려한다. Overseas = 해외, investments = 투자

(4) 해답 : The government encourages overseas investments.

(5) 응용 : 당신의 편지가 나에게 큰 힘을 주었다.

(6) 번역 : Your letter encouraged me greatly.

35. 그들을 도우려 사람을 보낼 수 없었다.

(1) 힌트 : 그들을 도우려 = to their help, to help them, 사람을 보내다 = send men

(2) 한국어의 어순 : 그들을 = them, 도우려 = to their help, 사람을 = men, 보낼 수 없었다. = could not sent

(3) 영어의 어순 : we = 우리들은, could not send = 보낼 수 없었다, men = 사람들을, to their help = 그들을 도우려

(4) 해답 : We could not send men to their help.

(5) 응용 : 그의 일을 도우려고 생각했다.

(6) 번역 : I planned to help him with the work.

(7) 응용 : 그것은 사람의 손으로는 구제할 수 없는 일이었다.

(8) 번역 : It was beyond the reach of human help.

학생 : 선생님, 지금 바로 번역된 응용 한국어에서는 "…할 수 없는 일이었다"와 같이 부정의 말이 들어 있는데 영어에서는 그러한 부정의 말이 없이 번역이 잘 되었습니다.

선생 : 학생이 잘 지적했다. 영어에는 부정의 단어들인 not, no, never, neither, nor들이 있어서 부정을 표현하는 문장에 쓰이는데 그러한 부정의 단어들 대신에 쓰이는 표현들이 있다. 예컨대, beyond, above, without 와 같은 것들이 부정의 뜻을 나타낸다. 보기로 영문 하나를 여기에 소개한다: "His magnificent conduct is above all praise. 그의 훌륭한 행동에는 그 어떤 칭찬도 표현이 불가능하다."

이러한 표현들은 문맥에서 곧 드러난다. 그리고 일종의 영어의 숙어적 용법으로써 "not(부정 어) so much as…"는 "…조차도 안 하다"라는 표현이 있는데 이것을 이용하여 위의 부정어도 없이 부정의 표현을 할 수 있는 보기로 삼아보자 "He cannot so much as write his own name. 그는 자신의 이름조차 쓰지 못 한다." 이 부정어 "not"가 들어간 문장과 다음 문장을 비교해 보자 "He left us without so much as saying goodbye to us. 그는 작별 인사말조차도 하지 않고 우리를 떠났다."

36. 그는 그 쇼를 보기 위해서 한 시간쯤 줄을 서는 것도 개의치 않은 것이다.

(1) 힌트 : 줄을 서다 = stand in line, ~을 개의치 않다 = would not mind ~(동명사)

(2) 한국어의 어순 : 그는 = he, 그 = the, 쇼를 = show, 보기위해서 = to see, 한 시간쯤 = for about an hour, 줄을 서는 것도 = even standing in line, 개의치 않은 것이다 = would not mind

(3) 영어의 어순 : he = 그는, would not mind = 개의치 않았다, even standing line = 줄을 서는 것도, for about an hour = 한 시간 정도, to see the show = 그 쇼를 보기 위해서

(4) 해답 : He would not mind even standing in line for about an hour to see the show.

(5) 응용 : 저녁을 안 드시고 가면 안 될까요? / 네, 그건 매우 곤란한데요.

(6) 번역 : Do you mind going without dinner? / Yes, I mind it very much.

37. 그는 그 사건의 해결에 관해서 낙관을 표명했다.

(1) 힌트 : 그 사건의 해결 = the solution of the incident, ～에 관해서 낙관을 표명하다 = express optimism about ～혹은 be optimistic of

> ※ ～에 관해서 비관을 표명하다 = express pessimism about, be pessimistic of ～

(2) 한국어의 어순 : 그는 = he, 그 사건의 = of the incident, 해결 = the solution, 관해서 = about, 낙관을 = optimism, 표명했다 = expressed

(3) 영어의 어순 : he = 그는, expressed = 표명했다, optimism = 낙관을, about = 관해서, the solution = 해결, of the incident = 그 사건에

(4) 해답 : He expressed optimism about the solution of the incident.

(5) 응용 : 비관할 것은 아무것도 없다.

(6) 번역 : There is nothing to be pessimistic about.

38. 그는 여름에 제주도로 여행을 갔다.

(1) 힌트 : ～ 로 여행을 가다 = take a trip to ～, make(혹은 take) a journey to ～, go on a journey trip)

> ※ go on 다음에는 여행을 뜻하는 말이 오지만 go for 다음에는 산책을 뜻하는 말이 온다. 보기를 들면, go for a walk(산책을 가다), go for(혹은 tar) a drive(드라이브를 하다), go for(혹은 tar) a ride(승마를 하다) 등이 있다.

(2) 한국어의 어순 : 그는 = he, 여름에 = in the summer, 제주도로 = to Jeju Island, 여행을 갔다 = took a trip

(3) 영어의 어순 : he = 그는, took a trip = 여행을 갔다, to Jeju Island = 제주도로, in the summer = 여름에

(4) 해답 : He took a trip to Jeju Island in the summer.

(5) 응용 : 그는 세계 일주 여행을 하였다.

(6) 번역 : He made a trip around the world.

39. 그는 내 그림을 한 번도 쳐다보지 않았다.

(1) 힌트 : 한 번을 보다 = have(혹은 get, take, throw, cast) a look at ～

> ※ take a glance at ～ = ～을 힐긋 보다. steal a glance at ～ = ～을 슬쩍 훔쳐보다.

(2) 한국어의 어순 : 그는 = he, 내 그림을 = at my picture, 한 번도 쳐다보지 않았다 = did not even take a look

(3) 영어의 어순 : he = 그는, did not even take a look = 한 번도 쳐다보지 않았다, at my picture = 내 그림을

(4) 해답 : He did not even take a look at my picture.

(5) 응용 : 그는 멸시적인 눈초리로 나를 보았다.

(6) 번역 : He shot a scornful look at me.

(7) 응용 : 그녀는 시간을 들여 차분히 그 집을 보았다.

(8) 번역 : She had a good look at the house.

(9) 응용 : 그는 서류를 한 번 훑어보았다.

(10) 번역 : He had a look at the papers.

40. 나는 이 도시의 소란으로부터 벗어나고 싶다.

(1) 힌트 : 소란 = the hustle and bustle, 벗어나다 = get away from 혹은 get out of

(2) 한국어의 어순 : 나는 = I, 이 = this, 도시 = city, 의 = of, 소란 = the hustle and bustle, 으로부터 = from, 벗어나고 = to get away, 싶다 = want

(3) 영어의 어순: I = 나는, want = 싶다. to get away = 벗어나고, from = 으로부터, the hustle and bustle = 소란, of this city = 이 도시의

(4) 해답 : I want to get away from the hustle and bustle of this city.

(5) 응용 : 나는 이렇게 이 곤경에서 벗어날지 모르겠다.

(6) 번역 : I do not know how to get out of this mess.

제 4형식

영어의 동사들 중에서 문장 제 4 형식의 문장들을 만들어 주는 여격 타동사들(dative verbs)이 제일 적다. 따라서 이 형식(주어 + 여격 타동사 + 간접 목적어 + 직접 목적어)의 문장들이 영어의 문장들 중에서 제일 적다. 그러나 이 형식의 문장이 가장 인간적인 면을 지니고 있다. 지금 내가 이 책을 쓰고 있는 행위도 이 형식의 문장 ("I am teaching you how to write English sentences")에 속한다. 사람이 가장 사람다운 것은 한 사람이 다른 사람(들)에게 배려를 베푸는 것이다. 누가 나더러 가장 위대한 사람은 어떤 사람인가라는 질문을 던진다면 나는 서슴없이 베푸는 행위를 가장 많이 그리고 가장 잘 하는 사람이라고 응답할 것이다.

이 베푸는 것은 비단 물질적이고 구체적인 것들 뿐만 아니라 사람에게 배려하는 마음을 주는 것 같은 무형적이고 추상적인 것들도 많다. 인류 역사 이래로 위대한 사람들은 이 두 가지 베푸는 행위를 가장 많이 그리고 가장 열성적으로 한 사람들이다. 위대한 물리학자였던 아인슈타인은 나치 독일이 유대인들을 무자비하게 학살했을 때에 간신히 미국으로 망명하여 원자이론으로 가공할 대량 살상 무기인 원자 폭탄을 가상하여 당시 미국의 전시 대통령이었던 루즈벨트 대통령에게 원자 폭탄을 제조하는 방법을 제시했지만 실제 그것이 사용된 결과를 보고 그가 죽을 때까지 통한의 삶을 산 것이다. 이러한 마음 가짐도 극단적인 예이지만 사람에게 베 포는 무형의 행위인 것이다. 지나고 나서 자신이 행한 것이 본의 아니게나마 사람을 해쳤다면 그것에 대한 회한의 마음을 갖는 것이 인간적인 것이다. 이러한 마음의 베품은 물질적인 베품과 함께 인간의 큰 미덕이 아닐 수 없다. 이제 이 베푸는 행위의 영어 문장들을 공부해보자.

1. 이 책을 너에게 공짜로 주겠다.

(1) 힌트 : 공짜로 = for nothing

(2) 한국어의 어순 : 이 = this, 책을 = book, 너에게 = you, 공짜로 = for nothing, 주겠다 = will give

(3) 영어의 어순 : I = 내가, will give = 주겠다, you = 너에게, this book = 이 책을, for nothing = 공짜로

(4) 해답 : I will give you this book for nothing.

(5) 응용 : 그도 그것을 거저 얻었다.

(6) 번역 : He got it for nothing.

(7) 응용 : 그는 미국을 헛되이 간 것이 아니었다.

(8) 번역 : He did not visit America for nothing.

학생 : 선생님, 우리말의 "공짜로"라는 말이 영어에서는 "for nothing" 뿐인가요?

선생 : 아니지! "for nothing"과 같은 뜻으로 "freely"가 있다. 이 두 표현들은 부사적으로 쓰이는데 형용사적으로 쓰이는 "free"라는 말이 영어에서는 아주 많이 쓰인다. 예컨대, "오늘 점심은 무료(공짜)이다"는 "Today's lunch is free"라고 번역된다. 이 "free"는 회화에서 매우 많이 쓰인다 "공짜 관람객" = "a free visitor (혹은 spectator)", "무료 입장권" = "a free ticket" 등등인데 이것을 공식화해보면 "free + x" = "공짜 (무료) x"가 된다. 이 공식을 몇 가지 응용하면 다음과 같다. "free coffee" = "무료 코피", "free dinner" = "무료 만찬", "free schools" = "공납금 없는 학교", "free imports" = "비관세 수입품", "free medicine" = "무료 의료".

학생 : 선생님께서 이 문장 제 4 형식의 특성을 말씀하시면서 인간의 고귀한 베푸는 행위를 찬양하셨습니다. 이러한 베푸는 행동들은 많은데 이 문장 제 4 형식을 시작하는 첫 본문을 책을 거저 베푸는 것을 보기로 들었는데 무슨 특별한 이유나 목적이 거기에 깃 들어 있습니까?

선생 : 허! 허! 허! 학생의 엉뚱한 질문에 당황하면서도 너무나 나의 마음에 드는 질문을 해주어 고맙기 이를 데 없다. 사실은 의도적으로 이 예문을 미리 계획하여 내세운 것은 아니다. 그런데 이 베푸는 행동들 중에서 남에게 책을 선사하는 것을 내가 삼은 것은 참으로 보람 있고 기쁨이 넘치는 구나! 쾌도난마 식으로 여러 설명이 필요 없고, 이 세상을 살아가는데 가장 훌륭한 길잡이는 내 생각으로는 책밖에 없다고 생각한다. 책 속에 모든 인생의 지침들이 다 들어 있다.

성경에 하나님이 솔로몬에게 부귀영화를 비롯하여 모든 소망들 중에서 하나만 택하면 그것을 허락하겠다고 물었다. 솔로몬은 어떤 다른 것들을 생각할 여유도 갖지 않고 하나님께 지혜를 그에게 주실 것을 선택했던 것이다. 이 얼마나 영리한 선택이랴! 왜냐하면 지혜 속에는 부귀영화 공명을 비롯하여 모든 삶의 필요들이 다 들어있고 그것들을 충족하는 방법들이 다 거기에 있기 때문이다. 인생의 모든 지혜들이 거의 다 들어 있는 것이 바로 책이다. 책을 선물하는 것보다 더 좋은 선물이 있으랴! 아! 애석하다! 왜 우리 국민들은 책을 다른 나라 사람들과 비교해서 그렇게 멀리하는가! 비근한 예로 일본은 우리처럼 자연 자원이 풍부한 것도 아니고 우리 보다 땅 덩어리가 별반 큰 것도 아닌데 그들은 우리와 비교가 안되게 선진되어 있고 세계에서 두 번째로 잘사는 국가를 일구어 놓고 있다. 그것은 그들이 책 읽기를 좋아하는 데서 연유되고 있다. 학생들, 우리도 우리의 선비 정신의 전통을 이어 이제부터라도 책 읽기와 글 쓰기를 좋아하는 사람들이 되자! 이 영작문 공부도 다름 아닌 책 쓰기 이지 않는가!

따지자면 모든 공부들 즉 모든 행동들은 글 읽기와 글 쓰기에 지나지 않는다. 다만 종이 위에 써 있는 글을 읽고 종이 위에 글을 쓰느냐 아니면 마음의 종이 위에 쓰여 있는 글을 읽고 마음의 종이 위에 글을 쓰느냐의 차이 뿐이다. 또한 근본적으로 알아야 할 것은 글을 읽고 쓰는 행위는 생각하는 행위에 지나지 않는다. 위대한 프랑스 철학자 Descrtes는 인간이 존재한다는 것은 인간이 생각한다는 것이라 하여 "나는 생각한다; 그런고로 나는 존재한다. "I think; therefore I am."라는 유명한 말을 했다. 따라서 공부하는 곳들의 각종 학교들(초등학교, 중학교, 고등학교 그리고 대학교)은 글을 읽고 글을 쓰는 것을 적극적으로 하는 곳들이다. 아니다. 이 세상이 바로 글을 읽고 글을 쓰는 것을 배우는 가장 큰 학교인 것이다. Descartes는 생각하는 것은 의문 한다는 것이라고 그의 유명한 명제를 설명했다. 의문 하는 것은 육하원칙(the principle of six wh questions)에 따라 인식 능력을 발휘하는 것이다. "무엇이" 또는 "누가" ("what" or "who") "무엇을, 또는 "누구를" ("what" or "whom") "언제" ("when") "어디서" ("where") "어떻게" ("how") "왜" ("why")가가 인간의 생각이다. 바로 이것은 물음에서 비롯되는 것임을 알 수 있다. 우리는 매일 잠에서 깨어나면 이러한 물음들을 정확히 많이 해야 한다. 사실, 인류 역사의 위대한 사람들은 이러한 물음들을 가장 부지런하게 가장 정확히 한 사람들이다. 우리 나라 역사만 살펴 보아도 이것이 증명된다.

나는 요즘 KBS1에서 방영하는 "불멸의 이 순신"을 보는 재미에 푹 빠졌다. 그 재미는 그것이 나에게 주는 교훈이 엄청나게 크기 때문이다. 나는 이 순신이라는 해군 지휘자가 그저 거북선의 이점과 그의 용맹으로 임진 전란을 승리로 이끈 줄 알았던 것에 반하여 그가 생각하는 지휘관이었다는 것에 새삼 그의 위대성에 감명을 받고 있다. 나의 사정과 적의 사정을 잘 알면 백번 싸워 백번 전승한다는 손자 병법을 철두철미하게 생각하고 실천한 것이 바로 이 순신 장군의 위대성이었다. 그와 대조로 원 균은 이 순신에 뒤지지 않은 용맹과 애국 충정을 지녔지만 그는 생각하는 지휘관이 되지 못한 것이다. 이 순신 해군 제독의 해전 승전사는 인류 역사에서 그 유례가 없다.

세종 대왕은 언어학이라는 학문이 없었던 시기에 무지렁이 백성들이 남의 나라 어려운 글자인 한자 때문에 고생하는 것을 안타까이 여겨(생각하여 의문 하여) 인류의 문자들 중에서 으뜸인 글자 한글을 창제하였다. 인류 사상 최초의 금속 활자의 발명, 원효대사의 심오한 불교 교리의 창출, 퇴계 이황 선생의 심오한 학문의 경지, 등등 수 많은 우리 민족의 생각하는 즉 의심하는 일들은 면면히 이어져 내려오고 있다. 이것은 나의 그저 감정적인 애국주의(jingoism)나 맹목적인 애국심(chauvinism)에 기인한 소심적인 것이 아니다. 우리 민족의 생각하는 즉 의문 하는 정신이 지금 우리에게 잠재되어 있다. 이제 우리는 그것을 활성화해야 하는 소위 역사적인 사명을 안고 있는 것이다. 내가 이렇게 영작문 강의를 남달리 새롭게 생각하여 즉 의문하여 하고 있는 것은 그러한 우리 민족의 정신 유산을 물려받았기 때문이다.

　내가 지금까지 이렇게 장황하게 따진 것은 결국 나를 자랑하고 자 함이다. 나는 영어가 이 지구상에 생긴 이래로 영어의 구문에 대하여 나와 같은 독창적인 견해를 보이는 학자들은 없었다. 즉 영어의 구문을 주요소들, 수식 요소들, 그리고 접속 요소들로 나누어 생각한 영어 학자들은 없었다. 아무리 영어를 따져보아야 영어는 이 세 가지 요소들이 서로 상호 상관 또는 상호 의존(interrelation or interdependency)으로 이루어질 수밖에 없는 것이다. 여기서 접속 요소들(connective elements)의 이론은 참으로 내가 생각해도 획기적인 것이 아닐 수 없다. 이 접속 요소들에 대한 강조를 하기 위해서 지금까지 이렇게 철학적인 장광설을 늘어놓은 것이다. 나는 아무쪼록 영어 학습에 있어서 이 접속 요소들의 용법이 가장 중요한 관건이 된다는 것을 학생들이 언제나 염두에 두어 영어를 정복하기를 바라는 마음 간절한 것이다.

2. 치수가 하나 더 큰 모자를 보여주세요.

(1) 힌트 : 치수가 하나 더 큰 = a size larger

> ※ 치수 = the number of inches, the measure, the length, the size, the dimensions,
> 　치수대로 = according to the measurements
> ※ 치수를 재다 = measure the length of ～, take the measure of ～, 치수를 잘 못 재
> 　다 = takes wrong measurements

(2) 한국어의 어순 : 치수가 = size, 하나 = a, 더 큰 = larger, 모자를 = a cap, 보여주세요 = show me

(3) 영어의 어순 : show = 보여주세요, me = 나에게, a = 한, cap = 모자, a = 하나, size = 치수가, larger = 더 큰

(4) 해답 : Show me a cap a size larger.

(5) 응용 : 그 옷은 너의 치수에 맞춰 만들었다.

(6) 번역 : The clothes are made to your measure.

3. 그는 나에게 10달러 지폐를 한 장 주었다.

(1) 힌트 : 10달러 지폐 한 장 = a ten dollar note

※ ten dollars는 10달러의 뜻이 되어 dollars가 복수형이 되지만 ten과 dollars가 합쳐 [10 달러의]와 같은 형용사가 될 때에는 dollar를 단수로 해야 한다. 다음과 같은 다른 보기들과 비교하라 ten members – a ten member committee, five pounds – a five pound note

(2) 한국어의 어순 : 그는 = he, 나에게 = me, 10 달러 지폐를= ten dollar note, 한 장 = a, 주었다 = gave

(3) 영어의 어순 : he = 그는, gave = 주었다, me = 나에게, a = 한 장, ten dollar note = 10달러 지폐를

(4) 해답 : He gave me a ten-dollar note.

(5) 응용 : 그는 호남 지방을 5일간 여행했다.

(6) 번역 : He made a five day journey in the Honam District.

(7) 응용 : 우리들은 호남 지역에서 5일간 여행했다.

(8) 번역 : We traveled in the Honam District for five days.

4. 이 말에다 마차까지 덤으로 주겠다.

(1) 힌트 : ~까지 덤으로 = and ~ into the bargain

(2) 한국어의 어순 : 이 = this, 말에다 = horse and, 덤으로 = into the bargain, 주겠다 = will give

(3) 영어의 어순 : I = 나는, will give = 주겠다, you = 당신에게, this horse and = 이 말에다, the carriage = 마차까지, into the bargain = 덤으로

(4) 해답 : I will give you this horse and the carriage into the bargain.

(5) 응용 : 머리가 아픈 데다가 기침까지 한다.

(6) 번역 : I have a headache and a cough into the bargain.

제 5형식

　사람이 만물의 영장이라는 말을 듣는 이유는 그가 세상에 이미 있는 것들을 다르게 만드는 능력이 있기 때문이다. 이 마지막 부분인 문장 제 5 형식의 영어 문장들이 바로 이러한 현상들을 표현하는 문장들이다. 그렇다면 사람이 잘 살 수 있는 유일한 방법은 바로 이 문장 제 5 형식의 속성을 제대로 사용하는 것이 아닐 수 없다. 한 사물의 하나의 상태에서 다른 상태로 변화시키는 것이 말하자면 응용 과학(applied science 예컨대, applied physics(응용 물리학), applied chemistry(응용 물리학) 등등)이다. 이것은 오늘날에는 과학 기술(technology)이라는 조어에 해당된다. 이렇게 한 사물의 하나의 상태에서 다른 상태로 변화되는 것을 우리는 "변화(change)" 또는 "되는 것(becoming)" 라고 부르는데 인류 역사 이래로 이 "변화" 또는 "되는 것" 이 철학적인 난제로 유명하다.

　이러한 철학적인 물음은 결국 사물이라는 것은 정지 상태(rest)로 밖에 존재할 수 없다느니 사물은 끊임없이 이동(move)할 수밖에 없다느니 하는 것이다. 이 두 가지들에서 결과적으로 모든 철학적인 물음들의 근원이 된다. 존재(being)하는 것만이 있는가 아니면 변화 (becoming)도 있는가? Becoming을 인정하면 그것의 한 면으로서 선(good)과 악(evil)의 두 가지들의 문제가 대두된다. 여기서는 철학을 논하는 무대가 아니기 때문에 이 정도의 철학적 배경 지식을 안고 문장 제 5 형식의 영어 문장들을 다루어보자. 좌우간 만물의 현상(appearance)은 실재(reality)와 대조되는 것으로서 시시각각 변화하기 때문에 우리 인간들은 수동적으로 변화되어 가는 것들만 발아 볼 수 없기에 능동적으로 이 문장 제5 형식을 잘 이용하여 인간 세계를 좋은 방향으로 진화되게 사용하는 것이 바람직한 것이다.

　따라서, 문장 5 형식들 중에서 이 문장 제 5 형식이 가장 인간적인 창의적인 속성을 지니고 있다. "어떤 것을 어떤 다른 것으로 되게 하는 또는 전환시키는 것"을 나타내는 것이 바로 이 문장 5 형식이다. 문장 제 3 형식은 "어떤 것을 행하거나 어떤 것에 영향을 끼치는 것"을 나타내고 문장 제 2 형식은 "어떤 것이 어떤 것이거나 어떤 상태이다"라는 것을 나타낸다. 문장 5 형식은 문장 3 형식과 문장 2 형식을 합한 형식이라고 할 수 있다. 다시 말하면 문장 5 형식을 만드는 불완전 타동사는 제 3 형식을 만드는 완전 타동사의 속성인 목적어를 지배하고 제 2 형식을 만드는 불완전 자동사의 속성인 보어를 보충 받는 것이다. 예컨대, 문장 제 5 형식의 문장 I made my son a doctor.에서 불완전 타동사인 made는 목적어인 my son을 지배하고 보어인 a doctor에 의해 보충 받고 있다. 이것을 조금 억지로 분석을 하면 위의 문장 제 5 형식 문장 I made my son a doctor.는 문장 제 3 형식 문장 I made son.과 문장 제 2형식 문장 My son became a doctor.을 포함시킨 문장이 된다. 이제 문장 제 5 형식에 속하는 문장들에 대한 영작을 해보자.

1. 그들은 그를 서구에서 가장 훌륭한 작가라고 생각하였다.

(1) 힌트 : 가장 훌륭한 작가 = the best(혹은 greatest) writer, 서구에서 = in the West, ~를 ~ 라고 생각하다 = consider (혹은 regard, think of, look upon) ~ as ~

> ※ consider, think, believe와 같은 불완전 타동사는 보어 앞에 as 대신에 to be를 필요로 하거나 아니면 to be를 생략하기도 한다.

(2) 한국어의 어순 : 그들은 = they, 그를 = him, 서구에서 = in the West, 가장 훌륭한 = the greatest, 작가 = writer, 라고 = as, 생각하였다 = considered

(3) 영어의 어순 : they = 그들은, considered = 생각하였다, him = 그를, as = 라고, the greatest = 가장 훌륭한, writer = 작가, in the West = 서구에서

(4) 해답 : They considered him as the greatest writer in the West.

(5) 응용 : 우리는 그를 위대한 시인이라고 생각한다.

(6) 번역 : We look upon him as a great poet.

학생 : 선생님, 영어의 본문에서 "in the West" 라는 구문에서 "west" 의 첫 글자를 어찌해서 대문자인 "W" 로 사용했습니까? 그리고 선생님이 저를 어떻게 생각하실지 모르지만 문장 제 5 형식의 속성을 창조적인 것이라고 말씀하셨고 인간의 창조력은 언어 사용에 있다고 역설하셨지요. 그래서 이 형식의 첫 예문에 "작가" 라는 말을 썼고 게다가 칭찬의 최상급인 "the greatest" 를 그 말 앞에 사용하신 데에는 선생님의 어떤 의도가 있습니까?

선생 : 먼저, 첫 번째의 질문을 간단하게 설명하겠다. "in the west" 는 대체로 "서쪽에" 라는 뜻으로 사용되지만 "west" 에 대문자를 쓰면 한 유일한 특정한 지역 즉 "서구" 를 의미한다. 이제는 두 번째의 질문에 대답하겠는데 학생은 아까 문장 4 형식의 속성인 "베푼다는 것" 을 첫 예문에 결부시켜 나를 당황하게 그러면서도 기쁘게 만들어 주었듯이 그냥 넘어가도 될 것을 이번에는 문장 5 형식의 속성과 연결시켜 "작가" 라는 말로 물고 늘어졌는데 참으로 맹랑하고 못 말리는 학생이라! 좋다! 나도 오기가 있는 사람이다. 좋은 의도로 말이야.

그래, "작가" 라는 말은 글을 쓰는 사람" 이라는 뜻을 갖는다. 게다가 그는 글을 전문적으로 쓰면서 창작의 글을 쓴다. 비단 그런 전문적인 글쟁이 뿐만 아니라 사람이란 누구나 글을 쓸 수 있고 실제로 매일 아침에 잠에서 깨어나자마자 그는 글을 쓰고 있는 셈이다. 왜냐하면 모든 글은 소리로 말할 수 있는 것이기 때문이다. 사실 소리로 말하는 것을 종이 위에 글씨로 옮겨 놓으면 그것은 곧 글이 되는 것이다.

더 나아가 소리로 말을 하지 않고 마음으로 어떤 것을 생각하면 그것 또한 말이며 글이 되는 것이다. 그래서 일찍이 고대 그리스 철학자 Socrates는 소리 내지 않고 자기 자신에게 말하는 것이 생각이라고 말했다. 생각해보라! 말이 없이 어떤 생각이라도 할 수 있겠는가. 사람이 산다는 것은 결국 말을 한다는 것이다. 왜냐하면 생각 없이 즉 마음 없이 육신만 피돌기에 의해서 존재하는 경우를 식물 인간적인 삶이라고 하지 않던가.

그리고 학생이 "작가"라는 말에 "가장 훌륭한"이라는 수식어를 붙인 것에 대한 의도가 내게 있을 것이라고 했다. 그렇다. 사람이 이왕에 살려면 가장 훌륭하게 사는 것이 바람직한 일이 아니겠는가? 사람이 가장 잘 산다는 것은 가장 말을 잘 한다는 것이다. 성경에 하나님 자체를 "말 logos"라고 했다. 그래서 요한복음 제1장 제1절에 태초에 말씀이 있었고 그 말씀이 하나님과 함께 있었고 결국 그 말씀이 곧 하나님이라고 이르고 있다. 그리고 성경의 제 1 먼저 나온 말이 하나님이 태초에 천지 즉 우주를 그의 말씀으로 창조했다는 말이다.

고대 그리스에서는 말이라는 뜻을 갖는 "logos"는 우주를 운용하는 원리라는 것이었다. 이러한 말의 창조적 속성을 영어의 문장 5개 형식들 중에서 이 마지막 문장 제 5 형식이 잘 들어내고 있다. 이제 우리는 그 창조적인 속성을 가장 잘 나타내는 문장 제 5 형식의 영어 문장을 만드는 일을 착수하고 있는 것이다. 기왕에 하는 일 이라면 그것은 될 수 있는 한 최고로 잘 해야 할 가치가 있다.(whatever is worth doing is worth doing in the best way possible.)

2. 너의 아버지는 영어로 의사 표시를 하실 수 있느냐?

(1) 힌트 : 의사표시를 하다 = make oneself understood
(2) 한국어의 어순 : 너의 = your, 아버지는 = father, 영어를 = English, 로 = in, 의사 표시를 하 = make himself understood, ㄹ 수 있느냐 = can
(3) 영어의 어순 : can = 할 수 있느냐, your = 너의, father = 아버지는, make himself understood = 의사 표시를 하
(4) 해답 : Can your father make himself understood in English?
(5) 응용 : 어머니는 일본말로 의사표시를 하실 수 있다.
(6) 번역: Mother can make herself understood in Japanese.

3. 제우스는 하늘에서 불을 가져가는 것을 금했다.

(1) 힌트 : 금지시키다 = forbid, 가져가다 = take

(2) 한국어의 어순 : 제우스는 = Zeus, 하늘 = Heaven, 에서 = from, 불을 = fire, 가져가는 것을 = to be taken, 금했다 = forbade

(3) 영어의 어순 : Zeus = 제우스는, forbade = 금했다, fire = 불을, to be taken = 가져가기를, from = 에서, Heaven = 하늘

(4) 해답 : Zeus forbade fire to be taken from Heaven.

(5) 응용 : 그는 그의 딸이 그 남자와 결혼하는 것을 금했다.

(6) 번역 : He forbade his daughter to get married to the man.

4. 그들의 지지를 당연한 것으로 생각하지 말라.

(1) 힌트 : ~를 당연한 것으로 생각하다 = take ~ for granted

> ※ take ~ for granted는 적극적 의미와 소극적 의미의 두 가지 뜻을 가지고 있다.
> ※ 적극적인 의미의 보기
> · We take his honesty for granted.
> (우리는 그의 정직함을 의당히 여긴다. 그의 정직을 높이 산다는 뜻)
> ※ 소극적인 의미의 보기
> · We take our parental love for granted.
> (우리는 부모의 사랑을 의당히 여긴다 : 부모의 사랑에 대한 고마움을 느끼지 못한다는 뜻)

(2) 한국어의 어순 : 그들의 = their, 지지를 = support, 당연한 것으로 여기지 말라 = don't take for granted

(3) 영어의 어순 : don't = 말라, take = 여기지, their = 그들의, support = 지지를, for granted = 당연하게

(4) 해답 : Don't take their support for granted.

(5) 응용 : 나는 사람이 죽는 다는 것은 당연한 일이라고 생각한다.

(6) 번역 : I take it for granted that man is mortal.

5. 나는 아버지가 집에 페인트칠하는 것을 도와 드렸다.

(1) 힌트 : 집에 페인트 칠하다 = paint the house, ～가 ～하는 것을 돕다 = help ～ to ～(동사원형)

(2) 한국어의 어순 : 나는 = I, 아버지가 = my father, 집에 = our house, 페인트칠하는 것을 = to paint, 도와 드렸다 = helped

(3) 영어의 어순 : I = 나는, helped = 도와 드렸다, my = 나의, father = 아버지가, to paint = 페인트칠하는 것을, our house = 집에

(4) 해답 : I helped my father to paint our house.

(5) 응용 : 그는 부축하여 그 부인을 차에서 내려주었다.

(6) 번역 : He helped the lady to get out of the car.

6. 이 땅에서 가난을 몰아내자.

(1) 힌트 이 땅에서 = from this(혹은 country), 몰아내자 = get rid of

※ rid 는 제거의 뜻을 갖는 동사로도 쓰여 전치사 of와 같이 쓰여 "rid + 목적어(A) + of + 목적어(B)"의 구문을 이루어 "A에서 B를 없애다"의 형식으로 쓰인다. 제거의 뜻을 갖는 of와 같이 쓰이는 것은 이 밖에 다음과 같은 동사들의 용법이 있다.
- deprive + 목적어(A) + of + 목적어(B) = A에서 B를 박탈하다.
- rob + 목적어(A) + of + 목적어(B) = A에서 B를 강탈하다.
- clear + 목적어(A) + of + 목적어(B) = A에서 B를 청소하다.
- empty + 목적어(A) + of + 목적어(B) = A에서 B를 비우다.
- strip + 목적어(A) + of + 목적어(B) = A에서 B를 벗기다.
- cure + 목적어(A) + of + 목적어(B) = A에서 B를 치유하다.

※ 위의 것들에서 하나만 골라 문장을 만들어보자
- Time cured him of his grief. (시간은 그에게서 슬픔을 치유했다.)
- 위의 구문들의 수동태는 각각 다음과 같다.
- 주어(A) + be + deprived + of + 목적어(B)
- 주어(A) + be + robbed + of + 목적어(B)
- 주어(A) + be + cleared + of + 목적어(B)
- 주어(A) + be + emptied + of + 목적어 (B)
- 주어(A) + be + stripped + of + 목적어(B))

> · 주어(A) + be + cured + of + 목적어(B)
>
> ※ 위의 것들에서 하나만 골라 문장을 만들어보자.
>
> · The room was cleared of all its furniture. (그 방은 그것의 가구가 다 치워졌다.)

(2) 한국어의 어순 : 이 = this, 땅 = land, 에서 = from, 가난을 = poverty, 몰아내자 = let us get rid of

(3) 영어의 어순 : let us get rid of = 몰아내자, poverty = 가난을, from = 에서, this = 이, land = 땅

(4) 해답 : Let us get rid of poverty from this country.

(5) 응용 : 시민은 누구나 그의 공민권을 박탈당해서는 안 된다.

(6) 번역 : No citizen should be deprived of his civil rights.

(7) 응용 : 너는 스스로 너의 그 나쁜 버릇을 고쳐라

(8) 번역 : You must rid yourself of the bad habit for yourself.

지금까지 우리는 술어(predicate 조동사 : 없는 동사로만 된 것) 혹은 복합 술어(complex predicate : 조동사와 본동사가 혼합된 것)가 하나만 들어 있는 단순 문장들을 문장 5 개 형식 들(문장 제 1, 2, 3, 4, 그리고 5 형식들)의 영어 문장들을 순서대로 영작하는 방법을 공부했다. 지금부터는 우리는 술어나 복합 술어가 둘 또는 그 이상 들어가는 길고 복잡한 문장들에 대한 영작 방법을 공부할 것이다. 이러한 문장들이 아무리 길고 복잡해도 그것들은 결국 지금까지 공부한 단순 문장들에 대한 영작 방법에 기초한다. 다시 말하면 그러한 길고 복잡한 문장들도 문장 5 형식들에 해당되는 단순 문장들로 환원 또는 분석되어 야만 그것들의 영작이 가능한 것이다. 길고 복잡한 우리말 문장들을 영어로 옮기는 방법들이 있는데 그것들은 문장 5 형식들의 단문들에서처럼 거기에 합당한 영문법의 법칙들에 의해서 영작 되기 때문에 그러한 길고 복잡한 문장들에서도 영문법과 함께 영작문 공부가 이루어지게 된다.

분석과 종합 영작법 II

　여기에 소개되는 영작문 방법은 영어가 생겨난 이후로 한 번도 시행되지 않는 유일무이한 획기적인 방법이기 때문에 영작의 능력은 말할 것도 없고 영문 독해 그리고 영어 회화까지 거의 완벽하게 그것들의 능력들이 길러지게 될 것이다. 이 모두는 두 말할 나위 없이 영문법의 토대 위에서 이루어지게 될 것이기에 영문법도 덩달아 완전히 정복하게 된다. 왜냐하면 언어는 법칙 지배의 행위이기 때문이다. 한 언어에서 그것의 법칙들인 그것의 문법이 배제되면 그 언어는 소멸하게 된다. 따라서 영어에서 영문법이 배제되면 영어 자체가 사라진다.

　그렇다면 영어 회화이든 영어 독해이든 영어 작문이든 모두가 영문법에 의해서 그것들의 능력 즉 실력이 길러지는 것이다. 이것은 식빵을 만드는 능력을 얻어 식빵을 만들 수밖에 다른 도리가 없는 이치와 같은 것이다. 이러한 단순한 논리를 무시하는 즉 영문법의 지식이 곧 영어의 구사 능력이 되는 것을 무시하는 우리의 오늘날의 현실을 이 책을 쓰면서 다시 한 번 각성을 촉구하는 것이다.

한 마디로 영작문 방법은 영문법이다. 앞서 말했지만 예컨대, 가장 간단한 단어인 영어의 부정 관사 "a" 혹은 "an" 만 보아도 그것의 문법을 모르면 그 단어들을 아무리 외워도 공염불이 된다. 이 부정 관사는 여러 가지 법칙들이 있지만 우선 가장 기본적인 것 하나만 여기에 소개하여 영문법의 지식이 영어의 실력이 된다는 것을 각인 시키고자 한다. 부정 관사 "a" 혹은 "an"은 영어 문장들 속에 처음으로 보통 명사가 나타나면 반드시 그 앞에 "a"나 "an"이 오지 않으면 안 된다. 예컨대, "There is a book on a table and it is a novel : 탁자 위에 책이 있는데 그것은 소설책이다 [위의 영문을 글자 그대로 직역을 하면 '한 탁자 위에 한 책이 있는데 그것은 한 소설책이다.']"라는 영어의 문장 속에서 보통 명사인 "book", "table"과 "novel" 앞에 부정 관사 "a"가 와 있기 때문에 이 문장들은 영어가 되는 것이지 그렇지 않고 "There is book on table and it is novel."은 영어가 되지 않는다. 이렇게 작디 작은 부정 관사인 "a"도 이와 같은 엄연한 규칙을 지켜야 하거늘 다른 단어들이나 구문들이 영문법을 모르고 그것들의 용법을 알고 영어 구사력에 이용이 되겠는가? 이제 지금까지 공부한 영어에 대한 이러한 기본 원리 의식을 바탕으로 긴 우리말을 영어로 옮기는 방법을 공부하며 영작문에 대한 완전한 지식을 습득하기로 하자.

앞에서 지적했듯이 제 1급에서 단순 문장들로서 문장 5 형식들로 나누어 영작하는 방법을 배웠고 지금은 길고 복잡한 우리말 문장들을 영어로 옮기는 방법을 공부할 것이다. 예컨대, "나는 다른 사람에게 노예로 종속되어 있는 사람이 되기를 바라지 않듯이 다른 사람들을 노예들로 소유하는 사람이 되는 것도 바라지 않는다"라는 우리말을 영어로 옮기면 다음과 같다 "As I would not be a man who is possessed by another man as his slave, so I would not be a man who possesses other people as his slaves."

위의 영역된 문장은 언뜻 굉장히 길고 복잡한 문장 같이 보이지만 영문법을 알고 거기에 따른 영작법을 알면 의외에도 간단하고 단순하다라는 것을 알게 된다. 우선 위의 영문은 본래 네 개의 단문들이 접속 요소들인 접속사와 관계사로 연결되어 있는 것이다 (1) I would not be a man. (2) A man is possessed by another man as his slave. (3) I would not be a man. (4) A man possesses other people as his slaves.

그 다음으로, (1)과 (2)는 관계 대명사 "who"로 접속되어 있고 (3)과 (4)도 관계 대명사 "who"로 접속도어 있다. (1) who (2) : "I would not be a man who is possessed by another man as his slave." (3) who (4): "I would not be a man who possesses other people as his slaves."

또한 그 다음으로, (1) who (2)는 상관 접속사 "as…so…"에 의해 (3) who (4)로 접속되어 있다 : "As I would not be a man who is possessed by another man as his slave, so I would not be a man who possesses other people as his slaves."

이렇게 아무리 길고 복잡한 문장들도 모두가 단순 문장들(문장 제 1, 2, 3, 4, 그리고 5 형식의 문장들)이 접속 요소들인 연결 구두점들, 준동사들, 접속사들, 연결 구두점들, 준동사들, 관계사들, 그리고 의문사들로 접속사 되어 있기 때문에 영문법에서 전치사들, 접속사들, 관계사들 그리고 의문사들의 규칙들 혹은 용법들을 알면 영작하기란 누워서 떡 먹기보다 쉬운 일이 아닐 수 없는 것이다. 그런데 학생들은 나는 그래도 영어를 독해하는 것은 잘 할 수 있어도 영어를 작문하는 것은 잘 할 수 없다고 말하는 것은 위에서 지적했듯이 영문법에 의거하여 영작문하는 방법을 터득하지 않았다고 말하는 것이 된다.

이제부터 영작의 제 2 급의 영작문들(길고 복잡한 것 같은 영어의 문장들을 우리말로 옮기는 방법들)을 공부해 보자. 이 길고 복잡한 영어 문장들을 만드는 방법들을 아는 사람은 영작문 공부에서 이미 소기의 목적을 달성한 거나 다름없다.

우리말의 길고 복잡한 문장들을 우리말로 옮기는 방법

1. 우리말의 길고 복잡한 문장에서 우리말의 동사들을 찾는다.

2. 그렇게 찾은 동사들을 중심으로 단문들(영어에 해당되는 문장 제 1, 2, 3, 4, 그리고 5 형식들의 단문들)로 만든다.

3. 그렇게 해서 만들어진 단문들(영어에 해당되는 문장 제1, 2, 3, 4, 그리고 5 형식들의 단문들)을 영어의 영문법에 의거한 어순에 따라 영어로 옮긴다.

4. 그렇게 해서 만들어진 영어의 단문들(영어 문장 제 1, 2, 3, 4, 그리고 5 형식들의 단문들)을 다음과 같이 영어의 길고 복잡한 문장들(복문들, 중문들, 그리고 중 복문들)로 종합 결합한다:

   ① 접속 요소들의 순수 접속 요소들인 접속사들(conjunctions 종속 접속사들과 등위 접속사들)을 사용하여 종합 결합한다.

   ② 접속 요소들의 혼합 접속 요소들인 관계사들(relatives 관계 대명사들, 관계 부사들, 그리고 관계 형용사들)을 사용하여 종합 결합한다.

   ③ 접속 요소들의 혼합 접속 요소들인 준 동사들(verbals 부정사, 동명사, 분사)을 이용하여 종합 결합한다.

   　　※ 이렇게 준 동사들로 종합 결합된 문장들은 복문들, 중문들, 그리고 중 복문들이 되지 못하고 단문들이 된다.

   ④ 추상 명사화(nominalization : 한 문장을 한 추상 명사로 만듦)
   추상 명사가 동사와 형용사형을 갖고 있을 때에 한한다.

   　　※ 이렇게 해서 종합 결합된 문장들은 복문들, 중문들, 그리고 중 복문들이 되지 못하고 단문들이 되다.

   ⑤ 연결 구두점들인 comma, dash, semi-colon, 그리고(full)colon을 사용한다.

   ⑥ 생략의 일반 법칙

   　　a. 문맥으로 보아 누구나 다 알게 되어 있기에 생략한다.

   　　b. 일반적인 뜻을 갖고 있어 누구나 다 알고 있기 때문에 생략한다.)에 따라 종합 결합한다.

   ⑦ 도치의 일반 법칙

   　　a. 짧은 것이 앞으로 나간다.

   　　b. 강조 받는 것이 앞으로 나간다에 따라 종합 결합한다.

위의 영작문 방법의 4 번의 ①, ②, ③, ④, ⑤, ⑥, 그리고 ⑦의 순서에 따라 우리말을 영어로 옮기면 편리하겠지만 우리말 길고 복잡한 문장들에는 4번의 일곱 가지 방법들이 서로 얽혀 있을 수 있기에 그냥 그 순서를 무시하고 우리말의 길고 복잡한 문장들을 영어로 옮길 수밖에 없어 학생들이 조금은 불편을 느낄 것이기에 위의 방법들을 잘 관찰하기를 바라는 마음 간절하다.

1. 사람이 정직하면 가난해도 행복하다.

(1) 단문들로의 분석 :

1) 사람이 정직하다.

(a) 힌트 : 정직한 = honest

(b) 한국어의 어순 : 사람이 = one, 정직한 = honest, 이다 = is

(c) 영어의 어순 : one = 사람이, is = 이다, honest = 정직한

(d) 영작 : One is honest.

2) 사람이 가난하다.

(a) 힌트 : 가난한 = poor

(b) 한국어의 어순 : 사람이 = one, 가난한 = poor, 이다 = is

(c) 영어의 어순 : one = 사람이, is = 이다, poor = 가난한

(d) 영작 : One is poor.

3) 사람이 행복하다.

(a) 힌트 : 행복한 = happy

(b) 한국어의 어순 : 사람이 = one, 행복한 = happy, 이다 = is

(c) 영어의 어순: one = 사람이, is = 이다, happy = 행복한

(d) 영작 : One is happy.

(2) 종합 결합 :

(a) 단문들의 순서 : 3) + 1) + 2)

(b) 종속 접속사들인 if와 although를 이용한 결합 : 3) if 1) although 2.

(c) 종합 결합된 영작 : One is happy if one is honest although one is poor.

(d) 도치된 영작 : If one is honest, one is happy although one is poor. 또는 Although one is poor, one is happy if one is honest.

(e) 추상 명사화에 의한 영작 : Honesty leads to happiness even in poverty.

> ※ 추상 명사화 된 구문에 그것의 의미상의 주어가 그것 앞에 붙지만 여기서는 그 주어가 일반적인 주어이기 때문에 생략됨.

학생 : 선생님, 길고 복잡한 우리말의 문장을 영어로 옮기는데 여러 가지 영작문들이 가능하다는 것을 알았습니다. 위의 우리말을 용기를 내어 저 나름대로 "In an honest life you are happy in spite of poverty." 라고 번역을 해보았습니다.

선생 : 학생은 정말 공자가 공부는 가르칠 만한 사람에게만 가르쳐야 한다고 일찍이 말한바 있는데 학생이야 말로 바로 그러한 영재인 것 같아 선생으로서 가르치는 일이 이렇게 즐거운 것인가를 다시 느낀다. 학생이 영작한 것은 훌륭한 영작이다.

학생 : 선생님, 이것은 영작과는 직접 관계가 되는 것은 아니지만 제2급의 영작문편의 첫 예문을 사람의 행복, 정직, 그리고 가난한 삶을 상호 연결시켜 주시어 우리 학생들이 인생의 좋은 교훈을 얻었습니다.

선생 : 사람에게 정직만큼 사람을 행복하게 해주는 것이 없을 것이다. 그래서 영어의 속담인 "Honesty is the best policy : 정직은 최상의 방책이다" 라는 것에서 "the best policy" 라는 말은 "만사 형통하다" 의 뜻을 갖는다. 나는 지금까지 살아오면서 이 정직이라는 말을 나의 머리에 떠 올리면 아무리 어쩔 수 없는 좌절감에 빠져도 다시 용기를 얻곤 했다. 특히 글을 쓸 때에 즉 작문을 할 때에 세상을 정직하게 생각하면 즉 보고 듣고 느끼면 글이 절로 잘 쓰여진다. 나는 이 정직이라는 말과 더불어 "지혜" 와 "용기" 라는 말들의 의미를 음미하는 마음으로 인생을 보람되게 이끌려고 노력해 왔다. 이왕에, 다음 문제로 "지혜" 와 "용기" 에 관련된 문장을 보기로 삼겠다.

2. 지혜가 있어도 용기가 없으면 목적을 이룰 수 없다.

(1) 단문들로의 분석

1) 사람은 지혜가 있다.

   (a) 힌트 : 지혜 = wisdom, 지혜로운 = wise, 있다 = have (뒤에 명사를 목적어로 지배할 경우), 있다 = be (뒤에 형용사를 보어로 보충 받을 경우)

   (b) 한국어의 어순 : 사람은 = one(일반적인 주어로서, man, you, 혹은 we도 가능함), 지혜가 = wisdom, 있다 = has

   (c) 영어의 어순 : one = 사람은, has = 있다, wisdom = 지혜가

   (d) 영작: One has wisdom.

2) 사람이 용기가 있다.

    (a) 힌트 : 용기 = courage(형용사로서 courageous)

    (b) 한국어의 어순 : 사람은 = one, 용기가 = courage, 있다 = has

    (c) 영어의 어순 : one = 사람은, has = 있다. courage = 용기가

    (d) 영작: One has courage.

3) 사람은 목적을 이룰 수 없다.

    (a) 힌트 : 목적 = object, 이룰 수 있다 = attain

    (b) 한국어의 어순 : 사람은 = one, 목적을 = one's object, 이룰 수 없다 = cannot attain

    (c) 영어의 어순 : one = 사람은, cannot attain = 이룰 수 없다, one's object = 목적

    (d) 영작 : One cannot attain one's object.

(2) 종속 접속사들인 if와 although를 이용한 결합의 순서 :

3) if 2) although 1).

(3) 종합 결합된 영작 :

One cannot attain one's object if one has no courage although one has wisdom.

(4) 전치사를 이용한 다른 영작 :

One cannot achieve one's plan without courage with all one's wisdom.

3. 이 곳은 모기가 없으므로 모기장을 칠 필요가 없으며 기온도 20도를 넘는 일은 우선 없다.

(1) 단문들로의 분석

1) 이 곳은 모기가 없다.

    (a) 힌트 : 모기 = mosquito, ～이 없다 = be free from ～

    (b) 한국어의 어순 : 이 = this, 곳은 = place, 모기가 = mosquitoes, 없다 = is free from

    (c) 영어의 어순 : this = 이, place = 곳은, is free from = 없다, mosquitoes = 모기가

    (d) 영작 : This place is free from mosquitoes.

2) 우리는 모기장을 칠 필요가 없다.

    (a) 힌트 : 모기장 = mosquito-net, 치다 = set up, 필요가 없다 = need not

    (b) 한국어의 어순 : 우리는 = we, 모기장을 = a mosquito-net, 칠 = set up, 필요가 없
        다 = need not

(c) 영어의 어순 : we = 우리는, need not = 필요가 없다, set up = 칠, a mosquito-net
= 모기장을

(d) 영작 : We need not set up a mosquito-net.

3) 기온도 20도를 넘는 일이 없다.

(a) 힌트 : 기온 = temperature, 넘는 일이 없다 = never rise above, 20도 = 20 degrees

(b) 한국어의 어순 : 기온이 = temperature, 20도를, 넘는 일이 없다 = never rises above

(c) 영어의 어순 : temperature = 기온이, never rises = 넘는 일이 없다, 20 degrees

(d) 영작 : Temperature never rises above 20 degrees.

(3) 종속 접속사 as와 등위 접속사 and를 이용한 결합의 순서 :

As 1), 2), And 3)

(4) 종합 결합된 영작 :

As this place is free from mosquitoes, we need not set up a mosquito-net. And temperature never rises above 20 degrees.

(우리말에 "우선" 은 And와 never 속에 암시되어 있다는 것에 유의할 것)

(5) 전치사를 이용한 다른 영작 :

We need not set up a mosquito-net in this place free from mosquitoes. Moreover, temperature never rises above 20 degrees.

4. 하와이가 태평양의 낙원이라고 불려지는 것은 이상할 게 없다.

(1) 단문들로의 분석 :

1) 하와이가 태평양의 낙원이라고 불려진다.

(a) 힌트 : 낙원 = paradise 혹은 utopia

(b) 한국어의 어순 : 하와이가 = Hawaii, 태평양 = the Pacific, 의 = of, 낙원이라고 = the Paradise, 불려진다 = is called

(c) 영어의 어순 : Hawaii = 하와이, is called = 불려진다, the Paradise, of = 의, the Pacific

(d) 영작 : Hawaii is the Paradise of the Pacific.

2) (그것은) 이상할 게 없다.

    (a) 힌트 : 이상함 wonder 혹은 doubt

    (b) 한국어의 어순 : (그것은) = it, 이상할 게 = wonder, 없다 = is no

    (c) 영어의 어순 : it = (가주어), is no = 없다, wonder = 이상할 게

    (d) 영작 : It is no wonder.

(3) 접속사 that를 이용하여 종합 결합되는 단문들의 순서 :

    2) that 1).

(4) 종합 결합된 영작 :

It is no wonder that Hawaii is called the Paradise of the Pacific.

5. 기본적 외교 정책은 어느 정파나 정권의 이익의 제물이 될 수 없으며 정권이 바뀔 때마다 근본적으로 영향을 받아서는 안 된다.

(1)단문들로의 분석:

1) 기본적 외교 정책은 어느 정파나 정권의 이익의 제물이 될 수 없다.

    (a) 힌트 : 기본적 외교 정책 = basic foreign policies, 어떤 정파나 정권 = any political force (혹은 faction) or regime

    (b) 한국어의 어순 : 기본적 외교 정책은 = basic foreign policies, 어느 정파나 정권 = any political force or regime, 의 = of, 제물이 = the victim, cannot be = 될 수 없다.

    (c) 영어의 어순 : basic foreign policies = 기본적 외교 정책은, cannot be = 될 수 없다, the victim = 제물이, of = 의, the interests = 이익, of = 의, any political force or regime

    (d) 영작 : Basic foreign policies cannot be the victim of the interests of any political force or regime.

2) 정권이 바뀌다.

    (a) 힌트 : 정권 = government

    (b) 한국어의 어순 : 정권이 = a government, 바뀐다 = changes

    (c) 영어의 어순 : a government = 정권, changes = 바뀐다

    (d) 영작 : A government changes

3) 그것들(basic foreign policies)은 근본적으로 영향을 받아서는 안 된다.

    (a) 힌트 : 영향을 받다 = be affected

    (b) 한국어의 어순 : 그것들은 = they, 근본적으로 = in basic principles, 영향을 받아 = be affected, 안 된다 = should not

    (c) 영어의 어순 : they = 그것들은, should not = 서는 안 된다, be affected = 영향을 받아, 근본적으로 = in basic principles

    (d) 영작 : They should not be affected in basic principles.

(2) 등위 접속사 and와 종속 접속사 whenever에 의하여 결합되는 순서 :

1) and 3) whenever 2).

(3) 종합 결합된 영작 :

Basic foreign policies cannot be the victim of the interests of any political force or regime and they should not be affected in basic principles whenever a government changes.

학생 : 선생님, 제 2 급의 영작문에 들어 와서 길고 복잡한 복합 문, 중문, 혹은 중 복합문을 단문들로 분석하시고 그 단문들을 제1급 영작문에서와 같이 첫째로 힌트, 둘째로 한국어의 어 순, 셋째로 영어의 어순으로 일일이 자상하게 설명해주셔서 아! 아무리 긴 문장도 결국은 이러한 단문들로 환원하여 그렇게 설명이 된다는 것을 알았습니다. 이러한 힌트, 한국어의 어순, 영어의 어순은 제 1 급 영작의 문장 제 5개 형식들의 문장들의 영작에서 완전히 그 원리를 터득했습니다. 제가 당돌하게 말씀들인 것이 되겠지만 이 제 2 급의 영작에서는 제 1 급에서 완전히 익힌 위의 절차적인 방법을 제 2급의 영작에서는 그것들은 생략하고 길고 복잡한 문장들을 단문들로 분석해주시고 그리고 그것들의 접속 요소들인 전치사들, 접속사들, 준 동사들, 관계사들, 의문사들 그리고 추상 명시들로 연결시키는 순서를 통하여 최종적으로 종합 결합하여 영작하는 것만으로도 이제는 이해가 될 것 같습니다.

선생 : 학생이 참으로 당돌한 말로 선생의 지도 방법에 간섭을 하였노라! 학생이 너무 성급했다. 그러나 학생이 영작문 제 1 급에서 문장 5 형식들에 속하는 단문들을 영작하면서 학생이 그 원리와 방법을 완전히 터득했다고 말을 하니 나도 섭섭한 생각을 했지만 오히려 나는 더욱 더 나의 교수법에 대한 자신을 갖게 해주어서 학생에게 고맙다는 말을 하지 않을 수 없구나!! 아까 내가 "성급하다" 라는 말을 했는데 그렇지 않아도 지금까지 길고 복잡한 문장들을 그렇게 분석하여 제 1 급에서와 같은 영작 과정을 시범적으로 제 2 급의 과정에서 그 본을 보여주었기 때문에 학생이 요청한대로 길고 복잡한 복문, 중문, 중 복합문을 단문들로 분석하고 그것들을 직접 영작하여 접속 요소들인 전치사들, 접속사들, 추상 명사들, 연결 구두점들, 준동사들, 관계사들, 그리고 의문사들로 결합하는 순서에 따라 최종적으로 종합 결하는 영작으로 들어갈 참이었다. 좌우간 학생이 영작 제1급의 과정을 철저

히 터득하고 익힌 것에 치하의 말을 아끼지 않겠다.

6. 서울 지역의 환경은 번창해 가는 도시의 엄청난 오물에 의해서 심각히 위협을 받고 있고 있어서 서울 시민들은 지금 호흡하고 있는 것은 공기라기보다는 각종의 가스이다.

(1) 단문들로의 분석 :

1) 서울의 환경은 번창하는 도시의 엄청난 오물에 의해서 심각히 위험을 받고 있다 : The environment of the Seoul area is seriously threatened by the prodigal garbage of the thriving city.

2) 서울 시민들이 호흡하고 있다: Seoul dwellers breathe.

3) 그것은 공기라기보다는 각종의 가스이다 : It is various kinds of gases rather than air. (= It is not so much air as various kinds of gases.)

(2) 종속 접속사 that에 의해 결합되는 순서 :

1). 3) that 2).

(3) 종합 결합된 영작 :

The environment of the Seoul area is seriously threatened by the prodigal garbage of the thriving city. It is various kinds of gases rather than air that Seoul dwellers breathe.

7. 그이와 나는 성격은 다르지만 그의 취미와 나의 취미는 일맥 상통하는 데가 있다.

(1) 단문들로의 분석:

1) 그이와 나의 성격은 다르다 : He and I have different characters.

2) 그의 취미와 나의 취미는 일맥 상통하는 데가 있다 : His taste and mine are quite similar. (우리는 상당히 같은 취미를 가지고 있다 We have quite the same taste.)

(2) 등위 접속사 but에 의해 결합되는 순서 :

1), but 2).

(3) 종합 결합된 영작 :

He and I have different characters, but we have quite the same taste.

8. 사람은 믿고 있는 것을 거리낌 없이 말할 수 있는 충분한 용기가 없어서는 안 된다고 선생님은 늘 가르쳐 주셨던 것이다. 사회인이 되고 나서 이것이 얼마나 중요한가를 절실히 느낀다.

(1) 단문들로의 분석 :

　　1) 사람이 어떤 것을 믿는다 : One believes in something.

　　2) 사람이 어떤 것을 거리낌 없이 말할 수 있다 : One can speak up something.

　　3) 사람은 충분히 용기가 있어야 한다 : One should be brave enough.

　　4) 선생님은 늘 말씀하시곤 했다 : Our teacher used to tell us.

> ※ used to는 과거의 규칙적인 습관을 나타내는 조동사이고 would는 불규칙적인 습관을 나타냄.

　　5) 내가 사회인이 되다 : I am a member of society as a grown-up. (= 내가 사회에 진출하다 I have got a start in life.)

　　6) 이것이 대단히 중요하다 : This is very important.

　　7) 나는 절실히 느낀다 : I keenly feel.

(2) 위의 문장이 너무 기니까 우선 결합되는 순서를 표시하자 :

　　(앞으로는 "단문들이 결합되는 순서"로 표시할 것임)

　　4)+3)+2)+1)+5)+7)+6)

(3) 이제 위의 문장이 결합되는 방법을 표시하자 :

　　(역시 통일되게 단문들이 결합되는 방법"으로 표시할 것임)

　　표4) that 3) [2)를 부정사 구문화]that 1). Now that 5), 7) that 6).

(4) 종합 결합된 영작 :

　　Our teacher used to tell us that one should be brave enough to speak up something that one believes in. Now that I have got a start in life as a grownup. I keenly feel that this is very important. (*4)과 3) 사이의 something that는 what로 바뀔 수 있고 7)과 6) 사이의 that를 6) 속에 있는 very와 합하여 how가 될 수 있기 때문에 위의 종합 결합된 영작을 다음과 같이 다시 종합 결합될 수 있다. Our teacher used to tell us that one should be brave enough to speak up what one believes in. Now that I have got a start in life as a grownup. I keenly feel how important this is.

학생 : 선생님, 이렇게 길고 복잡한 문장을 마치 수학 공식처럼 단문들로 분석된 뒤에 종합 결합하는 영작 방법에 감탄을 금할 길이 없습니다. 그런데, 선생님, 위의 단문화 된 2)가 부정사 구문화 되는 것을 설명해주시면 감사하겠습니다.

선생 : 참으로, 학생이 영작에 있어서 중요한 요점들 중의 하나를 지적했다. 우선, 일반적으로 말하면, 내 의견으로는 영어는 수학 공식들에 의해서 이루어진 수학의 명제들처럼 영어의 길고 복잡한 문장들은 일정한 수학과 같은 공식들에 의해서 이루어진다고 하겠다. 예컨대 수학에서 $2 + 2 = 4$의 명제에 있어서 $+$ 는 하나의 공식의 부호로서 어느 한 수에 다른 수를 더하는 접속의 기능을 하고 있다. 이것을 영어에 대응시켜보자. 예컨대, "He is sick and he is absent from school" 이라는 무장은 접속의 기능을 하는 and에 의해서 "He is sick" 라는 문장과 "He is absent from school" 이라는 문장을 접속시키는 기능을 하는 수학에 있어서의 $+$ 와 같은 것이다. 이러한 접속의 기능을 해주는 접속사들과 관계사들과 같은 것들이 접속 요소들로서 영어의 단문들을 길고 복잡하게 이어주는 것이다.

수학에 있어서 $-$ 부호가 하나의 수에서 다른 수가 감하는 기능을 하듯이 영어에 있어서는 생략의 법칙들(일반 법칙과 특수 법칙)이 그에 상응하는 기능을 하는 것이다. 그 밖에 준 동사(verbal), 도치의 법칙들(일반 법칙과 특수 법칙)이 단문들을 서로 연결시키는데 있어서 수학의 공식들에 버금가는 공식들이 된다. 이러한 영어의 법칙들은 수학의 공식들이 제한되어 있듯이 영어의 그러한 법칙들도 극히 제한되어 있다. 그 제한된 법칙들을 우리는 영문법이라고 총칭적으로 부르는 것이다. 그래서 영어를 알면 수학을 아는 것과 같은 두뇌를 형성한다고 말하기도 한다. 오늘날 영어를 모국어로 말하는 사람들이 인류 세계의 지도자들이 되어 있는 것은 영어의 그러한 수학적이고 논리적인 체계성의 덕이 큰 것이다. 이러한 언어와 인간관계를 설명해주는 학설들 중의 하나가 워프의 가설(Whorfian hypothesis)이라고 하는데 그 가설에 의하면 한 개인의 세계관은 그의 모국어에 의해서 결정된다는 것이다.

학생의 두 번째의 질문인 위의 단문화 된 2)가 왜 부정사 구문화 되었는가에 대하여 앞서 간단히 설명한 바 있으나 다시 설명하겠다. 앞에 일단 이미 말한 것을 다시 또는 되풀이 하여 말하는 것은 그것이 중요하기 때문이기도 하지만 되풀이 하는 것은 진리의 속성을 지니고 있는 것이다. 이 점에 대하여는 적절한 시기에 다시 거론 하겠다. 영어의 어떤 문장도 다 부정사 구문화 되어 다른 문장에 덧붙일 수 있는 것이다. 한 단문이 부정사 구문화 되는 과정을 하나의 예문을 통하여 설명하겠다. "I hope that I can help you" 라는 문장을 단문들로 분석하여 설명하면 다음과 같다 "I hope that I can help you" 는 1) "I hope" 와 2) "I can help you" 의 단문들로 분석된다. 여기서 2)는 "to help you" 로 부정사 구문화 될 수 있다. 부정사 구문화 된 것인 "to help you" 를 "that I can help you" 자리에 넣으면 "I hope to help you" 가 된다. 그 두 문장들은 뜻이 똑 같다.

그렇다면 위의 부정사 구문은 종속 접속사인 "that", 주어인 "I", 조동사인 "can", 그리고 "root infinitive 동사 원형 help"를 포함하고 있는 것이다. 이러한 부정사 구문화 된 구문의 공식 즉 법칙은 "to + 동사 원형" = "종속 접속사 + 주어 + 조동사 + 동사 원형"이 된다. 부정사 구문화 된 법칙은 하나 더 있는데 다음과 같다: "관계 대명사 + 조동사 + 동사 원형". 이것 의 예문을 들어 분석해 보겠다 "This is the man who must be punished for it"는 "This is the man to be punished for it."로 전환될 수 있다. 결국 "to be punished for it"는 "관계 대명사인 who + 조동사인 can + 동사 원형인 be"가 같은 뜻으로 변형된 것이다.

9. 우리는 벚꽃 구경을 가는 사람들이 금년에는 보다 좋은 행동을 보여 주기를 바란다. 그들이 술에 취해서 싸움질을 함으로써 다른 사람들을 방해하지 않고 쓰레기를 도처에 버림으로써 풍경의 아름다움을 해치지 않기를 역시 바란다.

(1) 다문들로의 분석 :

1) 사람들이 벚꽃 구경간다 : People go out for cherry blossom viewing.

2) 사람들이 금년에는 보다 좋은 행동을 보여 줄 것이다 : People will behave themselves better this year.

3) 우리는 바란다 : We hope.

4) 그들이 술에 취해 싸우지 않을 것이다 : They will not engage in drunken quarrels.

5) 그들이 다른 사람들의 즐거움을 방해하지 않을 것이다 : They will not spoil other people's pleasure.

6) 그들이 쓰레기를 도처에 버릴 것이다 : They will leave litter here and there.

7) 그들이 풍경의 아름다움을 해치지 않을 것이다 : They will not rob the scenery of its beauty.

8) 우리는 역시 바란다 : We also hope.

(2) 단문들이 결합되는 순서 :

3) + 2) + 1) + 8) + 5) + 4) + 7) + 6)

(3) 단문들이 결합되는 방법 :

3) 접속사 "that" 2) 1)를 2) 안에서 현재 분사 구문화 하여 "people"를 수식함, 8) 종속 접속사 "that" 5) by 4)를 동명사 구문화 "and that" 7) "by" 6)을 동명사 구문화.

(4) 종합 결합된 영작 :

We hope that people going out for cherry blossom viewing will behave themselves better this year. We also hope that they will not spoil other people's pleasure by engaging in drunken quarrels and that they will not rob the scenery of its beauty by leaving litter here and there.

10. 목적을 달성하는 데에는 인내만 하면 되는 것이나 이것은 실행하기가 대단히 어려운 것이다.

(1) 단문들로의 분석 :

1) 당신이 목적을 달성할 수 있다 : You can attain your object.

2) 당신은 인내만 하면 된다 : You have only to be perseverant.

3) 이것은 매우 어렵다: This is very difficult.

4) 당신이 실행해야 한다 : You must put this into practice.

(2) 단문들이 결합되는 순서 :

2) + 1) + 3) + 4)

(3) 단문들이 결합되는 방법 :

2) 1)을 부정사 구문화 함, but 3) 4)를 부정사 구문화 함.

(4) 종합 결합된 영작 :

You have only to be perseverant to attain your object, but this is very difficult to put into practice. (= You are only to be perseverant if you are to attain your object, but this is very difficult when you put it into practice.)

학생 : 선생님, 4)를 부정사 구문화 하는데 put의 목적격인 "this" 가 빠졌습니다. 거기에는 어떤 법칙이 있습니까?

선생 : 학생이 좋은 질문을 관찰력을 갖고 해서 나는 기쁘다. 그렇다 거기에는 법칙이 있다. 그래서 괄호 안의 같은 뜻의 영작문을 내가 제시한 것은 바로 그러한 질문을 예상했기 때문이었다. 위의 두 문장들에서 그 부분들만 떼어 놓고 보자 "this is very difficult to put into practice" 와 "this is very difficult when you put it into practice" 에서 앞부분에서는 "put 완전 타동사" 의 목적어가 학생이 관찰했듯이 빠져 있으나 뒤의 부분에서는 "put" 의 목적어가 엄연히 "it" 로 나타나 있다.

이것의 차이점은 다음과 같은 영어의 법칙이 있기 때문이다. "difficult", "easy", "possible", "impossible" 등과 같은 형용사들이 보어로 되고 그 뒤에 타동사가 오면 그것의 목적어가 생략되는 것은 그 형용사들이 보어로 되어 있는 주어가 그 타동사의 목적어를 겸하기 때문이다.

11. 우리는 누구에게나 친절하게 대하는 사람보다는 자기에게만 특히 호의를 표시하는 사람들을 소중히 여기는 경향이 있다.

(1) 단문들로의 분석 :

　　1) 사람들이 누구에게나 친절히 대한다 : People are friendly to everybody.

　　2) 사람들이 자기에게만 특히 호의를 표시한다 : People are exclusively nice to us.

　　3) 우리는 사람들을 소중히 여기는 경향이 있다 : We all are apt to make much of people,

(2) 단문들이 결합되는 순서 :

　　3) + 2) + 1)

(3) 단문들이 결합되는 방법 :

관계 대명사 "who"를 2)의 people을 대신하여 3)의 people을 선행사로 삼아 접속시키고 접속사 "rather than"이 3)과 2)가 결합된 것 뒤에 와 1)과 접속시키는데 1)의 주어 뒤에 관계 대명사 who를 부가하여 1)을 형용사절이 되게함. (1)의 주어는 주어를 중심으로 명사화의 용법에 해당된다. 이 용법은 나의 저서 "영어정복자"의 "명사화의 용법"에 상세히 설명되어 있다.)

(4) 종합 결합된 영작 :

We all are apt to make much of those who are exclusively nice to us rather than those who are friendly to every body.

학생 : 선생님, 단문들에는 "people"을 썼는데 종합 결합된 영작에는 그것 대신에 왜 "those"를 썼습니까?

선생 : 하! 하! 학생은 참으로 관찰력이 좋다. "people who"와 "those who"는 그 뜻이나 문법이나 똑 같다. 그러나 대체로 내가 관찰해 보건대, "people who" 보다 "those who"가 더 많이 쓰이고 있다.

12. 너는 모든 것을 자기 마음대로 하려는 경향이 있으나 때로는 다른 사람들의 충고에 귀를 기울이는 것이 좋다.

(1)단문들로의 분석 :

　　1) 너는 경향이 있다 : You are apt.

　　2) 너는 너의 마음대로 행동한다 : You have your own way in everything.

　　3) 너는 때로는 다른 사람의 충고에 귀를 기울이는 것이 좋다 : You had better listen to others' advice at times.

(2) 단문들이 결합되는 순서 :

　　1) + 2) + 3)

(3) 단문들이 결합되는 방법 :

　　1) 2)를 부정사 구문화 함, but 3).

(4) 종합 결합된 영작 :

　　You are apt to have your own way in everything, but you had better listen to others' advice at times.

학생 : 선생님, 위의 영작에서 "others"를 "다른 사람들"의 의미로 쓰셨는데 그것은 "other"의 복수인데 왜 그 속에 "사람들"의 뜻을 포함하고 있습니까?

선생 : 아! 언어 행위는 법칙 지배 행위이다. 그런고로 낱말 혹은 단어 하나 하나에는 그것의 쓰임의 법칙을 갖고 있는 것이다. 특히 영어의 대명사들에 속하는 단어들은 그것들 자체가 법칙들을 이미 표시하고 있다고 보아야 할 것이다.

　　(1) other가 단독으로 쓰일 때에는 그저 "다른" 이라는 뜻을 갖은 형용사가 된다.

 "Show me other neckties." (다른 넥타이들을 보여주시오.)

　　(2) other가 그것 앞에 정관사 "the"를 갖고 단독으로 쓰일 때에는 "the other party"의 약형으로서 "상대방" (본래 법률적인 용어)의 뜻을 갖는다.

 " Each praises the other." (서로 상대를 칭찬한다.)

(3) one…the other 무엇인가 둘만 있을 때에 "하나는…다른 하나는"의 뜻으로 쓰인다.

"He has two brothers. One is a doctor and the other is a teacher."
(그는 두 형제들이 있는데 하나는 의사이고 다른 하나는 선생이다.)

(4) the one…the other 특정한 것들이 둘이 있을 때에 명시된 순서에 따라 "전자는…후자는"의 뜻으로 쓰인다.

"Mr. Smith and Mr. Brown are friends. The one is a doctor and the other is a teacher." (스미스씨와 브라운씨는 친구들이다. 전자는 의사이고 후자는 선생이다.)

(5) others가 단독으로 쓰일 때에는 나 아닌 "다른 사람들" 즉 "other people"의 뜻을 갖는다.

(6) others가 그것 앞에 수를 나타내는 말들 즉 "some", "many" 혹은 "two"과 같은 것들이 올 때에는 "다른 일부"의 뜻을 갖는다.

(7) the others는 "나머지 다른 전부"의 뜻을 갖는다.

이 7가지 법칙을 알면 앞으로 영어 구사에 있어서 그 쓰임이 얼마나 클 것인가가 짐작이 될 것이다. 사실, 이 세상에 존재하는 것은 무엇이나 그것의 존재 법칙대로 존재할 뿐이다.

13. 이 세상에서 누가 가장 행복한가? 그는 남을 위하여 살고 그리고 남의 행복에 대하여 마치 그것이 자기의 행복처럼 즐거워할 수 있는 그러한 사람이다.

(1) 단문들로의 분석:

1) 이 세상에서 누가 가장 행복한 사람인가? : Who is the happiest man?
2) 그는 남을 위해서 산다 : He is alive for the benefit of others.
3) 그는 남의 행복에 대하여 즐거워 할 수 있다 : He can rejoice in others' enjoyment.
4) 그것이 자기의 행복이다 : It is his own enjoyment.
5) 그는 그러한 사람이다 : He is such a man.

(2) 단문들이 결합되는 순서 :

1) + 5) + 2) + 3) + 4) + 1)

(3) 단문들이 결합되는 방법 :

1)? 5) as 2) and as 3) as if 4).

(4) 종합 결합된 영작 :

Who is the happiest man? He is such a man as is alive for the benefit of others and (as) can rejoice in their enjoyment as if it were his own enjoyment.

학생 : 선생님, 질문이 있습니다. 2)의 앞의 as와 3) 앞의 as가 그 2)와 3) 속에 들어 있는 대명사 대신 쓰인 것 같습니다. 그렇다면 as가 관계 대명사 who와 같은 역할을 한 것이 아닙니까?

선생 : 학생이 잘 짚은 것이다. 이 as는 소위 특수 관계 대명사인데 일반 관계 대명사들과는 다르게 쓰인다. as 말고도 그러한 관계 대명사들이 있는데 이왕에 그러한 질문을 받은 김에 그 특수 관계 대명사들을 여기에서 설명하고자 한다.

특수 관계 대명사들의 용법 as, but, than.

(1) as

1) 선행사 앞에 the same, such, as, so와 같은 말이 올 때 쓰인다.

(보기) Don't trust such a man as praises you to your face. (너의 면전에서 너를 칭찬하는 그러한 사람을 신용하지 말라.)

2) 선행사가 as가 이끄는 절 앞의, 뒤의, 또는 앞 과 뒤로 합해진 문장일 때 쓰인다.

(보기) As is well known, he is a man of great wealth. (알려진 대로, 그는 대부호이다.)

(2) but

1) 선행사 앞에 no나 not와 같은 부정어가 올 때 쓰인다.

(보기) There is no rule but has exceptions. (예외 없는 법칙은 없다.)

2) 선행사 앞에 any가 오고 그 문장이 의문문일 때 쓰인다.

(보기) Is there any rule but has exceptions? (예외 없는 법칙이 있는가?)

(3) than

1) 선행사 앞에 비교급이 올 때 쓰인다.

(보기) He has more money than can be spent in his life. (그는 그의 일생에 쓰일 수 있는 것 보다 더 많은 돈을 갖고 있다.)

2) 비교급이 들어 있는 문장이 선행사일 때 쓰인다.

(보기) Another world war would be more destructive than can be imagined. (또 다른 세계 전쟁은 상상 될 수 있는 것보다 더 파괴적일 것이다.)

14. "저 번에 당신에게 드린 영어 소설은 어떠했습니까?" "사실은 쉬지 않고 사전을 찾아 한 장을 읽는데 2시간 이상이나 걸렸습니다."

(1) 단문들로의 분석 :

1) 영어 소설은 어떠했습니까? = 당신은 그 영어 소설을 어떻게 생각합니까? What do you think of the English novel?

2) 저 번에 내가 당신에게 그 영어 소설을 드렸습니다 : I gave you the English novel the other day?

3) 나는 쉬지 않고 (영어) 사전을 찾았다 : I consulted an English dictionary continuously.

4) 나는 한 장을 읽었다 : I read a page.

5) 사실은 2시간 이상이나 걸렸다 : To tell the truth, it took me more than two hours.

(2) 단문들이 결합되는 순서 :

1) + 2) + 5) + 4) + 3)

(3) 단문들이 결합되는 방법 :

1) which 2) " " 5) 4)를 부정사 구문화 by 3)을 동명사 구문화.

(4) 종합 결합된 영작 :

"What do you think of the English novel which I gave you the other day?" "To tell the truth, it took me more than two hours to read a page by consulting an English dictionary continuously."

15. 나는 근 10년이나 시골에 살았으나 어떤 우울한 때에도 산을 보면 위안이 됐다. 자연은 실로 아름답다고 감탄하지 않을 수 없다.

(1) 단문들로의 분석 :

1) 나는 10년이나 시골에 살았다 : I lived in the country for nearly ten years.

2) 나는 우울하였다 : I was in a depressed mood.

3) 나는 산을 보았다 : I looked at the mountains.

4) 나는 위안이 됐다 : I was comforted and consoled.

5) 자연은 실로 아름답다 : Nature is indeed beautiful.

6) 나는 감탄 하지 않을 수 없었다 : I could not help wondering.

(2) 단문들이 결합되는 순서 :

1) + 3) + 4) + 2) + 6) + 5)

(3) 단문들이 결합되는 방법 :

1) but ···never 3) without 4)를 동명사 구문화 in whatever···might 2), 6) how 5).

(4) 종합 결합된 영작 :

I lived in the country for nearly ten years, but I never looked at the mountains without being comforted and consoled in whatever depressed mood I might be, I could not help wondering how beautiful Nature is.

학생 : 선생님, 3) 앞에 never가 들어가고 4) 앞에 without가 들어가고 4)가 동명사 구문화된 것은 일종의 관용적 용법으로서 never X without Y-ing 형식을 이루어 "X하면 Y하지 않을 수 없다" 의 뜻 입니까?

선생 : 학생이 선생이 해야 할 말까지 다 할 정도로 학생의 말이 맞다. 나는 단지 그것들의 다른 보기 들만 칠판 위에 적겠다. 보기들 (1) never···Without의 보기 : He never opened his mouth without making us laugh. (그는 입만 열었다 하면 우리들을 웃겼어.) 의문사 + ever···may(might)의 보기 : In whatever hard situation he might be, he never lost his hope. (그는 아무리 어려운 상황에 처해도 희망을 잃지 않았다.)

교육부 장관이 바뀌면 여지없이 쓸 데도 없는 새로운 것 같은 교육정책을 들고 나온다. Whenever a minister of Educational Ministry may change, he comes up with his own seemingly new educational policy to no purpose.

내가 지금 학생에게 영작하는 방법을 터득하게 하려고 조금 일찍 터득한 것을 나 나름대로 애를 쓰고 있음을 학생이 알아주고 있는 것 같아 선생으로서 진실로 행복하다.

16. 인간은 꿈으로만 여겨온 달 세계 여행이 실현되었다. 다른 위성에 여행할 수 있는 날도 멀지 않아 실현될 것이다. 그 꿈을 실현하려면 많은 어려움을 극복해야 할 것이나 역시 그 꿈도 이루어질 것이다.

(1) 단문들로의 분석 :

    1) 인간은 달 세계 여행을 꿈으로 여겼다 : Man looked upon the trip to the moon as a dream.

    2) 달 세계의 여행이 실현되었다: The rip to the moon has been realized.

    3) 인간은 다른 위성에 여행할 수 있다: Man can travel to other planets.

    4) 시간이 머지않을 것이다 : It will not be long.

    5) 인간은 그 꿈을 실현할 수 있다 : Man can realize the dream.

    6) 인간은 많은 어려움을 극복해야 할 것이다 : Man will have to get over a great number of difficulties.

    7) 역시 그 꿈도 이루어질 것이다 : The dream will also come true.

(2) 단문들이 결합되는 순서 :

    2) + 1) + 4) + 3) + 6) + 5) + 7)

(3) 단문들이 결합되는 방법 :

    2), which 1). 4) before 3). But 6) before 5). However, 7).

(4) 종합 결합된 영작 :

    The trip to the moon, which man looked upon as a dream, has been realized. It will not be long before he can travel to other planets. But he will have to get over a great number of difficulties before he can realize the dream. However, the dream will also come true.

17. 지난 일요일에는 외출하지 않고 종일 신문을 읽거나 편지를 쓰면서 지냈습니다.

(1) 단문들로의 분석 :

    1) 지난 일요일에는 외출하지 않았다 : I did not go out last Sunday.

    2) 나는 종일 집에 있었다 : I stayed home all day long.

    3) 나는 신문을 읽었다 : I read newspapers.

    4) 나는 편지를 썼다 : I wrote letters.

(2) 단문들이 결합되는 순서 :

　　1) + 2) + 3) + 4)

(3) 단문들이 결합되는 방법 :

　　1), but 2), 3)을 분사 구문화 and 4)를 분사 구문화.

(4) 종합 결합된 영작 :

　　I did not go out last Sunday, but stayed home all day long, reading newspapers and writing letters.

---

18. 그는 너무 젊어서 세상일을 잘 모르고 있다. 가정을 갖게 되면 더 분별 심을 갖게 될 것이다.

(1) 단문들로의 분석 :

　　1) 그는 너무 젊다 : He is too young.
　　2) 그는 세상 일을 잘 모른다 : He does not know much of the world.
　　(3) 그는 가정을 갖게 될 것이다 : He will get married into a settled life.
　　4) 그는 더 분별 심을 갖게 될 것이다 : He will become more sensible.

(2) 단문들이 결합되는 순서 :

　　1) + 2) + 3) + 4)

(3) 단문들이 결합되는 방법 :

　　1) 2)를 부정사 구문화(단, not를 빼고서). When 3), 4).

(4) 종합 결합된 영작 :

　　He is too young to know much of the world. When he gets married into a settled life, he will become more sensible.

19. 나의 아버지는 책을 읽으실 때 언제나 빨간 연필로 흥미 있는 부분에는 표를 하곤 하셨다. 우리가 아직 보관하고 있는 부친의 메모장에는 그렇게 해서 여러 가지 책들에서 인용된 단어들, 구들, 그리고 문장들로 가득 차 있다.

(1) 단문들로의 분석 :

1) 나의 아버지는 책을 읽으셨다 : My father read a book.

2) 나의 아버지는 몇몇 부분들에 빨간 연필로 표를 하곤 하셨다 : My father used to mark out the parts with a red pencil.

3) 나의 아버지는 몇몇 부분들에 흥미를 가졌다 : My father felt interested in the parts.

4) 우리가 아직 그의 메모장을 보관하고 있다: We still keep his notebooks.

5) 그의 메모장은 단어들, 구들, 그리고 문장들로 가득 차 있다 : His notebooks are full of the words, phrases, and sentences.

6) 단어들, 구들, 문장들이 여러 가지 책들에서 그에 의해서 인용되었다 : The words, phrases, and sentences were quoted from various books by him.

(2) 단문들이 결합되는 순서 :

1) + 2) + 3) + 5) + 4) + 6)

(3) 단문들이 결합되는 방법 :

In 1)을 동명사 구문화, 2) which 3), 5) which 4) which 6).

(4) 종합 결합된 영작 :

In reading a book, my father used to mark out with a red pencil the parts which he felt interested in. His notebooks (which) we still keep are full of the words, phrases, and sentences (which were) quoted from various books by him.

학생 : 선생님, 위의 영작에서 괄호 친 which와 which were는 생략될 수 있다는 것을 의미합니까?

선생 : 그렇다. 관계 대명사가 그것이 이끈 절에서 목적어가 될 때에는 생략될 수 있고 그리고 "관계 대명사 + be 동사 + 분사나 형용사 + 다른 말 또는 말들"의 경우에도 관계 대명사와 be 동사가 생략될 수 있다.

20. 가장 힘든 일을 성취했을 때 가장 큰 기쁨을 느끼게 한다. 그러나 되도록 쉬운 일을 추구하는 것이 인간의 상정이다.

(1) 단문들로의 분석 :

1) 당신이 가장 어려운 일을 성취한다 : You complete the most difficult job.

2) 그것은 당신에게 가장 큰 기쁨을 준다 : It gives you the greatest pleasure.

3) 당신은 될 수 있으면 쉬운 일을 추구한다 : You seek an easy job as much as possible.

4) 그것은 당연하다 (=인간의 상정이다) : It is natural.

(2) 단문들의 결합 순서 :

1) + 2) + 4) + 3)

(3) 단문들이 결합되는 방법 :

1)를 추상명사화 2)의 it를 대신함. But 4) 3)을 부정사 구문화.

(4) 종합 결합된 영작 :

The completion of the most difficult job gives you the greatest pleasure. But it is natural to seek an easy job as much as possible.

21. 그는 그의 아버지에게 학교에 보내 줄 것을 간청하였으나 그의 아버지는 학교에서 시간을 허비하는 것보다 농장에 나가 일하는 것이 좋다고 그의 말을 듣지 않았다.

(1) 단문들로의 분석 :

1) 그는 그의 아버지에게 간청하였다 : He entreated his father.

2) 그의 아버지가 그를 학교에 보낼 수 있었다 : His father could send him to school.

3) 그의 아버지는 말하였다 : His father said.

4) 그가 학교에서 시간을 낭비할 것이었다 : He would waste his time at school.

5) 그가 농장에 나가 일할 것이었다 : He would work in the farm.

6) 그의 아버지는 그의 말을 듣지 않았다 : His father did not listen to him.

7) 그것이 좋다 : It was better.

(2) 단문들이 결합되는 순서 :

1) + 2) + 6) + 3) + 7) + 5) + 4)

(3) 단문들이 결합되는 방법 :

　　1) 2)를 부정사 구문화. But 6), 3)을 분사 구문화 that 7) 5)를 부정사 구문화 than 4)를 부정사 구문화.

(4) 종합 결합된 영작 :

　　He entreated his father to send him to school. But his father did not listen to him, saying that it was better for him to work in the farm than to waste his time at school.

---

22. 고립은 때로는 쓰라리지만 남의 이해심이나 동정심으로부터 차단되기에 나는 후회 하지 않는다. 나는 그 때문에 어느 정도 손해는 보지만 남의 습관, 의견 또는 편견에 속박되지 않음으로써 그 보상을 능히 받는다.

(1) 단문들로의 분석 :

　　1) 고립은 때로는 쓰라리다 : Isolation is sometimes bitter.

　　2) 나는 남의 이해심과 동정심으로부터 차단된다 : I am cut off from the understanding and sympathy of other men.

　　3) 나는 후회하지 않는다 : I do not regret.

　　4) 나는 남의 습관, 의견 또는 편견으로부터 독립 된다 : I am rendered independent of the customs, opinions, and prejudices of others.

　　5) 나는 그 때문에 어느 정도 손해 본다 : I lose something by it.

　　6) 나는 그 보상을 받는다 : I do compensate it.

(2) 단문들이 결합되는 순서 :

　　1) + 3) + 2) + 5) + 6) + 4)

(3) 단문들이 결합되는 방법 :

　　1), but 3) 2)를 동면사 구문화, 5, but 6) by 4)를 동명사 구문화.

(4) 종합 결합된 영작 :

　　Isolation is sometimes bitter, but I do not regret being cut off from the understanding and sympathy of other men. I lose something by it, but I do compensate it by being rendered independent of the customs, opinions, and prejudices of others.

학생 : 선생님, 4)의 술어 compensate 앞에 동사 do가 왔는데 왜 그렇습니까??

선생 : 술어가 be동사 이외의 동사이고 그것이 강조 받을 때 그 술어 앞에 강조의 조동사 do(혹은 did : 과거 술어일 때)가 오고 그 술어는 동사 원형으로 바뀐다.

---

23. 최근에 도시 지역에서는 자동차의 난폭한 운전이 점점 더 심해졌다. 그러므로 반드시 좌측 통행에 유의하기 바란다.

(1) 단문들로의 분석 :

1) 최근에 도시 지역에서는 자동차의 난폭한 운전이 점점 더 심해졌다 : Recently the reckless driving of cars has become more and more violent in the urban areas.

2) 네가 반드시 좌측 통행을 할 것이다 : You will keep to the left by all means.

3) 네가 유의 할 것이다 : You will keep it in mind.

4) 나는 바란다 : I hope.

(2) 단문들이 결합되는 순서 :

1) + 4) + 3) + 2)

(3) 단문들이 결합되는 방법 :

1). 4) that 3) 2)를 부정사 구문화.

(4) 종합 결합된 영작 :

Recently the reckless driving of cars has become more and more violent in the urban area. I hope that you will keep it in mind to keep to the left by all means.

학생 : 선생님, 왜 똑 같은 비교급인 more가 겹쳤습니까?

선생 : 지난번에 설명한 것 같은데, 문장 속에서 똑 같은 비교급이 겹치면 "점점"이라는 뜻이 부가된다.

24. 학생이 비록 총명하지 않더라도 그리고 학과가 첫 눈에 어렵게 보이더라도 만일 그 학과를 끈기 있게 계속하여 게을리 하지 않는다면 그 공부는 점점 쉬워지거나 혹은 적어도 덜 어렵게 된다는 사실을 알 것이다.

(1) 단문들로의 분석 :

1) 학생이 총명하지 않다 : A student is dull.

2) 한 학과가 첫 눈에 어렵게 보일는지 모른다 : A subject may seem to be difficult at first sight.

3) 그가 끈기를 계속할 수 있다. : He can persevere continuously.

4) 그가 그 학과를 게을리 하지 않는다 : He does not neglect the subject.

5) 공부는 점점 쉬워지고 혹은 적어도 덜 어렵게 될 것이다 : The study will become easier and earier or at least less difficult.

6) 그가 알게 될 것이다 : He will find.

(2) 단문들이 결합되는 순서 :

1) + 2) + 6) + 5) + 3) + 4)

(3) 단문들이 결합되는 방법 :

As 1), and as 2), 6) that 5) if 3) and 4).

(4) 종합 결합된 영작 :

Dull as a student may be and difficult as a subject may seem to be at first sight, he will find that the study will become easier and easier or at least less difficult if he can persevere continuously and does not neglect it.

25. 잃어버린 부는 근면에 의하여 회복할 수가 있다. 그러나 잃어버린 시간은 무엇에 의해서도 다시 메울 수가 없다.

(1) 단문들로의 분석 :

1) 잃어버린 부는 근면에 의하여 회복할 수가 있다 : Lost wealth can be recovered by industry.

2) 잃어버린 시간은 무엇에 의해서도 다시 메울 수가 없다 : Lost time cannot be made up for by anything.

(2) 단문들이 결합되는 순서 :

1) + 2)

(3) 단문들이 결합되는 방법 :

(1), but 2).

(4) 종합 결합된 영작 :

Lost wealth can be recovered by industry, but lost time cannot be made up for by anything.

---

26. 용무를 끝마쳤으므로 시내의 명소를 구경하고 싶은데 지장이 없으시면 두루 안내해 주시지 않겠습니까?

(1) 단문들로의 분석 :

1) 나는 용무를 끝마쳤다 : I have finished my business.
2) 나는 시내의 명소를 구경하고 싶다 : I should like to see some of the sights of this city.
3) 당신은 지장이 없다: You are free.
4) 당신은 나에게 시내를 두루 안내해 주시겠습니까? : Will you please take me over the city?

(2) 단문들이 결합되는 순서 :

1) + 2) + 4) + 3)

(3) 단문들이 결합되는 방법 :

Now 1), 2). 4) if 3)?

(4) 종합 결합된 영작 :

Now I have finished my business, I should like to see some of the sights of this city. Will you please take me over the city if you are free?

27. 좋은 책을 읽으면 반드시 그만큼 좋은 영향을 받고 나쁜 책을 읽으면 반드시 그만큼 나쁜 영향을 받을 것이다. 당신이 책의 선택에 있어서 아무리 주의해도 지나칠 것이 없다.

(1) 단문들로의 분석 :

1) 당신이 좋은 책을 읽는다 : You read a good book.

2) 당신은 반드시 그만큼 좋은 영향을 받을 것이다 : You will surely receive so much good influence.

3) 당신이 나쁜 책을 읽는다 : You read a bad book.

4) 당신은 반드시 그만큼 나쁜 영향을 받을 것이다 : You will surely receive so much bad influence.

5) 당신은 책의 선택에 있어서 아무리 주의해도 지나칠 것이 없다 : You cannot be too careful in choosing books.

(2) 단문들이 결합되는 순서 :

1) + 2) + 4) + 3) + 5)

(3) 단문들이 결합되는 방법 :

If 1), 2) and 4) if 3), 5).

(4) 종합 결합된 영작 :

If you read a good book, you will surely receive so much good influence and (you will receive) so much bad influence if you read a bad book. You cannot be too careful in choosing books.

학생 : 선생님, 위의 영작에서 (you will receive)는 생략될 수 있다는 것인 줄 압니다. 지난번에 생략의 일반 법칙에서 문맥으로 보아 알 수 있고 문법적으로 하자가 없는 것은 생략된다고 말씀하셨는데 이것이 바로 그러한 법칙에 따른 것입니까?

선생 : 그렇다! 돌다리도 두들겨 보고 건너가라는 속담이 있는 것과 같이 법칙들의 지식에 관한한 그러한 정신은 아무리 강조해도 지나치지를 않는 것이다.

28. "여행만큼 즐거운 것은 없다" 라고 옛날부터 일러 왔지만 오늘날에 있어서도 이 말은 들어 맞는다. 미지의 곳을 여행하여 그 곳 사람들의 인정이나 풍습에 젖어 보는 것은 인생 최고의 즐거움들 중의 하나인 것이다.

(1) 단문들로의 분석 :

(1) 여행만큼 즐거운 것은 없다: Nothing is more pleasant than journey.

2) 옛말이 이른다 : An old saying goes.

3) 그것은 오늘날에도 들어 맞는다 : The same is true of today.

4) 한 사람이 미지의 세계를 여행한다 : A man takes a journey to strange places.

5) 한 사람이 그곳 사람들과 친해진다 A man becomes friends with the people.

6) 한 사람이 그곳의 풍습에 젖는다 : A man become familiar with their way of life.

7) 그것은 인생 최고의 즐거움들 중의 하나이다 : It is one of the highest pleasures in our life time.

(2) 단문들이 결합되는 순서 :

1) + 2) + 3) + 7) + 4) + 5) + 6)

(3) 단문들이 결합되는 방법 :

"1)", 2), and 3. 8 4)부정사 구문화, and 5)을 부정사 구문화, and 6)을 부정사 구문화.

(4) 종합 결합된 영작 :

"Nothing is more pleasant than journey." goes an old saying, and the same is true of today. It is one of the highest pleasures in his life time for a man to take a journey to strange places and become friends with the people and familiar with their way of life.

학생 : 선생님, 단문들이 결합되는 방법에 따르면 4)를 부정사 구문화 and 5)를 부정사 구문화 and 6)을 부정사 구문화로 되어 있어서 그 부분은 본래 "to take a journey to strange places and to become friends with the people and to become familiar with their way of life" 가 될 것인데 생략의 일반 법칙을 적용하여 문맥으로 보아 5)에서 to가 생략되고 6)에 서 to become이 생략된 것입니까?

선생 : 어떤 것이 있어야 할 곳에 그 어떤 것이 그 있어야 할 곳에 없으면 그 어떤 것은 그것이 있어야 할 곳에서 생략된 것이다. 생략에 대한 사전적 정의는 글이나 말 또는 일정한 절차를 짤막하게 주리는 것이다. 인간의 삶에서는 이러한 생략 행위는 인간을 아주 편리하고 경제적으로 살게 하는 행위인 것이다. 그러나 그 생략 행위가 그것이 일어나도 그것이 일어나지 않았을 경우와 사정이

다름없는 경우에 만이 허용된다. 심지어 말로 표현 안 하는 것이 말로 표현할 때보다 의미 전달이 더 효과적일 수 있어서 영어의 속담에 "말은 은이요. 침묵은 금이다 : Speech is silver, silence gold." 라는 말이 있다.

> ※ 위의 영문은 "Speech is silver and silence is gold" 의 생략형이다. 생략 어법을 가장 잘 쓰는 사람이 글 또는 말을 가장 잘 쓰는 또는 말하는 사람이라고 말해도 지나친 말이 아닐 것이다.

학생 : 선생님, 생략 어법에 대하여 이렇게 자상하게 말씀해주시니 고맙습니다.

선생 : 여자의 치마와 사람의 말은 짧을수록 좋다는 것을 이해하기 바란다.

---

29. 일전에 어떤 청년이 나에게 편지를 보내어 자기의 무지를 탄식하고 지식이 있고 현명한 사람이 되기 위하여서는 어떠한 책을 읽어야 하며 어떠한 일을 해야 하는가를 말해 달라고 요구하였다.

(1) 단문들로의 분석 :

1) 일전에 어떤 청년이 나에게 편지를 보냈다 : The other day a young man sent me a letter. (= The other day I received a letter from a young man.)

2) 그는 자기의 무지를 탄식했다 : He deplored his ignorance.

3) 그는 지식 있고 현명한 사람이 될 수 있었다 : He could be learned and wise.

4) 그는 어떤 책을 읽어야 했는가? : What kind of books should he read?

5) 그는 어떤 일을 해야 하였는가? : What should he do?

6) 그는 나에게 말해 달라고 요구하였다 : He asked me to advice him.

(2) 단문들이 결합되는 순서 :

1) + 2) + 6) + 4) + 5) + 3)

(3) 단문들이 결합되는 방법 :

1), who 2) and 6) on 4)를 명사절 화, and 5)를 명사절화. in order to 3)을 부정사 구문화.

(4) 종합 결합된 영작 :

The other day I received a letter from a young man, who deplored his ignorance and asked me to advise him on what kind of books he should read and what he should do in order to be learned and wise.

---

30. 나는 한국 학생을 불쌍하게 여긴다. 그들은 어려운 시험 문제를 풀어야 할 뿐만 아니라 부정확한 문제도 풀어야 한다. 지난 주 학생들이 어떤 대학교 입학 시험 출제에 오류를 발견했다는 말을 듣고 교육 당국은 난처한 입장에 빠졌다.

(1) 단문들로의 분석 :

　　1) 나는 한국 학생들을 불쌍하게 여긴다 : I feel pity for(혹은 tare pity on) Korean students.

　　2) 그들은 어려운 문제를 풀어야 한다 : They must answer difficult examination questions.

　　3) 그들은 부정확한 문제도 풀어야 한다 : They must also task with incorrect questions.

　　4) 학생들은 어떤 대학교 입학 시험 문제에서 오류를 발견했다 : Students found misprints in a question of a certain college entrance examination.

　　5) 지난 주 교육 당국은 듣고 난처한 입장에 빠졌다 : The authority of Education Ministry was embarrassed last week to hear.

(2) 단문들이 결합되는 순서 :

　　1) + 1) + 3) + 5) + 4)

(3) 단문들이 결합되는 방법 :

　　1). Not only 2), but also 3). 5) that 4).

(4) 종합 결합된 영작 :

I feel sorry for Korean students. Not only must they answer difficult examination questions, but they must also task with incorrect questions. The authority of Education Ministry was embarrassed last week to hear that students had found misprints in a question of a certain college entrance examination.

31. 그 두 사람 사이에는 갑자기 침묵이 흘렀고 나는 어쩐지 이 침묵이 깨어지지 않으리라 생각했다. 그런데 이 침묵이 2, 3초도 계속되지 못하여 이러한 철저한 적막 속에서 나는 대단히 빠른 발자국 소리가 거리를 따라 점점 이 쪽으로 오는 것을 분명히 들었다.

(1) 단문들로의 분석 :

　1) 두 사람 사이에는 갑자기 침묵이 흘렀다 : A silence fell suddenly between the two men.

　2) 나는 어쩐지 그 침묵이 깨어지지 않으리라 생각했다 : I somehow expected the silence to be unbroken.

　3) 2, 3초 정도도 못 되었다 : It was not more than a few minutes.

　4) 이러한 철저한 정막 속에 대단히 빠른 발자국 소리가 거리를 따라 점점 이 쪽으로 오는 것을 분명히 들었다 : In the utter stillness, I distinctly heard a very rapid step coming here along the street.

(2) 단문들이 결합되는 순서 :

　1) + 2) + 3) + 4)

(3) 단문들이 결합되는 방법 :

　1) which 2) But 3) when 4).

(4) 종합 결합된 영작 :

　A silence fell suddenly between the two men, which I somehow expected to be unbroken. But it had been not more than a few seconds when in the utter stillness I distinctly heard a very rapid step coming here along the street.

학생 : 선생님, 분석된 단문 4)에서 in the utter stillness 다음에 comma(,)가 왔는데 종합 결합된 문장에서는 그 comma가 생략되었습니다.

선생 : 학생이 잘 관찰했다. 전 번에 구두점(punctuation)을 설명했을 때에 comma의 경계선의 역할을 보기를 들어 설명했는데 그 때에 경계선의 역할을 하는 comma는 생략될 수 있다고 말했다. 이 in the utter stillness는 강조되어 그 단문 앞으로 가 강조된 특별한 문법적인 단 위로서 그 뒤의 본문에 대한 종속 구문이어서 그 둘 사이의 경계선의 comma이기 때문에 생략된 것인데 그 comma가 그대로 있어도 된다.

32. 어떤 철학자는 최근 100년간의 지식의 발전이 대단했기 때문에 우리는 그것을 인지할 수가 없었다고 일찍이 말했다. 왜냐하면 지식의 발전으로 세계관이 전부 혁신되었기 때문이다.

(1) 단문들로의 분석:

1) 어떤 철학자는 일찍이 말했다 : A philosopher once said.

2) 최근 100년간에 지식의 발전이 대단했다 : The growth of knowledge in the last century was great.

3) 우리는 그것을 인지할 수가 없었다 : We could not realize it.

4) 지식의 발달로 우리의 세계관을 완전히 혁신 시켰다 : The growth of knowledge revolutionized our whole view of the world.

(2) 단문들이 결합되는 순서 :

1) + 2) + 3) + 4)

(3) 단문들이 결합되는 방법 :

1) that 2) so that 3), for 4).

(4)종합 결합된 영작 :

A philosopher once said that the growth of knowledge in the last century had been so great that we could not realize it, for it had revolutionized our whole view of the world.

학생 : 선생님, 단문 2)와 4)에서는 술어들이 과거들인 was와 revolutionized였는데 종합 결합된 영작문에서는 각각 복합 술어들 had been과 had revolutionized로 바뀌었습니다.

선생 : 잘 지적했다. 이 강의 서두에서 직설법 12 시제에서 그 점이 잘 설명되었다. 종합 결합한 결과 문맥으로 보아 그 시제들이 각각 그 앞의 시제인 과거 said보다 앞서고 있다. 영어의 시제는 우리말의 시제보다 이렇게 정밀하다. 이 점에 학생은 언제나 유의하지 않으면 안 된다. 우리가 영어를 외국어로 배우는 이유가 비단 그것이 선진국들의 언어이고 국제어이기 때문만은 아니다. 우리는 영어의 문법적인 체계성은 물론 어휘들의 적절한 쓰임새들을 배움으로써 우리는 부지불식간에 영어의 그러한 장점들을 우리말에 적용시켜 우리말을 더욱 풍요롭게 하 기 위함도 포함된 것이다.

이것은 여담같이 들릴는지 모르지만 나는 영어를 철두철미하게 배워 우리말 글쓰기에 큰 보탬이 되고 있다는 것을 우리말로 글을 쓸 때마다 느끼고 있다. 나는 영어의 논리적인 속성을 영어의 글을 읽을 때마다 인식하게 되어 영어 책들을 읽는 재미가 엄청난 것이다. 그 뿐이랴 나는 영어로 소설, 시,

철학서, 그리고 사상집들을 집필할 때의 그 희열은 말로 표현할 수 없을 정도였고 지금도 영어로 글을 쓰고 영어로 말을 하게 될 때면 그 재미가 마찬가지이다. 학생들도 영어를 정복하여 나와 같은 행복감을 느끼기를 진심으로 바라는 마음 간절하다.

33. 새로운 것을 배우겠다는 우리의 호기심은 나이를 먹을수록 점점 더 약화되어서 나중에는 우리가 모르는 것은 우리에게 구역질만 일으킬 뿐이다.

(1) 단문들로의 분석 :

1) 우리는 새로운 것을 배운다 : We learn unknown things.
2) 우리의 호기심이 점점 더 약화된다 : Our curiosity grows weaker and weaker.
3) 우리가 나이를 먹는다 : We get advanced in years.
4) 나중에 우리가 어떤 것을 모른다 : We are not familiar with something at last.
5) 어떤 것은 우리에게 구역질만 일으킬 뿐이다 : Something induces only disgust on our part.

(2) 단문들이 결합되는 순서 :

1) + 2) + 3) + 4) + 5)

(3) 단문들이 결합되는 방법 :

2) 1)을 부정사 구문화 as 3) until 4)를 관계 대명사that를 사용하여 명사절 화 5).

(4) 종합 결합된 영작 :

Our curiosity to learn unknown things grows weaker and weaker as we get advanced in years until what we are not familiar with at last induces only disgust on our part.

학생 : 단문 5) 번과 4) 번을 접속시키는 데 있어서 5) 번의 something을 선행사로 하고 4) 번의 something 대신에 관계 대명사 that를 사용하셨는데 종합 결합된 영작에서는 그 something that 대신에 what를 사용하신 걸로 생각하는데 제가 여쭌 게 맞습니까?

선생 : 학생이 지적한 것은 맞는 말이다. 지난 번에는 특수 관계 대면사들(as, but, 그리고 but)을 설명했는데 순서가 뒤 바뀌었지만 여기서 질문이 나온 김에 일반 관계 대명사에 대하여 간단히 요점적으로 실명하겠나.

일반 관계 대명사나 특수 관계 대명사나 관계 대명사의 성립 조건을 먼저 알아야 한다. 그것이 영어의 관계 명사에 대한 원리 의식이 되는 것이다. 관계 대명사의 성립 조건 : (1) 반드시 그것 앞, 뒤, 혹은 앞과 뒤의 말 혹은 말들을 선행사로 갖거나 아니면 선행사를 그것 안에 내포해야 한다. (2) 반드시 그것이 이끄는 절에서 주어, 보어, 혹은 보어의 역할을 해야 한다.

1. 사람을 선행사로 갖는 관계 대명사 : who(주격), whom(목적격)

This is the man who will help you to learn English.
(이 사람이 영어 공부하는데 너를 도울 것이다.)
※ 관계 대명사 who는 그것 앞에 선행사를 갖고 그것이 이끄는 절에서 복합 술어 will help 의 주어가 됨.

2. 사람 이외의 명사나 대명사를 선행사로 갖는 관계 대명사 : which

The book which I read yesterday was moving.
(어제 내가 읽은 책은 감동적이었다.)
※ 관계 대명사 which는 그것 앞에 선행사를 갖고 그것이 이끄는 절에서 술어 read의 목적어가 됨.

3. 사람이나 사람이외의 것이나 다 선행사로 갖는 관계 대명사 : that

보기 There is a shop across the street that sells shoes.
(길 저편에는 신발을 파는 가게가 있다.)
※ 관계 대명사 that는 그것 앞에 shop를 선행사로 갖고 그것이 이끄는 절에서 술어의 주어가 됨.

4. 선행사를 그 자체 속에 포함하는 관계 대명사 : what(something that 혹은 that which)

What he has said is true. (그가 말한 것은 사실이다.))
※ 관계 대명사 what는 그것 안에 선행사(trat)를 갖고 그것이 이끄는 절에서 술어 is의 주어가 됨.

이 밖에 관계 대명사들은 예외적인 것들이 덜어 있지만 지금 설명한 관계 대명사의 원리를 알고 있으면 그것들은 응용적인 머리로 풀어낼 수 있다. 학생 : 선생님!

선생 : 학생 위의 영작에서 또 다른 질문이 있나? 좋다! 공부는 스스로 묻고 스스로 답하는 것인데 선생은 글자 그대로 먼저 태어 났기 때문에 먼저 스스로 묻고 스스로 답하는 요령을 터득한 것뿐이나 늦게 태어난 학생에게 조금 길잡이의 역할을 할 수 있다. 그러니 학문은 묻고 배우는 것이기에 선생에게 얼마든지 질문 즉 물어뜯어도 좋다.

학생 : 고맙습니다. 위의 영작에서 disgust on our part는 마치 그것이 하나의 문장처럼 해석이 되는 것이기에 그러한 구문에도 어떤 법칙이 있습니까??

선생 : 참으로 학생이 좋은 질문을 찾아냈구나. 그렇다! 그러한 구문은 다음과 같은 법칙을 갖는다. "추상 명사 + on + the + part + of + X" = "추상 명사 + on + X's + part" 라는 공식에서 추상 명사는 술어와 같은 역할을 하고 X는 주어와 같은 역할을 한다. 예컨대, "There is no objection on my part." 에서 "no objection on my part" 는 "I do not object (나는 반대하지 않는다.)로 paraphrase될 수 있다.

학생 : Thank you very, very much, Sir.

선생 : You are very, very, very welcome, Student.

34. 법치의 정부가 아닌 정부는 무슨 정부이건 독재 정치이다.

(1) 단문들로의 분석 :

1) 무슨 정부이건 법치의 정부가 아니다 : Any government is not a government of law.
2) 무슨 정부이건 독재 정치이다 : Any government is a despotism.

(2) 단문들이 결합되는 순서 :

2) + 1)

(3) 단문들이 결합되는 방법 :

2) that 1)

(4) 종합 결합된 영작 :

Any government that is not a government of law is a despotism. (= Whatever government is not a government of law is a despotism.)

학생 : 선생님, 괄호 안의 종합 결합된 영작에서 any 대신에 whatever가 사용되었는데 그것을 잘 모르겠습니다.

선생 : 그렇지! 그건 당연히 학생이 잘 모르겠지. 왜냐하면 관계 형용사의 법칙이 처음 나왔거든. 그러면 관계 형용사에 대하여 간단히 역시 요점적으로 설명하겠다. 관계 대명사는 선행사를 그것 뒤에 갖고 그 선행사를 형용사적으로 수식하며 앞뒤의 문장을 접속시킨다. 관계 형용사들은 what, whatever, which, whichever밖에 없다. 보기 : I gave him what money I had. 위의 보기에서 what는 any 또는 all the의 형용사적인 역할과 관계 대명사 that의 기능을 한다. 즉 위의 문장은 I gave him all the money that I had.와 같다.

35. 그 부인이 자녀들을 교육시키느라고 어떠한 고난을 겪었는지 자네는 결코 알지 못하고 있네.

(1) 단문들로의 분석 :

　1) 그 부인이 자녀들을 교육시켰다: The lady educated her children.

　2) 그녀는 고난을 겪었다: She went through a hardship.

　3) 자네는 결코 못 알고 있네 : You can never imagine.

(2) 단문들이 결합되는 순서 :

　3) + 2) + 1)

(3) 단문들이 결합되는 방법 :

　3) what 2)in 1)를 동명사 구문화.

(4) 종합 결합된 영작 :

　You can never imagine what hardship she went through in educating her children.

36. 한 사람이 따뜻한 봄날에 해변 가를 산책하는 것보다 더 유쾌한 일은 없다.

(1) 단문들로의 분석 :

　1) 한 사람이 따뜻한 봄날에 해변 가를 산책하다 : A man takes a walk along a sea coast in the warm spring weather.

　2) 아무 것도 더 유쾌한 일은 없다: Nothing is more pleasant. (= Nothing gives you more pleasure.)

(2) 단문들이 결합되는 순서 :

2) + 1)

(3) 단문들이 결합되는 방법 :

2) than 1)를 동명사 구문화.

(4) 종합 결합된 영작 :

Nothing is more pleasant than taking a walk along a sea coast in the warm spring weather.

선생 : 여기서 위의 종합 결합된 문장에서 no + 비교급 + than에 대한 질문이 나오지나 아니 할까 기대했었다.

학생 : 우리말과 다를 바 없는 비교급을 썼기 때문에 으레 그러려니 했는데 거기에는 다른 문법적인 고려할 점이 있습니까?

선생 : 그렇다. No + 비교급 + than은 no + as + as + any와 함께 최상급의 뜻을 갖는다. 위의 종합 결합된 영작을 보기로 삼아보자 : Taking a walk in a warm spring weather along a sea coast is the most pleasant thing of all. (= Nothing is as pleasant as taking a walk along a sea coast in a warm spring weather.)

선생 : Do you understand my explanation of this?

학생 : Yes, I understand it most fully. Thank you, Sir.

---

37. 그는 지주로서 가난한 농민에게 끼쳤던 고통과 학대에 대하여 뉘우쳐서 자기의 여생에 최대의 내핍 생활을 하겠다고 맹세하였다.

(1) 단문들로의 분석 :

1) 그는 지주로서 가난한 농민에게 고통과 학대를 끼쳤다 : He brought suffering and maltreatment on poor peasants as a landlord.

2) 그는 그 고통과 학대에 대하여 뉘우쳤다 : He was in remorse for the suffering and maltreatment.

3) 그는 여생에 최대의 내핍 생활을 할 것이었다 : He would live a life of the severest austerity for the rest of his days.

4) 그는 맹세하였다 : He vowed.

(2) 단문들이 결합되는 순서 :

2) + 1) + 4) + 3)

(3) 단문들이 결합되는 방법 :

2)를 분사 구문화, which 1), 4) 3)를 부정사 구문화.

(4) 종합 결합된 영작 :

Being in remorse for the suffering and maltreatment which he had brought on poor peasants, he vowed to live a life of the severest austerity for the rest of his days.

---

38. 사춘기에 있어서 종교와 성은 밀접하게 그리고 불가피하게 관련되어 있어서 만일 이것들이 양심의 지시에 따라 조화 있게 조절되지 않으면 젊은 사람들에게 많은 고통을 줄 뿐만 아니라 그의 개성의 충분한 발달을 방해할는지 모른다.

(1) 단문들로의 분석 :

1) 사춘기에 있어서 종교와 성은 밀접하게 그리고 불가피하게 관련되어 있다 : In adolescence, religion and sex become closely and inevitably associated.

2) 이것들이 양심의 지시에 따라 조화 있게 조절된다 : They are harmoniously adjusted to the dictates of conscience.

3) 젊은 사람들에게 많은 고통을 끼친다 : They cause young persons great suffering.

4) 그것들은 그들의 개성의 충분한 발달을 방해할는지 모른다 : They may check the full growth of their personality.

(2) 단문들이 결합되는 순서 :

1) + 3) + 4) + 2)

(3) 단문들이 결합되는 방법 :

1), and not only 3), but also 4) unless 2).

(4) 종합 결합된 영작 :

In adolescence religion and sex become closely and inevitably associated, and not only do they cause young persons great suffering, but also check the full growth of their personality unless they are harmoniously adjusted to the dictates of conscience.

39. 나는 책이 아무리 나쁘고 지루한 것이라도 다 읽지 않고는 견디기 어렵다.

(1) 단문들로의 분석 :

　1) 책이 나쁘고 지루하다 : A book is bad and boring.

　2) 나는 그것을 다 읽지 않고서는 견디기 어렵다 : I cannot help reading it through.

(2) 단문들이 결합되는 순서 :

　1) + 2)

(3) 단문들이 결합되는 방법 :

　However 1), 2).

(4) 종합 결합된 영작 :

　However bad and boring a book may be, I cannot help reading it through.

선생 : however에 이끌리는 양보의 부사절은 조동사 may나 might가 쓰인다는 것을 앞의 영작들에서 익히 보았을 것이다.

학생 : 지금은 그 정도의 영작은 누워서 떡 먹기보다 쉽습니다.

40. 시골에서 돌아온 다음만큼 시간이 느리게 지나가는 것같이 보인 적은 없었다. 시골의 여름 공기가 나의 몸에 베어 들어서 시골에서의 생활의 맛을 경험했기 때문에 그 밖의 다른 생활은 무미 건조하게 느껴졌다.

(1) 단문들로의 분석 :

　1) 내가 시골에서 돌아왔다 : I came back from the country.

　2) 시간이 느리게 지나가는 것같이 보인 적이 없었다 : The time had never seemed to pass so slowly.

3) 시골의 여름 공기가 나의 몸에 배어들었다 : The rural summer air was immersed in my body.

4) 나는 시골에서 생활의 맛을 경험했다 : I experienced a taste of living in the country.

5) 그 밖의 다른 생활은 무미 건조하게 느껴졌다 : Any other way of living seemed flat and dull.

(2) 단들이 결합되는 순서 :

2) + 1) +3) + 4) + 5)

(3) 단문들이 결합되는 방법 :

2) as after 1), 3) and 4)를 분사 구문화, 5).

(4) 종합 결합된 영작 :

Never had the time seemed to pass so slowly as after I came back from the country. The rural air was immersed in my body, and having experienced a taste of living in the country, any other way of living seemed flat and dull.

학생 : 단문들이 종합 결합되는 방법에서 4)를 분사 구문화 되면은 experiencing a taste of living in the country로 될 줄 알았는데 즉 일반 분사 구문화 될 줄 알았는데 having experienced a taste of living in the country의 완료 분사 구문화가 되었습니다. 그 점을….

선생 : 아! 그것은 그 분사 구문의 본문인 술어 동사가 과거형인 seemed(늦은 과거)이고 그 동사의 과거 시제보다 앞선 과거의 뜻을 분사 구문이 갖고 있기 때문이다.

41. 될 수 있는 한 "왜?" 라는 의문을 던지는 대신, 가능한 한 "어떻게?" 라는 의문을 제시하는 것이 현명한 일이라는 것을 과학자가 깨달았을 때 과학이 크게 진보했다고 생각해도 잘못이 아니다.

(1) 단문들로의 분석 :

1) 그것이 가능하였다 : It was possible.

2) 과학자들이 "왜?" 라는 의문을 던졌다: Men of science put the question "Why?"

3) 과학자들이 "어떻게?" 라는 의문을 던졌다: Men of science put the question "How?"

4) 그것은 현명하였다 : It was wise.

5) 과학자들은 깨달았다 : Men of science learned.

6) 과학이 크게 진보했다 : Science made a great progress.

7) 당신은 생각해도 잘못이 아니다 : You are not wrong in telling.

(2) 단문들이 결합되는 순서 :

7) + 6) + 5) + 4) + 1) + 3) + 2)

(3) 단문들이 결합되는 방법 :

7) that 6) when 5) that 4), whenever 1), 3)부정사 구문화, instead of 2)를 동명사 구문화.

(4) 종합 결합된 영작 :

You are not wrong in telling that science made a great progress when men of science learned that it was wise, whenever possible, to put the question ″ How?″ , instead of putting the question ″ Why?″

---

42. 사상은 정신의 이성적인 측면에 의해서 생겨지며, 타인에게 선명하게 전달될 수 있다. 그러나 감정은 생활 속에서 사람의 마음의 태반을 차지하고 있지만 그렇게 전달될 수 없다. 단지 예술만이 사상 뿐 아니라 감정을 있는 그대로 사람에게 전달할 수 있다.

(1) 단문들로의 분석 :

1) 사상은 정신의 이성적인 측면에 의해서 생겨진다 : Thoughts are produced by the reasoning side of the mind.

2) 사상은 타인에게 선명하게 전달될 수 있다: Thoughts may be made clear to others.

3) 감정은 생활 속에서 사람의 마음의 태반을 차지한다 : Feelings take up more than half our mind in living.

4) 감정은 그렇게 쉽사리 전달될 수 없다 : Feelings are not so easily made clear to others.

5) 다만 예술만이 사상 뿐만 아니라 감정을 사람에게 전달할 수 있다: Only art can give us not only thoughts, but also feelings.

6) 감정은 있는 그대로 있다 : Feelings are as they are.

(2) 단문들이 결합되는 순서 :

1) + 2) + 4) + 3) + 5) + 6)

(3) 단문들이 결합되는 방법 :

1), and 2) . But 4), though 3). 5) as 6).

(4) 종합 결합된 영작 :

Thoughts are produced by the reasoning side of the mind, and may be made clear to others. But feelings are not so easily made clear to others, though they take up more than half our mind in living. Only art can give us not only thoughts, but also feelings as they are.

---

43. 내가 조반을 차리고 있었을 때 거실의 문이 열리고 한 낯선 사람이 들어 왔다. 얼굴이 하얗고 양초 같아서 아무리 해도 선원일 것 같지 않았다. 그러나 그 사람에게는 어딘지 바다 냄새가 풍기고 있었다.

(1) 단문들로의 분석 :

1) 내가 조반을 차리고 있었다 : I was preparing our breakfast.

2) 거실의 문이 열렸다 : The living room door was opened.

3) 한 낯선 사람이 들어왔다 : A stranger came in.

4) 그의 얼굴은 하얗고 양초 같았다 : His face was white and wax-like.

5) 아무리 해도 선원인 것 같지 않았다 : He could never have been a sailor.

6) 그 사람에게는 어딘지 바다 냄새가 풍기고 있었다 : There was somehow a suggestion of the sea about him.

(2) 단문들이 결합되는 순서 :

1) + 2) + 3) + 4) + 5) + 6)

(3) 단문들이 결합되는 방법 :

1), when 2), and 3). 4) so-that 5), but 6).

(4) 종합 결합된 영작 :

I was preparing our breakfast, when the living room door was opened, and a stranger came in. His face was so white and wax-like that he could never have been a sailor, but there was somehow a suggestion of the sea about him.

학생 : 선생님, "…에게서 …풍긴다"라는 말이 위의 영작에 있는데 혹여 그러한 표현에 어떤 틀이라고 할까 아니면 형식이 있습니까?

선생 : It's a very good question. 지난번에 학생이 같은 질문을 한 것 같은데, 그래 일정한 형식이 있다고 보아 보기를 하나 들어 보자. "그녀의 헤어스타일에는 우아한 것이 풍긴다"는 영어로 학생이 관찰했듯이 "There is something elegant about her hair style"로 표현된다. 따라서 위의 영작과 이 보기에서 형식을 유도하면 "there + be동사 + something + X(형용사) + about + Y(명사)"와 같은 것이 나온다. 우리말로는 "X에(게)는 Y적인 것이 풍긴다"와 같은 해석이 나온다.

---

44. 약 30분 후에 그 무수한 작은 새들이 갑자기 날아와서 그로부터 멀리 떨어진 지점에 내렸다. 그 수가 너무 많아서 날고 있을 때는 그 때문에 하늘이 거의 안 보일 정도였다.

(1) 단문들로의 분석 :

  1) 약 30분 후에 그 무수한 작은 새들이 갑자기 날아왔다 : About half an hour later, the cloud of small birds made a sudden flight.

  2) 그로부터 (그들은) 멀리 떨어진 지점에 내렸다 : They came down at a point farther off from him.

  3) 그 수가 너무 많았다 : Their number was so great.

  4) 그들이 날고 있었다 : They were in flight.

  5) 하늘이 거의 안 보일 정도였다 : The sky was almost shut out.

(2) 단문들이 결합되는 순서 :

  1) + 2) + 3) + 5) + 4)

(3) 단문들이 결합되는 방법:

  1), and 2). 3) that 5) when 4).

(4) 종합 결합된 영작 :

  About half an hour later, the cloud of small birds made a sudden flight, and came down at a point farther off from him. Their number was so great that the sky was almost shut out when they were in flight.

(1) 단문들로의 분석 :

1) 우리는 15분쯤 앞으로 걸어갔다 : We walked forward for about fifteen minutes.

2) 우리는 그 언덕의 꼭대기에 이르고 있었다 : We were getting near the top of the hill.

3) 오른 쪽으로 제일 먼 곳에 있던 사람이 갑자기 큰 소리로 외쳤다 : The man farthest to the right suddenly gave a loud cry.

4) 그가 무엇에 매우 놀랐다 : He was quite frightened at something.

5) 여러 번 외치는 소리가 났다 : Cry after cry came from him.

6) 딴 사람들은 모두 그에게 달려갔다 : All the others went running in his direction.

(2) 단문들이 결합되는 순서 :

1) + 2) + 3) + 4) + 5) + 6)

(3) 단문들이 결합되는 방법 :

1), and 2), when 3) as if 4), 5), and 6).

(4) 종합 결합된 영작 :

We walked forward for about fifteen minutes, and were getting near the top of the hill, when the man farthest to the right suddenly gave a loud cry as if he were quite frightened at something. Cry after cry came from him, and all the others went running in his direction.

학생 : 선생님, 위의 4)의 문장의 술어 동사가 직설법 과거형인 was가 종합 결합된 문장에서는 were 로 둔갑했는데 이 이유를 알 수 없습니다.

선생 : 하!하! 둔갑이 아니라 as if라는 가정법 접속사에 4)가 들어 갔기에 직설법 was가 가정법 were 동사로 전환된 것이다. 가정법에 대하여는 전번에 얼마간 설명이 되었고 나의 저서 "영어 정복자" 에 철두철미하게 설명이 되어 있으니 그 책을 참고하기를 바란다.

46. 현대의 많은 생물학자들의 견해에 의하면, 생물은 태고에 어떤 자연 법칙을 초월한 과정에 의해서 지상에 출현했던지 아니면 쇠나 돌의 덩어리에 붙어서 우주에서 지구에 도달한 것이다.

(1) 단문들로의 분석 :

1) 현대의 많은 생물학자들의 견해에 의하면, 현대의 많은 생물학자들은 그런 견해를 가지고 있다 : At present, a great number of workers in biology take the view.

2) 생물은 태고에 자연 법칙을 초월한 과정에 의해서 지상에 출현했다 : Living beings were formed on the earth millions of years back by some process outside natural law.

3) 쇠나 돌의 덩어리에 붙어서 그것들이 우주에서 지상에 도달했다 : They came to the earth from outer space on a mass of iron or stone.

(2) 단문들이 결합되는 순서 :

1) + 2) + 3)

(3) 단문들이 결합되는 방법 :

1) that 2), or that 3).

(4) 종합 결합된 영작 :

At present a great number of workers in biology take the view that living beings were formed on the earth millions of years back by some process outside the natural law, or that they came to the earth from outer space on a mass of iron or stone.

47. 식물과 동물은 첫째 영양물을 섭취하는 과정에서 다르다. 식물은 영양물을 자기 주위의 화학 성분에서 직접 취할 수 있지만, 동물에게는 이것이 불가능하다. 바꾸어 말하면 모든 동물들은 그 영양분을 결국 식물에서 얻고 있다.

(1) 단문들로의 분석 :

1) 식물과 동물은 다르다 : Plants and animals are different.

2) 첫째는 그 과정에 있다: The chief way is in the process.

3) 그들이 영양을 섭취한다 : They get their food.

4) 식물은 영양물을 자기 주위의 화학 성분에서 직접 취할 수 있다 : Plants are able to take their food straight from chemicals around them.

5) 동물은 이것을 할 수 없다: Animals are unable to do this.

6) 바꿔 말하면 모든 동물들은 그 영양물을 결국은 식물에서 얻고 있다 : In other words, all animals, in the end, get their food from plants.

(2) 단문들이 결합되는 순서 :

2) + 1) + 3) + 4) + 5) + 6)

(3) 단문들이 결합되는 방법 :

2) in which 1) by which 3), 4), but 5), 6).

(4) 종합 결합된 영작 :

The chief way in which plants and animals are different is in the process by which they get their food. Plants are able to take their food straight from chemicals around them, but animals are unable to do this. In other words, all animals, in the end, get their food from plants.

48. 과학들의 발견들과 공업 기술의 발명들의 결과, 지구는 지난 100년 동안에 매우 작아졌다. 이제 각국은 서로 고립된 존재를 계속하기는 불가능하다.

(1) 단문들로의 분석 :

1) 과학의 발견들과 공업 기술의 발명들이 영향을 미쳤다 : The discoveries of science and the engineering inventions have had the effect.

2) 그 결과는 지구를 지난 100년 동안에 매우 작게 만들었다 : The effect has made our earth much smaller in the last hundred years.

3) 세계 각국은 이젠 서로 고립된 존재를 계속하기는 불가능하다 : The nations of the earth are no longer able to have existene separate from one another.

(2) 단문들로 결합되는 순서 :

1) + 2) +3)

(3) 단문들로 결합되는 방법 :

1) of 2)를 동명사 구문화, 3).

(4) 종합 결합된 영작 :

The discoveries of science and the engineering inventions have had the effect of making our earth much smaller in the last hundred years. The nations of the earth are no longer able to have existence separate from one another.

---

49. 모국어가 중요한 것임은 틀림없다. 그러나 동시에 공동의 이해 관계로 인해서 또는 심지어는 우연히 접촉하게 되는 어떤 두 사람들이 서로 자기를 상대자에게 이해가 될 수 있는 어떤 다른 언어가 마찬가지로 필요하다. 이러한 언어의 필요성은 오늘의 인간 생활의 변화된 환경에서는 더 증대하고 있다.

(1) 단문들로의 분석 :

1) 모국어가 중요한 것임은 틀림없다 : Native languages are undoubtedly important. 2) 그와 동시에 어떤 다른 언어가 마찬가지로 필요하다 : At the same time some other language is no less necessary.

3) 어떤 두 사람들이 공동의 이해 관계로 인해서 혹은 심지어는 우연히 접촉하게 된다 : Any two persons come into touch through common interests or even by chance.

4) 어떤 두 사람들이 서로 자기를 상대에게 이해될 수 있게 한다 : Any two persons can make themselves clear to each other.

5) 이러한 언어의 필요성은 오늘의 인간 생활의 변화된 환경에서는 더 증대하고 있다 : The need of such a language is getting greater in face of the changed conditions of man' s existence today.

(2) 단문들이 결합되는 순서 :

1) +2) + 3) + 4) + 5) + 1)

(3) 단문들이 결합되는 방법 :

1). But 2) in which 4) 3)을 현재 분사 구문화, 5).

(4) 종합 결합된 영작 :

Native languages are undoubtedly important. But at the same time some other language in which any two persons coming into touch through common interests or even by chance can make themselves clear to each other, is no less necessary. The need of such a language is getting greater in face of the changed conditions of man' s existence today.

50. 그는 테이블에 있는 책 한 권을 집어 들었지만 너무 무거워서 자기의 야윈 손으로는 들어올리기가 어려울 듯이 느껴졌다. 게다가 인쇄는 흐릿하게 흔들려 움직이고 글자와 글자는 서로 맞부딪혀서 포개지는 듯이 보였다. 그는 매우 피로해 있었으므로 책을 읽을 수 없었다.

(1) 단문들로의 분석 :

1) 그는 테이블에 있는 책 한 권을 집어 들었다 : He took up a book on the table.

2) 그것은 매우 무겁게 보였다 : It seemed to have a very great weight.

3) 야윈 손으로 들어 올리는 것이 어려웠다 : He found it difficult to hold it up in his thin hand.

4) 인쇄는 흐릿하게 흔들려 움직였다 : The print was moving about unclearly.

5) 글자와 글자가 맞부딪혀 충돌하였다 : The words were running into one another.

6) 게다가 사정이 그렇게 보였다 : Besides, it seemed.

7) 그는 매우 피로했었다 : He was so tired. 8) 독서는 불가능하였다 : Reading was impossible.

(2) 단문들이 결합되는 순서 :

1) + 2) + 3) + 6) + 4) + 5) + 7) + 8)

(3) 단문들이 결합되는 방법 :

1) but such 2) that 3). 6) that 4) and 5). 7) that 8).

(4) 종합 결합된 영작 :

He took up a book on the table, but it seemed to have such a great weight that he found it difficult to hold it up in his thin hand. Besides, it seemed that the print was moving about unclearly and the words were running into one another. He was so tired that reading was impossible.

학생 : 선생님, 지금까지 길고 복잡한 우리말을 영어로 옮길 때에 먼저 단문들로 분석한 뒤에 그것들을 길고 복잡한 영어의 문장을 만드는 과정에서 이 우주의 삼라만상 모든 것들이 다 그렇게 분석되고 종합 결합의 과정을 받는다는 것을 깨달았습니다. 저의 그와 같은 깨달음이 옳습니까?

선생: 그것을 옳다 그르다라는 구분보다는 제대로 된 것이다 아니면 제대로 되지 못한 것이다라고 구분하는 것이 낫겠지. 여하튼 학생이 삼라만상을 그렇게 분석 종합의 원리로 바라보게 되었다는 것은 참으로 학생이 사물을 보는 눈이 제대로 트여가고 있는 것을 말한다고 할 수 있다.

51. 그는 성내고 있는 듯이 보이지 않았지만, 무엇인가가 마음에 걸리는 것이 있는 듯했다. 시간이 지남에 따라 점점 생각에 잠겨 내가 아무리 웃어 보여도 그를 그 생각에서 끌어낼 수 없었다. 나는 그날 밤에 묵을 생각으로 왔지만, 이렇다면 물러가는 것이 나을 것 같았다.

(1) 단문들로의 분석 :

1) 그는 그렇게 보이지 않았다 : He did not seem.

2) 그는 화가 났다 : He was angry.

3) 그는 무엇인가가 마음에 걸렸다 : He had something on his mind.

4) 시간이 지났다 : Time went on.

5) 그는 점점 더 생각에 잠겼다 : He gave himself up to his thoughts more and more.

6) 나는 그를 웃게 하려고 했다 : I tried to make him laugh.

7) 나는 그를 그 생각에서 끌어낼 수 없었다 : I could not get him away from his thoughts.

8) 나는 그날 밤 그 집에서 묵을 생각으로 왔다 : I came with the idea of sleeping at the house that night.

9) 이렇다면 = 내가 그의 그와 같은 상태를 보았다 : I saw him in that condition.

10) 내가 물러가는 것이 나을 것 같았다 : It seemed better for me to go.

(2) 단문들이 결합되는 순서 :

1) + 2) + 3) + 4) + 5) + 6) + 7) + 8) + 9) + 10)

(3) 단문들이 결합되는 방법 :

(1) 2)를 부정사 구문화, but 3)을 부정사 구문화, As 4), 5), Although 6). 7). 8) but when 19), 10).

(4) 종합 결합된 영작 :

He did not seem to be angry, but to have something on his mind. As time went on, he gave himself up to his thoughts more and more. Although I tried to make him laugh, I could not get him away from his thoughts. I had come with the idea of sleeping at the house that night, but when I saw him in that condition, it seemed better for me to go.

학생 : 선생님, 단문들로 분석된 8)의 동사가 과거 came인데 종합 분석된 영작에서는 과거완료 had come으로 바뀌었습니다. 문맥상으로 앞의 과거와 뒤의 과거의 차이 때문인가요?

선생 : 학생이 잘 관찰했다. 나의 저서 "영어 정복자" 에 영어 시제에 대하여 완벽하게 설명이 되어 있다. 학생이 이미 알고 있겠지만 노파심에서 다시 간단히 설명하겠다. 종합 결합된 영작에서 had come 앞의 동사들이 모두가 과거 시제로 되어 있다. 그 동사들의 시간보다 had come의 시간이 앞섰기 때문에 과거 시제보다 앞서는 시제인 과거 완료가 온 것이다. 이 영어의 시제는 영어의 중심이 동사이고 시제가 동사와 불가분의 관계가 되어 있고 영어의 지식에서 아마도 가장 중요하다.

52. 그의 정신은 균형이 잘 잡혀 있었고, 타인의 말에 쉽사리 움직이지 않고 항상 이성과 양식에 의해서 통제되어 있다. 또 어떤 일을 처리할 때에는 그 일이 훌륭하게 완성될 때까지는 쉴 줄을 몰랐다.

(1) 단문들로의 분석 :

1) 그의 정신은 균형이 잘 잡혀 있었다 : His mind was well balanced.

2) 그의 정신은 타인의 말에 쉽사리 움직이지 않았다 : His mind was not readily moved by others' thought of him.

3) 그의 정신은 항상 이성과 양식에 의해서 통제되었다 : His mind was always controlled by reason and good sense.

4) 그가 어떤 일을 처리하고 있었다 : He was getting something done.

5) 그 일이 훌륭하게 완성되었다 : The work was completed and well done.

6) 그는 쉬지를 않았다 : He took no rest.

(2) 단문들이 결합되는 순서 :

1) + 2) + 3) + 4) + 6) + 5)

(3) 단문들이 결합되는 방법 :

1), and 2), but 3). When 4), 6) till 5).

(4) 종합 결합된 영작 :

His mind was well balanced, and not readily moved by others thought of him, but always controlled by reason and good sense. When he was getting something done, he took no rest till the work was completed and well done.

53. 현대의 과학은 사물을 의심하는 데서 시작되었다. 코페르니쿠스는 태양이 지구의 주위를 운행하는 것을 의심했고, 갈릴레오는 무거운 물체가 가벼운 물체보다 더 빠른 속도로 낙하하는 것에 대해 의심을 품고 있었다.

(1) 단문들로의 분석 :

1) 현대 과학은 사물에 대한 의심에서 시작되었다 : Modern science started with doubts and questions.

2) 코페르니쿠스는 의심했다 : Copernicus doubted.

3) 태양이 지구의 주위를 돌았다 : The sun went round the earth.

4) 갈릴레오는 의심했다 : Galileo doubted.

5) 무거운 물건은 가벼운 물체보다 더 빠른 속도로 낙하하였다 : The bodies of greater weight fell down more quickly than those of less weight.

(2) 단문들이 결합되는 순서 :

1) + 2) + 3) + 4) + 5)

(3) 단문들이 결합되는 방법 :

1), 2) that 3), and 4) that 5).

(4) 종합 결합되는 영작 :

Modern science started with doubts and questions. Copernicus doubted that the sun went round the earth, and Galileo doubted that the bodies of greater weight fell down more quickly than those of less weight.

54. 옛날에도 교육은 그렇게 단순하지 않았다. 남자들은 모두 식량을 얻기 위하여 사냥을 할 수 있어야 했고 늘 싸움이 벌어졌기 때문에 모든 사나이들은 투사들이 되어야 했다. 전쟁과 또한 동물들의 습성들에 관한 지식을 갖지 않았던 사람들은 오래 생존할 가망성이 없었다.

(1) 단문들로의 분석:

1) 옛날에도 교육은 그렇게 단순하지 않았다 : Even in very early times, education was not so simple.

2) 남자들은 모두 식량을 얻기 위하여 사냥을 할 수 있어야 했다 : All men had to be capable of hunting for food.

3) 늘 싸움이 벌어지고 있었다 : There was generally some sort of war on.

4) 모든 사나이들은 투사들이 되어야 했다 : All men had to be warriors.

5) 전쟁과 또는 동물들의 습성들에 대한 지식을 갖지 않았던 사람은 가망이 없었다 : A man without any knowledge of fighting and of the ways of animals had no chance.

6) 한 사람이 오래 살아남을 수 있었다 : A man could survive long.

(2) 단문들이 결합되는 순서 :

1) + 2) + 4) + 3) + 5) + 6)

(3) 단문들이 결합되는 방법 :

1), 2), and 4) because 3). 5) of 6)를 동명사 구문화.

(4) 종합 결합된 영작 :

Even in very early times, education was not so simple. All men had to be capable of hunting for food, and they had to be warriors because there was generally some sort of war on. A man without any knowledge of fighting and of the ways of animals had no chance of surviving long.

학생 : 선생님, 긴 우리말 문장을 단문들로 짧게 분석하는 습관이 들자 어쩐지 영어 회화 공부가 저절로 된 것 같습니다.

선생 : 그렇다. 회화체의 문장들은 대게가 짧은 문장들이어서 그러한 회화의 훈련이 되는 것이다. 말은 한 번 발설되면 사라져 버리기 때문에 긴 문장은 언어학적으로 기억의 한계(memory limitation)에 영향을 받아서 주로 쓰여진 영어(written English)에서 쓰여지기가 쉽다. 그런 고로 학생들은 아무쪼록 이 길고 복잡한 문장을 영작하는 과정에서 영작 실력과 함께 회화 실력을 기르기를 바란다. 말하자면 일석이조의 효과라고 할까.

55. 기계들은 인간의 심부름꾼이 되어야 하는데 노동자들에겐 자기들이 때때로 기계들의 심부름꾼들이 되고 있는 것같이 보인다.

(1) 단문들로의 분석 :

1) 기계들이 인간의 심부름꾼들이 되어야 한다 : Machines must be the servants of man.

2) 노동자들이 기계들의 심부름꾼들이다 : The workers are the servants of the machines.

3) 노동자들에겐 때때로 보인다 : To workers it sometimes seems.

(2) 단문들이 결합되는 순서 :

1) + 3) + 2)

(3) 단문들이 결합되는 방법 :

1), but 3) that 2).

(4) 종합 결합된 영작 :

Machines must be the servants of man, but to workers it sometimes seems that they are the servants of the machines.

56. 성별과 나이가 개개 인간이 가지고 있는 사회적 지위에 영향을 미치긴 하지만 같은 나이나 혹은 같은 성별에 속하는 모든 개개인들이 인생에서 똑 같은 역할을 하거나 혹은 똑 같은 사회적 지위를 향유치 않는다는 것은 명백한 일이다.

(1) 단문들로의 분석 :

1) 성별과 나이가 사회적 지위에 영향을 미친다 : Sex and age affect the social position.

2) 개개 인간이 한 사회적 지위를 갖는다 : An individual occupies a social position.

3) 같은 나이나 같은 성별의 모든 사람들이 인생에서 똑 같은 역할을 하지 않는다 : All individuals of the same age or sex do not play the same role in life.

4) 같은 나이나 같은 성별의 모든 사람들이 인생에서 똑 같은 사회적 지위를 향유하지 않는다 : All individuals of the same age or sex do not enjoy the same social status.

5) 그것은 명백한 일이다 : It is plain.

(2) 단문들이 결합되는 순서 :

1) + 2) + 5) + 3) + 4)

(3) 단문들이 결합되는 방법 :

Although 1) which 2), 5) that 3) or 4).

(4) 종합 결합된 영작 :

Although sex and age affect the social position which an individual occupies, it is plain that all individuals of the same age or sex do not play the same role in life or enjoy the same social status.

57. 이 약속 없는 방문객은 자기가 만나고 싶어하는 사람을 보기 전에 오래도록 기다려야 하거나 혹은 그 사람을 전혀 보지 못할는지 모른다. 왜냐하면 엄정한 예정표에 의해 일하 는 주인은 예고 없는 방문객을 만날 시간을 거의 낼 수가 없기 때문이다.

(1) 단문들로의 분석 :

1) 약소 없는 방문객은 오래도록 기다려야만 될는지 모른다 : A visitor without an appointment may have to wait a long time.

2) 그는 그 사람을 전혀 보지 못할는지 모른다 : He may not succeed in seeing the man at all.

3) 그는 그 사람을 만나보고 싶어한다 : He wishes to see the man.

4) 그가 그 사람을 본다 : He sees the man.

5) 주인은 엄정한 예정표에 의해 일한다 : The visited man works on a strict schedule.

6) 주인이 예고 없는 방문객을 본다 : The visited man sees the unannounced visitor.

7) 주인은 시간을 낼 수 없기 때문이다 : The visited man may hardly take time.

(2) 단문들이 결합되는 순서 :

1) + 4) + 3) + 2) + 7) + 5) + 6)

(3) 단문들이 결합되는 방법 :

1) before 4)를 동명사 구문화 whom 3), or 2), for 7) who 5) 6)를 부정사 구문화.

(4) 종합 결합된 영작 :

A visitor without an appointment may have to wait a long time before seeing the man whom he wishes to see, or he may not succeed in seeing him at all, for the visited man who works on a strict schedule may hardly take time to see the unannounced man.

58. 시각을 통한 교육 제도가 계속적으로 우리들의 일반적 교육의 일면을 차지할 것이냐 하는 것은 아직 불확실한 문제로 남아 있다. 그러나 우리의 경험으로는 그림의 영향이 종종 언어의 영향보다 더 큰 경우가 많다. 특히 새로운 지식이 습득되는 초기 교육 단계에서는.

(1) 단문들로의 분석:

1) 시각을 통한 교육 제도가 계속적으로 우리들의 일반적 교육의 일면을 차지할 것이다: A system of education through the eye will be part of our general education.

2) 그것은 아직 불확실한 문제로 남아 있다 : It still remains a question of uncertainty.

3) 우리의 경험은 그렇다. Our experience is so.

4) 그림의 영향이 종종 언어의 영향보다 더 크다. 특히 초기 교육 단계에서는 : The effect of pictures is frequently greater that that of words, especially at the first stage.

5) 새로운 지식이 습득된다: New knowledge is obtained.

(2) 단문들이 결합되는 순서 :

2) + 1) + 3) + 4) + 5)

(3) 단문들이 결합되는 방법 :

2) whether 1). But 3) that 4) when 5).

(4) 종합 결합된 영작 :

It still remains a question of uncertainty whether a system of education through the eye will continuously be part of our general education. But our experience is that the effect of pictures is frequently greater than that of words, especially at the first stage when new knowledge is obtained.

---

59. 그는 세세한 점에 전보다 더 주의하도록 마음을 썼다. 그의 사업에는 세심한 것이 제일 필요하였다. 그래서 수입이 늘어남에 따라, 날로 금전에 관하여 점점 인색해졌다.

(1) 단문들로의 분석 :

1) 그는 세세한 점에 전보다 더 주의하도록 마음을 썼다 : He took care to give more attention to detail than before.

2) 그 사업에는 세심한 것이 제일 중요하다 : To be meticulous was a must in his business.

3) 그의 수입이 늘어났다 : His income was increasing.

4) 날로 그는 금전에 점점 인색해졌다 : He became tighter and tighter with his money.

(2) 단문들이 결합되는 순서 :

1) + 2) + 4) + 3)

(3) 단문들이 결합되는 방법 :

1), and 2), 4 while 3).

(4) 종합 결합된 영작 :

He took care to give more attention to detail than before, and to be meticulous was a must in his business. He became tighter and tighter with his money while his income was increasing.

60. 서울에는 대학들이 너무 많다. 공기가 맑고 젊은이들의 마음을 공부로부터 이탈시키는 유혹이 적은 시골에 일부 대학들을 다시 배치시킨다면 좋을 것이다. 그렇게 하면 서울의 심각한 교통 사정을 완화시키는 데도 이바지할 것이다.

(1) 단문들로의 분석 :

1) 서울에는 대학들이 너무 많다: There are too many universities in Seoul.

2) 공기가 맑다: The air is pure.

3) 젊은이들의 마음을 공부로부터 이탈시키는 유혹이 적다 : Few temptations distract young people from their studies.

4) 일부 대학들을 시골에 다시 배치시킨다 : They will relocate some of the universities in the country.

5) 그것은 좋을 것이다 : It will be better.

6) 그렇게 될 것이다 : This will be done.

7) 그것은 서울의 심각한 교통 사정을 완화시킬 것이다 : It will ease the serious traffic situation in Seoul.

8) 역시 이바지할 것이다 : It will also contribute.

(2) 단문들의 결합된 순서 :

1) + 5) + 4) + 2) + 3) + 6) + 8) + 7)

(3) 단문들의 결합된 방법 :

1). 5) 4)를 부정사 구문화, where 2) and 3). If 6), 8) to 7)를 동명사 구문화.

(4) 종합 결합된 영작 :

There are too many universities in Seoul. It would be better to relocate some of them in the country, where the air is pure and few temptations distract young people from their studies. If this should be done, it would also contribute to easing the serious traffic situation in Seoul.

학생 : 선생님, 5), 6), 그리고 8)이 단문들로 되어 있을 때에는 조동사 들이 현재형이었는데 종합 결합된 문장에서는 과거형으로 바뀌었습니다.

선생 : 단문들로 따로 되어 있을 때에는 직설법 시제를 썼고 종합 결합된 문장들에서는 문맥상으로 가정법 시제를 썼기 때문이다. 가정법 시제는 조동사들을 포함한 모든 동사들이 과거형이 쓰이는 것이 가정법 시제의 법칙인 것이다.

61. 어느 나라에서나 돈이 선거의 당락을 좌우한다고 하지만 우리 나라에서는 금력 외에 지연, 혈연 등이 또한 결정적 역할을 하는 수가 많다.

(1) 단문들로의 분석 :

1) 어느 나라에서나 돈의 힘으로 선거의 결과가 좌우된다 : Election results depend on money in any country.

2) 한다고 한다 : It is said.

3) 우리 나라에서는 금력 외에 지연, 혈연 등이 또한 결정적 역할을 하는 수가 많다 : Factors other than money, such as blood relation and localism, play a decisive role in many cases in this country.

(2) 단문들이 결합되는 순서 :

2) + 1) + 3)

(3) 단문들이 결합되는 방법 :

Although 2) that 1), 3).

(4) 종합 결합된 영작 :

Although it is said that election results depend on money, factors other than money, such as blood relation and localism, play a decisive role in many cases in this country.

62. 아! 다행히도 당신 덕분에 물에 빠져 죽지 않게 되었소.

(1) 단문들로의 분석:

1) 아! 다행히! : Thank God!

2) 당신 덕분에 물에 빠져 죽지 않았다 : Thanks to your help, I was saved from drowning.

(2) 단문들이 결합되는 순서 :

　　1) + 2)

(3) 단문들이 결합되는 방법 :

　　1)! 2).

(4) 종합 결합된 영작 :

　　Thank God! Thanks to your help, I was saved from drowning.

---

63. 오! 신이시여! 나는 지금까지 죄의 사슬에 묶여 살았으나 그와 같은 죄악으로부터 나의 영혼을 구원하여 주소서.

(1) 단문들로의 분석 :

　　1) 오! 신이시여! 나는 지금까지 죄의 사슬에 묶여 살았습니다 : O, God! I have lived in the chain of various sins.

　　2) 신이시여 그와 같은 죄악으로부터 나의 영혼을 구원하여 주소서 : God defend my soul from the sins.

(2) 단문들이 결합되는 순서 :

　　1) + 2)

(3) 단문들이 결합되는 방법 :

　　1), But 2).

(4) 종합 결합된 영작 :

　　O, God! I have lived in the chain of various sins. But God defend my soul from the sins.

학생 : 선생님, 지난번에도 이와 비슷한 것이 있었지만 God은 분명히 3인칭 단수인데 그것의 술어인 defend에 s가 붙지 않았습니다.

선생: 그러한 질문이 나오기를 기다렸는데 학생이 적절히 지적했구나! 위의 영작의 defend는 술어가 아니고 복합 술어인 may defend에서 기원을 나타내는 조동사 may가 생략된 본동사이다. 다른 보기를 하나 더 들면 다음과 같다 "Heaven help me." (하늘이시여 저를 도와두소서.)

학생 : 선생님, 그렇다면, 3인칭 단수 주어 다음에 동사 원형이 나오면 기원문으로 보면 되겠습니까?

선생 : 학생의 말은 절반은 맞다고 할 수 있다. 그러나 기원문이 아니고 should가 생략되는 경우도 있다. 예컨대, "There was danger lest the plan become known." (그 계획이 누설될 위험이 있었다.) 위의 문장에서 동사 원형 become 앞에 조동사 should가 생략된 것이다. 종속접속사 lest가 이끄는 절에는 조동사 should가 들어가거나 생략되거나 한다.

64. 많은 사람들이 돈 때문에 망해 왔다. 그리고 대체로 부자들이 가난한 사람들보다 돈 문제에 더 걱정한다. 부는 현명한 사람들에게만 행복을 줄 수 있다.

(1) 단문들로의 분석 :

　　1) 많은 사람들이 돈 때문에 망해 왔다 : Many men have been ruined by money.

　　2) 대체로 부자들이 가난한 사람들보다 돈 문제에 더 걱정한다 : On the whole, the rich are more anxious about monetary matters(혹은 money) than the poor.

　　3) 부는 현명한 사람들에게만 행복을 줄 수 있다 : Wealth can bring happiness to none but the wise.

(2) 단문들이 결합되는 순서 :

　　1) + 2) + 3)

(3) 단문들이 결합되는 방법 :

　　1), and 2). 3).

(4) 종합 결합된 영작 :

　　Many men have been ruined by money, and on the whole, the rich are more anxious about money than the poor. Wealth can bring happiness to none but the wise.

학생 : 선생님, 위의 영작에서, 형용사들인 rich, poor, 그리고 wise 앞에 정관사 the가 와 보통 명사 복수를 만든 것 같습니다.

선생 : 학생이 "… 것 같습니다" 라는 표현을 썼는데 실제 그렇다. 기술 형용사 앞에 정관사 the가 오면 그것은 보통 명사 복수가 된다. 다른 보기로, "the young" (젊은 사람들), "the old" (늙은 사람들) 등이 있다. 그러나 정관사 the가 기술 형용사 앞에 와 추상 명사가 만들어지기도 한다. 예를 들면, "He has an eye for the beautiful." 에서 the beautiful은 추상 명사인 beauty와 같다.

65. 만약 당신이 남들을 사랑한다면 그들은 당신을 사랑할 것이다. 사랑은 사랑으로 보답을 받고 미움은 미움으로 보답을 받는다. 만약 당신이 기분 좋고 유쾌한 소리를 듣기를 원한다면 당신 자신이 기분 좋고 유쾌하게 말하라.

(1) 단문들로의 분석 :

　1) 당신은 남들을 사랑한다 : You love others.

　2) 그들이 당신을 사랑한다 : They love you.

　3) 사랑은 사랑으로 보답을 받는다 : Love is repaid with love.

　4) 미움은 미움으로 보답을 받는다 : Hate is repaid with hate.

　5) 당신은 기분 좋고 유쾌한 소리를 듣기를 원한다 : You would hear a sweet and pleasing echo.

　6) 당신 자신이 기분 좋게, 그리고 유쾌하게 말하라 : Speak sweetly and pleasantly yourself.

(2) 단문들이 결합되는 순서 :

　1) + 2) + 3) + 4) + 5) + 6)

(3) 단문들이 결합되는 방법 :

　If 1), 2), 3) and 4). If 5), 6).

(4) 종합 결합된 영작 :

　If you love others, they will love you. Love is repaid with love and hate is repaid with hate. If you would hear a sweet and pleasing echo, speak sweetly and pleasantly yourself.

66. 대부분의 자연적인 인간 본성은 한 사람이 성인기에 이를 때는 습성에 의해서 대치된다. 우리가 매일 매일의 생활 속에서 행하는 대다수의 행위는 습성에 의한 것이다.

(1) 단문들로의 분석 :

　1) 대부분의 자연적인 인간 본성은 그 시기에는 습성에 의해서 대치된다 Most of natural human tendencies are replaced by habits by the time.

　2) 한 사람이 성인기에 이르다. A person reaches adulthood.

　3) 그 일의 대다수는 습성에 의한 것이다 : The majority of the things are habitual.

　4) 우리는 매일 매일의 생활 속에서 일을 한다 We do in our daily life.

(2) 단문들이 결합되는 순서 :

1) + 2) + 3) + 4)

(3) 단문들이 결합되는 방법 :

1) when 2). 3) which 4).

(4) 종합 결합된 영작 :

Most of natural human tendencies are replaced by habit by the time when a person reaches adulthood. The majority of the things which we do in our daily life are habitual.

---

67. 이 세상에서 가장 유쾌한 일들 중의 하나는 여행을 하는 것이다. 그러나 나는 혼자서 가기를 좋아한다. 나는 실내에서는 사람들과의 사교를 좋아하지만 야외에서는 자연이 나에게 충분한 친구가 된다.

(1) 단문들로의 분석:

1) 이 세상에서 가장 유쾌한 일들 중의 하나는 여행을 하는 것이다 : One of the meet pleasant things in the world is going on a journey.

2) 나는 혼자서 가기를 좋아한다 : I like to go by myself.

3) 나는 실내에서는 사람들과의 사교를 좋아한다 : I can enjoy society indoors.

4) 야외에서는 자연히 나에게 충분한 친구가 된다 : Out of doors, nature is company enough for me.

(2) 단문들이 결합되는 순서 :

1) + 2) + 3) + 4)

(3) 단문들이 결합되는 방법 :

1); but 2). 3); but 4).

(4) 종합 결합된 영작 :

One of the meet pleasant things in the world is going on a journey; but I like to go by myself. I can enjoy society indoors; but out of doors, nature is company enough for me.

68. 계절의 차이에 따라 대자연의 양상이 변화한다는 것은 참으로 즐거운 일이다. 만약에 일년 내내 날씨가 같다면 자연은 얼마나 단조로울까?

(1) 단문들로의 분석:

1) 계절의 차이에 따라 대자연의 양상이 변화한다 : The nature changes in its features with the different seasons.

2) 그것은 참으로 즐거운 일이다 : It is delightful indeed.

3) 일년 내내 날씨가 같다: The weather is the same all the year round.

4) 얼마나 자연은 단조로울까! : How monotonous the nature will be!

(2) 단문들이 결합되는 순서 :

2) + 1) + 3) + 4)

(3) 단문들이 결합되는 방법 :

2) that 1). If 3), 4)!

(4) 종합 결합된 영작 :

It is delightful indeed that the nature changes in its features with the different seasons. If the weather were the same all the year round, how monotonous the nature would be!

선생 : 학생들이 단문들로 분석된 3)과 4)가 직설법 시제이고 종합 결합된 문장에서는 그것들의 시제가 과거 가정법시제로 변한 것을 이미 알고 있기 때문에 그것에 대한 질문을 안 한 줄로 안다. 이 영작문 강의 시작 점에서 가정법 시제를 설명했고 또한 중간 중간에 학생들이 미심적어 종합 결합된 문장들에서 가정법 시제로 바뀐 것에 대한 질문을 했기에 이제는 가정법 영작에 익숙해진 것 같아 매우 기쁘다.

69. 선진 국가에서는 시간을 지키는 것을 의당하게 생각하지만 유감스럽게도 우리 나라에서는 많은 사람들이 약속 시간에 늦는 것을 아무렇지도 않게 여긴다.

(1) 단문들로의 분석 :

1) 사람들이 시간을 지키게 되어 있다 : People are supposed to be punctual.

2) 선진 국가에서는 의당하게 여긴다 : In advanced countries it is taken for granted.

3) 유감스럽게도 우리 나라에서는 많은 사람들이 약속 시간에 늦는 것을 아무렇지도 않게
여긴다 : To our regret, in our country, many people think nothing of being late for
appointment.

(2) 단문들이 결합되는 순서 :
2) + 1) + 3)

(3) 단문들이 결합되는 방법 :
2) that 1), but 3).

(4) 종합 결합된 영작 :
In advanced countries, it is taken for granted that people are supposed to be punctual,
but to our regret, in this country, many people think nothing of being late for appointment.

위의 분석된 단문 3)은 사실상 단문이 아니고 복문(complex sentence)으로서 다음과 같이 제 분
석되어야 한다. 3-a : 많은 사람들이 시간에 늦는다 : Many people are late for appointment. 3-b
: 유감스럽게도 많은 사람들이 아무렇지도 않게 여긴다 : To our regret, many people think nothing
of. 단문들이 결합되는 순서 : 3-b) + 3-a). 단문들이 결합되는 방법 : 3-b) + 3-a)를 동명사 구문
화, 종합 결합된 영작 : To our regret, many people think nothing of being late for appointment.
이렇게 영작 될 것이 내가 그렇게 분석하지 않고 곧 바로 3)이 되게 한 것이다. 또한 따지자면, "to
our regret"도 본래 단문인 "We regret"가 추상 명사 구문화 되어(our regret) 그 앞에 전치사의
목적어가 되어 뒤의 문장을 수식하는 부사구가 된 것이다.

70. 그는 자기의 일생의 대부분을 외국에서 보냈는데 그 곳에서 그는 명성을 떨쳤다. 그러나 그는 죽을 때까지 잠시도 조국을 잊지 않았다.

(1) 단문들로의 분석 :
1) 그는 자기의 일생의 대부분을 외국에서 보냈다 : He spent the greater part of his life in
a foreign country.
2) 그 곳에서 그는 명성을 떨쳤다: He came to fame there.
3) 그는 죽었다 : He died.
4) 그는 잠시도 조국을 잊지 않았다 : He did not forget his mother country even for a
moment.

(2) 단문들이 결합되는 순서 :

　1) + 2) + 4) + 3)

(3) 단문들이 결합되는 방법 :

　1), where 2), but 4) until 3).

(4) 종합 결합된 영작 :

　He spent the greater part of his life in a foreign country, where he came to fame, but he did not forget his mother country even for a moment until he died.

71. 아무리 열심히 공부한다 해도 외국어를 1, 2년 동안에 완전히 습득할 수 없다.

(1) 단문들로의 분석 :

　1) 당신이 공부를 열심히 하다: You study hard.

　2) 당신이 외국어를 1, 2년 동안에 완전히 습득할 수 없다 : You cannot master a foreign language in a year or two.

(2) 단문들이 결합되는 순서 :

　1) + 2)

(3) 단문들이 결합되는 방법 :

　However…may 1), 2).

(4) 종합 결합된 영작 :

　However hard you may study, you cannot master a foreign language in a year or two.

학생 : 의문사 + ever … may로 이루어지는 종속절은 양보를 나타냅니까?

선생 : 그렇다! (지금쯤 그 정도는 알고 있으면서 왜 묻느냐는 퉁명스러운 표정으로 … 그러나 이내 표정을 바꾸면서) 그렇지 돌다리도 두드려 보고 지나가라는 속담은 배우는 학생이 가져야 할 마땅한 태도이다. 보기를 더 들어보자 Wherever you may go, you can never find any teacher like me?(어디를 가보아도, 너는 나 같은 훌륭한 선생을 결코 찾을 수 없다.) However hard you may work, you cannot be successful unless you are as observable as possible. (네가 아무리 열심히 일을

해도 될 수 있는 한 관찰력을 발휘하지 않는다면 너는 성공할 수 없다.) Whatever book you may read, you must read it closely. (네가 어떤 책을 읽어도 너는 정독을 해야 한다.)

72. 책은 천천히 그리고 주의 깊게 읽어야 하며 그리고 다시 되풀이 해서 읽어야 한다. 이것은 매우 평범한 이야기지만 사실상 우리가 유의하지 않으면 안 되는 가장 중요한 일들 중의 하나이다.

(1) 단문들로의 분석 :

1) 우리는 책을 천천히 그리고 주의 깊게 읽어야 한다: We must read a book slowly and carefully.

2) 우리는 그것을 다시 되풀이해야 한다 : We must go through it again.

3) 이것은 매우 평범한 이야기이다 : This is a very commonplace advice. (= This is nothing new.)

4) 우리가 유의해야 한다: We should bear in mind.

5) 사실상 이것은 가장 중요한 일들 중의 하나이다 : In fact, this is one of the most important things.

(2) 단문들이 결합되는 순서 :

1) + 2) + 3) + 5) + 4)

(3) 단문들이 결합되는 방법 :

1), and then 2), 3), but 5) that 4).

(4) 종합 결합된 영작 :

We should read a book slowly, and then go through it again. This is a very commonplace advice, but in fact, this is one of the most important things that we should bear in mind.

73. 참다운 스승은 학생에게 지식 그 자체를 주지 않고 지식에 대한 의욕과 동기를 일깨워 주어야 한다.

(1) 단문들로의 분석 :

1) 참다운 스승은 학생에게 지식 그 자체를 주어서는 안 된다: A good teacher should not give his students knowledge itself.

2) 참다운 스승은 학생에게 지식에 대한 의욕과 동기를 일깨워 주어야 한다 : A good teacher should bring them a desire and motive for knowledge.

(2) 단문들이 결합되는 순서 :

1) + 2)

(3) 단문들이 결합되는 방법 :

1), but 2).

(4) 종합 결합된 영작 :

A good teacher should not give his students knowledge itself, but bring them a desire and motive for knowledge.

74. 현재 실직하고 있는 사람들과 매년 각급 학교를 나오는 젊은이들에게 일자리를 주는 것이 우리 나라 경제를 재건하는 데 긴요한 것이다.

(1) 단문들로의 분석 :

1) 사람들이 현재 실직하고 있다 People are jobless at present.

2) 매년 젊은이들이 각급 학교를 나온다 : Young people graduate from various levels of schools every year.

3) 그것은 한국 경제 재건에 긴요한 일이다 : It is essential for the economic reconstruction of Korea.

4) 우리는 그들에게 일자리를 주어야 한다 : We must find employment for them.

(2) 단문들이 결합되는 순서 :

3) + 4) + 1) + 2)

(3) 단문들이 결합되는 방법 :

3) 4)을 부정사 구문화 who 1) and who 2).

(4) 종합 결합된 영작 :

It is essential for the economic reconstruction of Korea to find employment for those who are jobless at present and young people who graduate from various levels of schools every year.

75. 차 속에서 노인들에게 좌석을 양보하는 것은 우리의 예의이지만 마치 자리를 다른 사람들에게서 양보 받을 특권이 있는 듯이 행동하는 사람들을 보면 불쾌한 감정이 어쩐지 든다.

(1) 단문들로의 분석 :

1) 우리가 차 속에서 노인에게 좌석을 양보한다 : We offer our seats to old people in a passenger car.

2) 그것은 우리의 예의이다 : It is our duty.

3) 몇몇 사람들이 양보 받을 특권이 있다 : Some people have the privilege to be given seats by others.

4) 몇몇 사람들이 행동한다 : Some people act.

5) 우리가 몇몇 사람들을 본다 : We see some people.

6) 우리가 불쾌한 감정이 어쩐지 든다 : We find it somehow unpleasant.

(2) 단문들이 결합되는 순서 :

2) + 1) + 6) + 5) + 4) + 3)

(3) 단문들이 결합되는 방법 :

2) 1)을 부정사 구문화, but 6) 5)를 부정사 구문화 4)부정사화 구문화 as if 3).

(4) 종합 결합된 영작 :

It is our duty to offer our seats to old people in a passenger car, but we find it somehow unpleasant to see some people act as if they had the privilege to be given seats by others.

선생 : 종합 결합된 문장의 as if 절에서 have가 had로 바뀐 것은 역시 가정법 과거 시제로 변했기 때문이다.

76. 그들은 드디어 자유를 얻는데 성공하였다. 그러나 그들은 곧 자유가 자기들에겐 고마운 것이 아님을 알게 되었다.

(1) 단문들로의 분석 :

1) 그들은 드디어 자유를 얻었다 : They won liberty at last.

2) 그들은 성공했다 : They succeeded.

3) 그 자유는 고마운 것이 아니었다 : Liberty was by no means a blessing to them. 4) 그들은 곧 깨닫게 되었다 : They soon came to realize.

(2) 단문들이 결합되는 순서 :

2) + 1) + 4) + 3)

(3) 단문들이 결합되는 방법 :

2) in 1)을 동명사 구문화, but 4) that 3).

(4) 종합 결합된 영작 :

They succeeded in winning liberty at last, but soon came to realize that liberty was by no means a blessing to them.

선생 : 우리말의 "…하게 되다"는 영어에서 "come, get, 혹은 learn to 동사 원형"이 된다. 예컨대, I somewhat got to know him.(나는 어찌하여 그를 알게 되었다.) I learned to help him at the proper time.(나는 적당한 때에 그를 돕게 되었다.)

77. 서울에서 부산까지 급행으로 약 5시간 걸리지만 비행기로는 한 시간밖에 안 걸린다.

(1) 단문들로의 분석 :

1) 약 5시간 걸린다 : It takes about five hours.

2) 한 사람이 급행으로 서울에서 부산까지 간다 : A man goes from Seoul to Pusan by express.

3) 다만 한 시간밖에 안 걸린다 : It talkes only about one hour.

4) 한 사람이 비행기로 간다 : A man goes by airplane.

(2) 단문들이 결합되는 순서 :

1) + 2) + 3) + 4)

(3) 단문들이 결합되는 방법 :

1) 2)를 부정사 구문화, but 3) 4)를 부정사 구문화.

(4) 종합 결합된 영작 :

It takes about five hours to go from Seoul to Pusan by express, but it takes only one hour to go by airplane.

학생 : 선생님, 영어의 단문들로 된 2)와 4)가 부정사 구문화 되면 for a man to go from Seoul to Pusan by express와 for a man to go by airplane이 될 것이지만 왜 부정사 구문 의 주어인 for a man이 빠졌습니까?

선생 : 학생이 좋은 질문을 했다. 지난 번에 생략이 우리들의 골머리를 아프게 했는데 여기서도 생략의 관계로 for a man이 생략된 것이다. 지난 번에는 문맥(context)이나 상황(situation)에 의해서 생략된 구문을 배운바 있는데 여기서는 누구나 다 알 수 있는 일반적인 뜻을 갖는 구문은 문법상으로 저촉이 되지 않으면 생략된다. 학생이 지적한 부정사의 의미상 주어인 for a man에 있어서 a man은 총칭적인 주어(generic subject)에 해당되어 생략된 것이다. 즉 a man은 특정한 한 사람이 아니고 일반 모든 사람을 그냥 단수로 표현된 것이기에 그 부정사의 의미상 주어 구문인 for a man이 생략된 것이다.

78. 제주도는 지금 서울보다 10도나 더 따뜻하여 벚꽃나무가 지금 한창 피어나고 있다고 보도 되고 있다.

(1) 단문들로의 분석 :

1) 제주도는 지금 서울보다 10도나 더 따뜻하다 : In Jeju Island, the temperature is about ten degree higher than in Seoul.

2) 벚꽃나무가 지금 한창 피어나고 있다고 보도되고 있다 : The cherry trees are reported to be blooming.

> ※ 학생들이 저 번에 질문하여 나를 당황하게 만들었는데 이 문장은 사실은 복합문인 "They report that the cherry trees are blooming" 혹은 "It is reported that the cherry trees are blooming." 인 것이다. 이렇게 단문같이 보이는 것들이 앞으로도 나올 것인데 학생들이 그것들을 스스로 알고 넘어가기를 부탁한다. 노파심에서 보기를 하나만 더 들겠다. "They say that he was once very rich." 이 문장은 다시 피동태의 문장으로 바뀌면 "It is said that he was once very rich." 이 피동체의 문장이 다시 "He is said to have once been very rich." 가 된다. 여기서 부정사 구문이 완

료형을 핀 것은 "say" 가 현재형이기에 과거형 "was" 가 "to have been" 이 된 것이다. (Cf. They say that he is now very rich. It is said that he is now very rich. He is said to be now very rich.)

(2) 단문들이 결합되는 순서 :

1) + 2)

(3) 단문들이 결합되는 방법 :

1). 2).

(4) 종합 결합된 영작 :

In Jeju Island, the temperature is about ten degrees higher than in Seoul. The cherry trees are reported to be blooming.

학생 : 선생님, 우리말에서는 위의 문장이 하나의 복문 인데 영문에서는 두개의 단문들로 처리 하셨습니다.

선생 : 하! 하! 하! 학생의 관찰력은 정말 못 말리겠구나! 그러나 학생이라면 그러한 태도를 견지해야지! 그것만이 공부하는 길이 지를 않는가? 어느 사람도 태어날 때 지식을 안고 태어나지 않는다. 다만 그러한 잠재력을 가지고 사람이 스스로 사물을 관찰하여 세상을 공부하는 것이다. 저 번에도 말했지만 어느 누구도 다른 사람을 가르칠 수 없고 다른 사람에게서 배울 수 없는 것이다. 사람이란 그저 스스로 자기 자신을 가르치고 자기 자신에게서 배울 수밖에 없는 것이다. 지금 학생이 이러한 질문을 한 것은 이미 그 질문 속에 그 답을 달고 오게 되어 있는 것이다.

나는 여기서 임산부가 아이를 분만하도록 도와 임산부가 스스로 아이를 낳게 할 뿐인 것처럼 임산부인 학생을 도울 뿐이다. 왜냐하면 이미 위의 단문들이 하나의 복문이나 중문이 될 수 있다는 것을 잠재적으로 즉 무의식적으로 알고 있는 것이다. 위의 문장은 〈As 1), 2).〉 "As in Jeju Island, the temperature is about ten degrees higher than in Seoul, the cherry trees are reported to be blooming." 의 복문으로 아니면 〈1) and 2).〉 In Jeju Island the temperature is about ten degrees higher than in Seoul and the cherry trees are reported to be blooming." 의 중문으로 바뀔 수 있고 그것들의 뜻은 100% 같다. 그러나 사람마다 사물을 볼 때에 객관적으로 같게 보지만 각각 그것에 대한 표현 방식은 다르다.

이것을 작문 글쓰기에서는 문체(style)라고 일컬어진다. 대체적으로 이러한 style은 다음과 같이 세 가지로 분류될 수 있다.

1. child-like style(아동적인 문체)

두개의 단문들이 종속 접속사로 연결됨 : As he is sick in bed, he is absent from school.

2. woman-like style(여성적인 문체)

두개의 단문들이 등위 접속사로 연결됨 : He is sick in bed and he is absent from school.

3. man-like style(남성적인 문체) |

두개의 단문들이 접속사 없이 그냥 종지 부호(period)로 연결됨 : He is sick in bed. He is absent from school.

위의 세 문체들 사이에는 우열의 차이가 전혀 없고 다만 그것들이 시기 적절하게 조합하여 사용될 뿐인 것이다. 미국의 유명한 작가인 Hemingway는 주로 man-like style로 글쓰기를 즐겼는데 그것을 일명 hard boiled style(비정한 문체)이라 하여 사정 묘사에 있어서 정을 쭉 빼버리는 즉 아동과 같은 연약함이나 여성적인 부드러움이 배제되고 사실을 곧바로 매정하게 엮어나가는 style이다.

79. 그가 약속에 늦는다는 것은 참으로 드문 일이다. 곧 올 것이다.

(1) 단문들로의 분석 :

1) 그가 약속에 늦는다 : He is late for an appointment.

2) 그것은 참으로 드문 일이다 : It is most unlikely.

3) 그는 곧 올 것이다 : He will soon be here.

(2) 단문들이 결합되는 순서 :

2) + 1) + 3)

(3) 단문들이 결합되는 방법 :

2) 1)을 부정사 구문화, 3).

(4) 종합 결합된 영작 :

It is most unlikely for him to be late for an appointment. He will soon be here.

80. 나는 어린이들을 어른들이 그와 같이 소홀이 하는 것을 이해할 수가 없다.

(1) 단문들로의 분석 :

　1) 어른들이 어린이들을 그와 같이 소홀이 한다 : Adults neglect children like that.

　2) 나는 이해할 수가 없다 : I cannot understand.

(2) 단문들이 결합되는 순서 :

　2) + 1)

(3) 단문들이 결합되는 방법 :

　2) 1)을 동명사 구문화.

(4) 종합 결합된 영작 :

　I cannot understand adults neglecting children like that.

81. 영어를 배우는 것은 수영하는 것을 배우는 것과 같다. 우리는 수영을 해봐야 수영을 배울 수 있고, 영어로 말해 봐야 영어로 이야기할 수 있다.

(1) 단문들로의 분석 :

　1) 영어를 배우는 것은 수영을 배우는 것과 같다: Learning English is like learning to swim.

　2) 우리는 수영을 해 봐야 수영을 배울 수 있다 : We learn to swim by swimming.

　3) 우리는 영어로 말해 봐야 영어로 이야기 할 수 있다 : We learn to speak English by speaking English.

(2) 단문들이 결합되는 순서 :

　1) + 2) + 3)

(3) 단문들이 결합되는 방법 :

　1), 3), and 3)에서 we learn을 생략.

(4) 종합 결합된 영작 :

　Learning English is like learning to swim. We learn to swim by swimming, and to speak English by speaking English.

82. 그는 살그머니 집안으로 들어가서 아무 눈에도 띄지 않고 곧 잠자리에 들어갔다.

(1) 단문들로의 분석:

1) 그는 살그머니 집안에 들어갔다 : He stole into the house.

2) 그는 아무 눈에도 띄지 않았다 : He was not noticed by anyone.

3) 그는 곧 잠자리에 들었다 He : went to bed at once.

(2) 단문들이 결합되는 순서 :

1) + 3) + 2)

(3) 단문들이 결합되는 방법 :

1) and 3) without 2)를 동명사 구문화.

(4) 종합 결합된 영작 :

He stole into the house and went to bed at once without being noticed by anyone.

83. 각각의 언어는 그 언어를 말하는 국민의 민족성과 문화를 반영한다.

(1) 단문들로의 분석 :

1) 각각의 언어는 그 국민의 민족성과 문화를 반영한다 : Each language reflects the character and culture of the nation.

2) 그 국민은 그 언어를 말한다 : The nation speaks its language.

(2) 단문들이 결합되는 순서 :

1) + 2)

(3) 단문들이 결합되는 방법 :

1) which 2).

(4) 종합 결합된 영작 :

Each language reflects the character and culture of the nation which speaks its language.

84. 우리는 사람을 그의 재산을 보고서가 아니라 그의 사람됨을 보고 평가해야 한다.

(1) 단문들로의 분석 :

  1) 한 사람이 어떤 것을 갖고 있다. A man has something.

  2) 한 사람이 어떤 인격을 갖고 있다 : A man is some person.

  3) 우리는 한 사람을 평가해야 한다 : We must judge a man.

(2) 단문들이 결합되는 순서 :

  3) + 1) + 2).

(3) 단문들이 결합되는 방법 :

  3) by what 2), not by what 1).

(4) 종합 결합된 영작 :

  We must judge a man by what he is, not by what he has. (= We must judge a man in terms of his personality, not his wealth.)

85. 셰익스피어가 온 세상은 하나의 무대라고 말하였듯이 우리는 모두 그 무대의 배우들이다.

(1) 단문들로의 분석:

  1) 온 세상은 하나의 무대이다 : All the world is a stage.

  2) 셰익스피어가 말했다 : Shakespeare said.

  3) 우리는 모두 그 무대의 배우들이다 : We are all the actors of the stage.

(2) 단문들이 결합되는 순서 :

  2) + 1) + 3)

(3) 단문들이 결합되는 방법 :

  As 2) that 1), 3).

(4) 종합 결합된 영작 :

  As Shakespeare said that all the world is a stage, we are all the actors of the stage.

86. 음주와 과로 등으로 인해서 그는 지난 2년 동안에 건강을 잃어 온 것인데 요즈음 매우 피로한 기색을 보이고 있다.

(1) 단문들로의 분석 :

　1) 음주와 과로 등으로 인해서 그는 지난 2년 동안에 건강을 잃어 왔다 : What with drinking and overworking, he has been failing in health for the last two years.

　2) 그는 요즈음 매우 피로한 기색을 뵈고 있다 : He has been feeling tired lately.

(2) 단문들이 결합되는 순서 :

　1) + 2)

(3) 단문들이 결합되는 방법 :

　1), and 2).

(4) 종합 결합된 영작 :

　What with drinking and overworking, he has been failing in health for the last two years, and he has been feeling tired lately.

87. 일생을 통하여 행운이 한 번도 찾아오지 않은 사람은 없다. 그러나 그 행운을 받아들일 준비가 되어 있지 않을 때는 그것은 문으로 걸어 들어와서 창문으로 날아가 버린다.

(1) 단물들로의 분석:

　1) 일생을 통하여 행운이 한 번도 찾아오지 않는다 : Gortune does not visit a man once in his life.

　2) 한 사람도 없다 : There is no man.

　3) 한 사람이 행운을 받아들일 준비가 되어 있지 않다 : A man is not ready to receive fortune. (=Fortune does not find a man ready to receive her.)

　4) 행운이 문으로 걸어 들어 온다 : Fortune walks into the gate.

　5) 행운이 창문으로 날아가 버린다 : Fortune flies out of the window.

(2) 단문들이 결합되는 순서 :

　2) + 1) + 3) + 4) + 5))

(3) 단문들이 결합되는 방법 :

2) whom 1); but when 3), 4) and 5).

(4) 종합 결합된 영작 :

There is no man whom Fortune does not visit once in his life; but when she does not find him ready to receive her, she walks into the gate and flies out of the window.

88. 그녀는 남편이 집에 있기를 바라지 않고 하루 종일 밖에서 보내는 것을 오히려 좋아한다.

(1) 단문들로의 분석:

1) 남편이 집에 있었다 : Her husband was about the house.

2) 그녀는 바라지 않았다 : She did not want.

3) 남편이 하루 종일 밖에 서 보냈다 : Her husband spent all day out.

4) 그녀는 오히려 좋아했다 : She preferred.

(2) 단문들이 결합되는 순서 :

2) + 1) + 4) + 3)

(3) 단문들이 결합되는 방법:

2) 1)을 부정사 구문화 ; 4) 3)을 부정사 구문화.

(4) 종합 결합된 영작 :

She did not want her husband to be about the house; she preferred him to spend all day out.

선생 : 1)의 부정사 구문화의 for husband to be about the house와 3)의 부정사 구문화의 for him to spend all day out에서 부정사 구문의 의미상 주어 앞에 오는 전치사 for가 각각 생략된 것은 그것들의 본문들의 술어들이 불완전 타동사들이 될 수 있기 때문이다. 따라서 nemi-calen(;) 앞의 문장과 뒤의 문장이 다 문장 5형식에 속한다.

89. 남을 속이는 자는 소매치기나 강도와 마찬가지로 도둑임에 틀림없다.

(1) 단문들로의 분석 :

1) 한 사람이 남을 속인다 : A man cheats another man.

2) 소매치기나 강도는 틀림 없이 도둑이다 : A pickpocket and a robber are truly thieves.

3) 그 사람은 그만큼 틀림 없이 도둑이다 : The man is just as truly a thief.

(2) 단문들이 결합되는 순서 :

3) + 1) + 2)

(3) 단문들이 결합되는 방법 :

3) who 1) as 2).

(4) 종합 결합된 영작 :

The man who cheats another man is a thief just as truly as a pickpocket and a robber.

학생 : 선생님, (4)의 종합 결합된 영작에서 robber다음에 are thieves가 생략된 것이지요?

선생 : 그렇다. 그것은 생략의 일반 법칙에서 문맥에 의한 것이다.

90. 나는 늙었지만 마음은 항상 젊게 갖고 싶다. 그렇게 하는 최선의 방법은 자기의 생각을 과거에 두지 않고 주위의 사물과 조화되도록 하는 데 있다.

(1) 단문들로의 분석 :

1) 나는 늙었다 : I am an old man.

2) 나는 마음을 항상 젊게 갖는다 : I always keep my heart young.

3) 나는 하고 싶다: I want.

4) 사람이 그렇게 하다: One does that.

5) 최선의 방법이 있다 : The best way is.

6) 사람이 자기의 생각을 과거에 두어서는 안 된다 : One should not let one's thoughts live in the past.

7) 사람이 자기의 생각을 주위의 사물과 조화가 되도록 해야 한다 : One should keep one's thoughts in tune with things around.

(2) 단문들이 결합되는 순서 :

1) + 3) + 2) + 5) + 6) + 7)

(3) 단문들이 결합되는 방법 :

Although 1), 3) 2)를 부정사 구문화, and 5) of 4)를 동명사 구문화 6)을 부정사 구문화, but 7)을 부정사 구문화.

(4) 종합 결합된 영작 :

Although I am an old man, I want to keep my heart young, and the best way of doing that is not to let one' s thoughts live in the past, but to keep them in tune with things around one.

91. 의사가 신속히 도착하여 환자를 세밀하게 진단함으로써 그녀는 빨리 회복하게 되었다.

(1) 단문들로의 분석 :

1) 의사가 신속히 도착하였다 : The doctor arrived speedily.

2) 의사가 환자를 세밀하게 진단하였다 : The doctor examined the patient carefully.

3) 그녀는 빨리 회복하였다 : She recovered speedily.

(2) 단문들이 결합되는 순서 :

1) + 2) + 3)

(3) 단문들이 결합되는 방법 :

As 1) and 2), 3).

(4) 종합 결합된 영작 :

As the doctor arrived quickly and examined the patient carefully, she recovered speedily.

> ※ 위의 종합 결합된 영작을 다음과 같이 달리 종합 결합 될 수 있다.
> 1)을 추상 명사 구문화 and 2)를 추상 명사 구문화 brought about 3)을 추상 명사 구문 The doctor' s quick arrival and careful examination of the patient brought about her speedy recovery.

자유 영작법 III
Free English Composition

지금까지는 한국어를 영어로 옮기는 영작 법을 공부했다. 이제부터는 소위 Free English Composition이라고 불리어지는 자유 영작법에 대하여 공부해보자. 본래부터 인간의 사상과 감정을 영어로 쓰는 것인데 이것은 영어를 원어민(English native speaker)이 자신의 사상과 감정을 처음부터 영어로 쓰는 것이다.

영어를 외국어(a native speaker of english)로 말하는 한국인이 역시 영어를 영어의 원어민처럼 그의 사상과 감정을 처음부터 영어로 쓸 수 있다. 여기서는 그러한 영작을 어떻게 할 수 있는가를 공부하려는 것이다.

먼저 영어의 원어민이 영어로 자신의 사상과 감정을 어떻게 썼는가를 살피고 그 다음으로 영어를 외국어로 쓰는 사람이 자신의 사상과 감정을 어떻게 썼는가를 보기를 들어 살펴보겠다.

근 현대사에서 최고의 지성을 자랑한 위대한 철학자이며 노벨 문학상을 수상한바 있는 Bertrand Russell의 영어 작문을 살피고자 한다.

먼저 Bertrand Russell이 1932년 2월 3일에 쓴 "Are We Too Passive?"라는 제목으로 쓴 글 (article)에 소개하고 그 글이 영어 원어민으로서 어떻게 쓰였는가를 살펴보겠다.

Are We Too Passive?

One of the unforeseen and unintended results of the increasing importance of experts in the modern world is that, in a great many departments of life, the ordinary man has become passive where he used to be active. Time was when almost every youth played football; the game was recommended as healthful exercise and a school of manly fortitude as regards small hurts. Nowadays, football is like the theatre : a spectacle provided by specialists for the delectation of the multitude.

It is no longer expected that the players will get any pleasure from their activities; from their point of view, it is not play but work. They are rewarded for their work either by a salary or, if they belong to a university team, by a scholarship in honour of their academic attainments. The pleasure of the the game is not an active pleasure on the part of the players but a passive pleasure on the part of the spectators.

A similar change has occurred in a vast number of other directions. Motor cars have destroyed the habit of walking, the radio has killed the art of conversation, preparations in tins and bottles have almost obviated the necessity of cooking. Read the account of Christmas in Pickwick, and you will be amazed by the number of amusements people invented for themselves. Modern people expect their amusements to be provided for them by others.

It is not only in regard to amusements that men have grown passive, but also in regard to all those forms of skill and all those departments of knowledge in which they are not themselves experts. The old-fashioned farmer was weather-wise, whereas the modern man, if he wishes to form an opinion as to what the weather is going to be, reads the official weather forecast. I have sometimes had the impression that he cannot even tell whether it is wet or fine at the moment without the help of his newspaper.

Certainly it is from his newspaper that he derives his opinions on politics and the state of the world and the need of a return to the rugged virtues of a former age. On most matters he does not trouble to have opinions at all, since he is convinced that they can safely be left tlose to whose special study or experience entitles them to speak with authority.

In some directions this respect for authority is good, while in others it is harmful and even ludicrous. The mother who has acquired a taste for child psychology is continually having to run from her child to her textbook and back again, to solve problems of which more instinctive mothers were not even aware.

The infant drops his toy and howls to have it picked up. If it is picked up he acquires a power-complex, if it is left lying on the floor he acquires a rage-complex. The book says something very good on this point and the mother turns the pages frantically to find the passage. By the time she has found it the child is thinking of something else. But after a sufficient number of such experiences, he acquires a low opinion of mothers.

To avoid too much passivity is an educational problem. It demands, in play, the absence of elaborate apparatus and no undue respect for exceptional skill; in work, encouragement of active investigation rather than mere listening to knowledge imparted by means of lectures. Unfortunately the authorities like passivity because it is convenient.

이 글은 우선 문단(paragraph)으로 본다면 7개 문단들로 구성되었다. 대게 하나의 글 (article)은 적어도 두 개 이상의 문단들로 구성되어 있다. 하나의 글은 하나의 소 주제에 대하여 하나의 완성된 사상이나 감정을 나타낸다. 그렇다면 그 글을 이루는 문단들은 그 하나의 소 주제를 설파하는 데 필요한 상호 보완 또는 보충하는 미완 된 사상들이나 감정들을 유기적으로 조합시키기 위해서 연결되어 있는 것이다.

이것을 형식화해서 설명해보자. A라는 소 주제가 A1, A2, 그리고 A3의 세 개의 문단들로 구성되어 있다면 각 문단마다 A라는 소 주제를 설파하는 각 문단은 하나의 또는 그 이상의 문장들로 구성된다. 이것들을 위의 형식을 이용하여 설명해보자 A1은 A1-1, A1-2, 그리고 A1-3의 문장들로, A2는 A2-1, A2-2, A2-3, 그리고 A2-4의 문장들로, 그리고 A3는 A3-1, A3-2, A3-3, A3-4, A3-5의 문장들로 구성될 수 있는 것이다.

이 형식에서 첫 째 문단 A1의 A1-1의 첫 문장을 우리는 표제 또는 주제 문장(topic sentence)이라고 불리워지는데 그 문장 즉 A1-1이 그 전체의 글 주제인 A를 대표적으로 주제를 설정해주는 것이다. 즉 A1-1은 A1-2, A1-2, A1-3, A2-1, A2-2, A2-3, A2-4, A3-1, A3-2, A3-3, A3-4, 그리고 A3-5을 대표적으로 예고하여 그것을 중심으로 A의 글이 말하고자 하는 사상이나 감정을 전체적인 측면에서 유기적으로 상호 보완 또는 보충 시키도록 유도한다.

또한 각 문단의 첫 문장은 그 문단의 사상이나 감정을 대표적으로 그것의 주제 문장이 되는 것이다. 그리하여 그 문단들의 모든 문장들이 그것을 대표적으로 예고하여 그것을 중심으로 그 문단이 말하고자 하는 사상이나 감정을 그 문단 전체적인 측면에서 유기적으로 상호 보완 또는 보충 시키도록 유도한다.

위의 형식을 따라 Bertrand Russell의 글 "Are We Too Passive?"을 분석해보자. 이 글은 앞에서 말했듯이 7개의 문단들로 구성되었다. 첫째 문단 첫째 문장이 이 글의 주제 문장 (topic sentence)이다. A1-1 "One of the unforeseen and unintended results of the increasing importance of experts in the modern world is that, in a great many departments of life, the ordinary man has become passive where he used to be active." (현대 세계에서의 전문가들에 대한 중요성이 증가하고 있는 것이 갖고 있는 예견치 못한 그리고 의도한 것이 아닌 결과들 중의 하나가 대단히 많은 삶의 분야들에서 보통 사람이 과거에는 능동적인 곳에서 지금은 수동적이 되어 있다는 것이다.) Russell은 이 주제 문장에서 현대 사회에서 전문가들(어떤 기술이나 지식에 있어서 독점적으로 향유하여 그 밖의 다른 일반 사람들은 상대적으로 그 기술이나 지식에 있어서 그만큼 박탈 당하게 하는 사람들)이 늘어 가는데 있어서의 그것의 중요성이 부각되고 있는 데 거기에는 우리가 예기하지도 못했고 또한 원한 것도 아닌 결과들이 많이 속출하고 있다는 것이다. 그 부정적인 결과들 중의 하나를 이 주제 문장이 다음 전개되는 문장들에서 문제 삼으려는 것을 나타내고 있다.

그 다음 문장 : A1-2 : "Time was when almost every youth played football; the game was recommended as healthful exercise and a school of manly fortitude as regards small hurts. (이전에는 거의 모든 젊은이가 축구 경기를 한 때가 있었다. 그 경기는 건강에 좋은 운동으로 그리고 작은 상처들에 대하여서는 사나이다운 용기의 하나의 수련으로 권장되었다.) 이 두 번째의 문장은 앞의 주제 문장에 대한 대비적인 전개로 나타나고 있다. 다시, 세 번째의 문장 A1-3 "Nowadays, football is like the theatre : a spectacle provided by specialists for the delectation of the multitude. (오늘날에는 축구가 연극과 다름없는 것인데 그것은 군중의 즐거움을 위해서 전문가들이 마련해 주는 구경거리인 것이다.) 이 문장은 앞의 문장의 의미를 반의적으로 보강시키고 있다. 이렇게 해서 첫 문단이 이 글 전체의 흐름의 방향을 설정시키고 있다.

두 번째의 문단의 첫 문장 : A2-1 : "It is no longer expected that the players will get any pleasure from their activities; from their point of view, it is not play but work." (축구 경기자들은 그들의 활동에서 어떤 즐거움도 가질 수 있는가는 이제는 더 이상 기대되지 않는다. 그들(경기자들)의 견지에서 볼 때에 그것(그 즐거움)은 놀이가 아니고 작업인 것이다. 이 문장은 첫 문단의 전문가들이 아닌 일반 사람들이 축구 경기(구체적인 예)에 있어서 수동적인 병폐를 지적한 것에 반하여 능동적으로 축구 경기를 하는 경기자들의 병폐도 표현해주고 있다. 달리 말하면 일반인들이 축구 경기를 수동적으로 구경하는 것이 병폐라면 소수의 전문적인 경기자들이 능동적으로 축구 경기를 하는 것 또한 못 지 않게 병폐(놀이가 되지 못하여) 가 된다는 것이다.

두 번째 문단의 두 번째의 문장 : A2-2 : "They are rewarded for their work either by a salary or, if they belong to a university team, by a scholarship in honour of their academic attainments." (그들(경기자들)은 봉급으로 그들의 노고에 보상 받고 만약 그들이 어느 대학 축구단에 소속되어 있다면, 그들의 학구적인 업적들의 명예로 얻는 장학금으로 그들의 노고에 보상 받는다.) 이 두 번째 문단의 두 번째의 문장은 첫 문장에서 지적한 "취미가 아닌 직업의식으로 인하여 경기자들이 그들의 경기에서 즐거움을 얻지 못한 것" 의 연장 선상에서 그들의 행위는 노고에 대한 보상을 봉급이나 장학금으로 이어지는 것으로 경기자들의 무미건조함을 나타내고 있다.

두 번째 문단의 세 번째 문장 : A2-3 : "The pleasure of the game is not an active pleasure on the part of the players but a passive pleasure on the part of the spectators." (그 경기의 즐거움은 경기자들의 능동적인 즐거움이 아니라 관중자들의 수동적인 즐거움이다.) 이 문장은 앞의 문장에서 경기자들이 경기를 즐거움 때문이 아니라 어떤 보상을 받기 위하여 경기를 한다는 것이 전제가 되고 그 결과로 경기자들의 능동적인 즐거움은 결국 참다운 의미에서 즐거움이 되지 않고 관중들의 수동적인 즐거움이 있을 뿐임을 표현 하고 있다.

세 번째 문단의 첫 문장 : A3-1 : "A similar change has occurred in a vast number of other directions." (이와 비슷한 변화가 수 많은 다른 방향들에서 발생해 왔다.) 이 문장은 두 번째의 문단의 요지를 축구 이외의 다른 행위들에서도 일어나고 있음을 표현하여 그 뒤의 문장들의 이어짐을 예고하고 있다.

세 번째 문단의 두 번째 문장 : A3-2 : "Motor cars have destroyed the habit of walking, the radio has killed the art of conversation, preparations in tins and bottles have almost obviated the necessity of cooking." (자동차들은 보행의 습성을 파괴했고 라디오는 대화의 기술을 죽였고 깡통들과 병들 속에 준비된 음식물들은 요리의 필요성을 제거했다.) 이 문장은 앞 문장이 예고한 것들을 구체적으로 그 보기들을 제시하고 있다.

세 번째 문단의 세 번째 문장 : A3-3 : "Read the account of Christmas in Pickwick, and you will be amazed by the number of amusements people invented for themselves." (Christmas in Pickwick를 읽으면 사람들이 과거에 자신들이 스스로 마련했던 오락들의 숫자들에 놀랄 것이다.) 이 문장은 앞 문장의 제시한 구체적인 보기들에 대조하여 과거에는 사람들이 스스로 능동적으로 즐겼던 오락 행위들의 어마어마한 숫자를 보고 경악을 느끼게 한다.

세 번째 문단의 네 번째 문장 : A3-4 : "Modern people expect their amusements to be provided for them by others." (현대인들은 그들의 오락물들이 다른 사람들에 의해서 그들을 위하여 보급되기를 기대한다.) 이 문장은 세 번째의 문단의 오락의 능동적인 행위에 대하여 대 비적인 결론(수동적인 오락 행위)을 내리고 있다.

네 번째 문단의 첫 문장 : A4-1 : "It is not only in regard to amusements that men have grown passive, but also in regard to all those forms of skill and all those departments of knowledge in which they are not themselves experts." (사람들이 수동적인 태도를 갖게 된 것은 비단 오락물들의 관계에서 뿐만 아니라 그들 자신들이 전문가들이 되지 않고 있는 모든 종류의 기술들과 모든 분야들의 지식에 관계 되어 있다.) 이 문장은 세 번째 문단에서 논의된 인간의 수동적인 생활이 오락물들에 익숙 되어 있는 것에 덧붙여 모든 전문적인 기술들과 지식의 분야들도 마찬가지로 일반인들의 수동적인 면을 부각시키고 있다.

네 번째 문단의 두 번째 문장 : A4-2 : "The old-fashioned farmer was weather-wise, whereas the modern man, if he wishes to form an opinion as to what the weather is going to be, reads the official weather forecast." (구식적인 농부는 날씨에 조예가 있었던 반면에 현대인은 날씨가 어떻게 될 지에 대하여 의견을 갖고자 할 때 그는 공식 발표의 일기 예보를 신문에서 읽는다.) 이 문장은 앞 문장에서 예고한 기술의 분야와 지식의 분야에서도 수동적이 되어 있는 현대인들의 구체적인 보기 하나를 제시하고 있다.

네 번째 문단의 세 번째의 문장 : A4-3 : "I have sometimes had the impression that he cannot even tell whether it is wet or fine at the moment without the help of his newspaper." (나는 현대인이 신문의 도움을 받지 않고서는 그 순간에 있어서 비가 올 것인가 아니면 청명할 것인가 조차도 알 수 없다는 인상을 때때로 받았다.) 이 문장은 앞 문장의 현대인의 수동적인 일기 예보에의 의존을 극명하게 나타내고 있다.

네 번째 문단의 다섯 번째의 문장 : A4-5 : "Certainly it is from his newspaper that hee derives his opinions on politics and the state of the world and the need of a return to the rugged virtues of a former age." (확실히 그가 정치에 대한, 세계 정세에 대한, 그리고 전 시대의 소박한 장점들로의 회귀의 필요성에 대한 그의 의견들을 얻는 것은 그가 읽는 신문을 통해서이다.) 이 문장은 앞 문장에서 현대인의 전문적인 문제들에 대한 것도 수동적으로 신문에 의존한다는 것을 역설하고 있다.

네 번째 문단의 여섯 번째의 문장 : A4-6 : "On most matters he does not trouble to have opinions at all, since he is convinced that they can safely be left to those whose special study or experience entitles them to speak with authority." (대부분의 문제들에 대하여 그는 스스로 나서서 의견들을 가지려고 하지 않는다. 왜냐하면 그는 전문적인 연구나 경험을 가지고 있는 사람들이 권위를 갖고 말할 수 있는 권한을 갖고 있기에 그들에게 그러한 문제들은 안전하게 맡길 수 있기 때문이다.) 이 문장은 현대인이 일기나 정치를 포함해서 기타 대부분의 문제들에 대하여 전문가들에게 맡기고 그저 수동적으로 사는 것에 만족하고 있다는 결론을 내린다.

다섯 번째의 첫 문장 : A5-1 : "In some directions this respect for authority is good, while in others it is harmful and even ludicrous." (어떤 면들에서는 권위에 대한 이러한 존경은 좋은 반면에 다른 면들에서는 그것은 해롭고 심지어 어리석기까지 하는 것이다.) 이 문장은 네 번째 문단의 결론에 대하여 옳은 점도 있고 그른 점도 있다는 것을 나타내고 있다.

다섯 번째의 두 번째의 문장 : A5-2 : "The mother who has acquired a taste for child psychology is continually having to run from her child to her textbook and back again, to solve problems of which more instinctive mothers were not even aware." (아동 심리학에 취미를 얻게 된 어머니는 본능에 더 의존하는 어머니들이 심지어 알지도 못하는 문제들을 풀기 위해서 끊임없이 그녀의 아이에게서 그녀의 교과서로 왔다 갔다 해야 하지 않으면 안 되게 되어 있다.) 이 문장은 권위에 얽메인 양육하는 어머니는 그렇지 않은 어머니들에 비해 수동적으로 권위에 끊임없이 매달리게 된다는 것을 언급하고 있다.

여섯 번째 문단의 첫 문장 : A6-1 : "The infant drops his toy and howls to have it picked up." (유아가 그의 장난감을 떨어트리고 그것을 주워달라고 울부짖으며 울어댄다.) 이 문장은 자녀 양육에 관해서 앞의 문단의 권위에 얽메이는 어머니에 대한 하나의 문제로서의 보기를 제시하고 있다.

여섯 번째 문단의 두 번째 문장 : A6-2 : "If it is picked up he acquires a power-complex, if it is left lying on the floor he acquires a rage-complex." (만약 그것을 주어 주면 그 아이는 강압 콤플렉스(정신 분석학의 이상 복합 심리)에 빠지고 만약 그것을 주어주지 않고 그대로 놔두면

격분 콤플렉스에 빠진다.) 이 문장은 앞의 첫 문장에 나타난 상황의 한 해 결책의 결과로서의 부정적인 상황을 말하고 있다.

여섯 번째의 문단의 세 번째의 문장 : A6-3 : "The book says something very good on this point and the mother turns the pages frantically to find the passage. (그 책(정신 분석학에 관한)은 이 점에 대하여 매우 좋은 것을 말해주기 때문에 그 어머니는 그 답을 주는 한 구절을 찾기 위해 미친 듯이 책장을 넘긴다.) 이 문장은 수동적으로 아동 양육 권위서에 의존하는 어머니가 광적일 만큼 무익한 행동을 하게 되는 것을 말하고 있다.

여섯 번째의 문단의 네 번째의 문장 : A6-4 : "By the time she has found it the child is thinking of something else." (그녀가 그 구절을 찾아낼 때가 되어서는 그 아이는 다른 것을 생각하고 있는 것이다.) 이 문장은 그 어머니가 권위에 수동적으로 의존하여 답을 찾다 보면 그 아이는 이미 다른 문제를 일으키고 있음을 말한다.

여섯 번째 문단의 다섯 번째의 문장 : A6-5 : "But after a sufficient number of such experiences, he acquires a low opinion of mothers." (그러나 그러한 경험을 충분히 겪은 뒤에는 그 아이는 어머니들이란 존재를 낮게 평가한다.) 이 문장은 그렇게 수동적으로 권위에 맹신하는 어머니들에 대하여 아이는 그들에게 신임을 갖지 않는다는 결론을 내리고 있다.

일곱 번째 문단의 첫 번째의 문장 : A7-1 : "To avoid too much passivity is an educational problem." (너무 많은 수동적인 자세를 피하는 일은 교육학적인 문제인 것이다.) 이 문장은 이 글의 마지막 문단의 첫 문장으로서 글 전체의 문제점이 교육학적인 문제임을 제시하고 있다.

일곱 번째 문단의 두 번째의 문장 : A7-2 : "It demands, in play, the absence of elaborate apparatus and no undue respect for exceptional skill; in work, encouragement of active investigation rather than mere listening to knowledge imparted by means of lectures." (그것은 놀이에 있어서는 정교한 장비를 멀리할 것과 탁월한 기술에 대한 부당한 존중을 지양하는 것을 요구하며 일에 있어서는 강의의 형식으로 전파되는 지식에 대한 단순한 경청 대신에 능동적인 탐구에 대한 장려를 요구한다.) 이 문장은 지나친 수동적인 삶의 자세를 시정할 수 있는 방안을 말하고 있다.

일곱 번째 문단의 세 번째의 문장 : A7-3 : "Unfortunately, the authorities like passivity because it is convenient." (불행히도, 국가 경영 당국자들은 수동적인 삶의 태도를 좋아한다. 왜냐하면 그것이 편리하기 때문이다.) 이 문단의 그리고 이 글의 마지막 문장은 앞의 방안과는 대조적으로 현실에 나타나는 수동적인 삶에 대하여 결론을 내리고 있다.

이제는 이 글이 언어의 법칙들 중의 어떤 법칙들을 동원하여 쓰여졌는가를 검토하겠다.

이 글은 Bertrand Russell이 영어를 모국어로 쓰는 과정에서 유년기에 무의식적으로 영어의 법칙들 즉 영문법을 익힌 것을 토대로 그 법칙들 중의 일부를 이용하여 쓰여진 것이다. 이 글은 모두 24개의 문장들로 구성되어 있다. 그 중에는 통틀어 단문(simple sentence)이 4개, 중 문(compound sentence)이 5개, 복합 문(complex sentence)이 9개, 중, 복합 문 (compound complex sentence)이 4개가 있다.

위의 문장 분포도를 볼 때에 단연 복합문이 수가 제일 많고 그 다음이 중 문이고, 그 다음이 중 복문과 단문의 순서로 나타나 있다. 그렇다면 영어 원어민이 하나의 글을 완성시키는 데에는 복합 문 (능동적인 특징 때문에)을 가장 애호한다는 것을 알 수 있다. 우리말 글을 보더라도 복합 문의 형식이 제일 많이 쓰이고 있는 것도 사실이다. 복합 문은 자세히 살펴 보면 논리적인 전개가 바로 그것의 특징으로 되어 있다. 물론 중 문이나 단문도 단언 또는 선언적인 특징이 강하지만 따지자면 그것들도 논리적인 전개를 전제들의 형식으로 쓰이고 있는 것이다.

우리말의 길고 복잡한 문장을 영어로 옮기는 방법

1 단계 : 우리말의 길고 복잡한 문장에서 동사들을 찾는다.

2 단계 : 그 동사들을 중심으로 우리말 단문들을 만든다.

3 단계 : 그 단문들을 우리말 문장 구성 요소들과 영어의 문장 구성 요소들이 짝이
되도록 한다.

4 단계 : 그렇게 해서 우리말 단문들을 영어의 단문들로 만든다.

5 단계 : 그 영어 단문들이 영어의 길고 복잡한 문장에 맞게 순서를 정한다.

6단계 : 그렇게 순서가 정해진 영어로 옮겨진 단문들을 다음과 같이 종합 결합한다.

(1) 접속 요소들의 본령인 순수 접속 요소들로서 전치사들, 접속사들, 그리고 연결 구두점
들을 이용한다.

(2) 접속 요소의 준형인 혼합 접속 요소들로서 준 동사(부정사, 동명사, 그리고 분사), 관계사
(관계 대명사, 관계 형용사, 그리고 관계 부사), 그리고 의문사들(의문 대명사, 의문 형용
사, 그리고 의문 부사)을 이용한다.

※ 동사와 형용사에서 파생된 추상 명사도 일종의 준동사와 같다.

보기1

우리가 가까운 주위에서 보고 듣는 것 이상의 아무런 생각 없이 똑 같은 고랑 길
에서만 활동하는 것만큼 그렇게 사람을 좁게 만들고 사람을 위축시키고 사람을
굳어버리게 하는 것은 어떤 것도 없다.

1, 2, 3, 4 단계를

보다 = see

① 우리가 가까운 주위에서 어떤 것을 본다 : We immediately see something close
around us.

듣다 = hear

② 우리가 가까운 주위에서 어떤 것을 듣는다 : We immediately hear something close
around us.

활동하고 있다 = are moving

③ 우리가 어떤 것을 넘어선 아무런 생각 없이 똑 같은 고랑 길에서만 항상 활동하고 있다:
We are always moving in the same groove, with no thought beyond something.

좁게 만들고 있다 = is narrowing

④ 어떤 것도 사람을 그렇게 좁게 만들지 않는다 : Nothing is so narrowing man.

　위축시키고 있다 = is contracting

⑤ 어떤 것도 사람을 위축시키지 않는다 : Nothing is so contracting man.

　굳어버리게 만들고 있다 = is hardening

⑥ 어떤 것도 사람을 그렇게 굳어버리게 만들지 않는다 : Nothing is so hardening man.

5단계

④ + ⑤ + ⑥ + ③ + ① + ②

6단계

④와 ⑤사이에 콤마 접속 요소인(,)를 삽입하고 ⑤와 ⑥사이에 접속 요소인 and를 놓고 ③을 부정사 구문으로 만들어 명사구가 되게하여 접속 요소인 접속사 as를 그 앞에 놓는다. ①앞에 ③의 something을 선행사로 하는 접속요소인 관계대명사 that를 놓고 역시 ② 앞에 ③의 something을 선행사로 하는 접속 요소인 관계대명사 that 를 놓는다. = Nothing is so narrowing, (so) contracting, (so) hardening as always to be moving in the same groove, with no thought beyond what we immediately see (close around us) and (what we immediately) hear close around us. (※ 관계 대명사 that와 선행사 something 은 what과 같고 괄호 안에 든 것은 문맥으로 보아 생략될 수 있음.)

6단계를 간단히 공식화 하면 다음과 같다.
④,⑤,⑥as ③을 부정사 구문화 that ① and ②.

하늘은 자연이 그의 작품들 중의 어느 다른 것에 있어서 보다 인간을 더 즐겁게 하기 위해 즉 인간에게 이야기를 하고 인간을 가르치는 유일한 그리고 명백한 목적을 위해 더 많은 일을 행한 피조물의 일부이고, 그것은 우리가 자연에 가장 관심을 적게 두는 바로 그 부분이다.

1, 2, 3, 4 단계들

즐겁게 한다 = pleases

① 자연이 인간을 즐겁게 한다 : Nature pleases man.

이야기한다 = talks

② 자연이 인간에게 이야기 한다 : Nature talks to man.

가르친다 = teaches

③ 자연이 인간을 가르친다 : Nature teaches man.

행하였다 = has done

④ 자연이 그 피조물의 일부 속에서 자연의 작품들 중의 어떤 다른 것에서 보다 그것을 위해 즉 그 유일한 그리고 명백한 목적을 위해 더 많은 일을 행하였다 : Nature has done in the part of creation more for the sake, more for the sole and evident purpose than in any other of her works.

이다 = is

⑤ 하늘은 그 피조물의 일부이다 : Sky is the part of creation.

관심을 두다 = attend

⑥ 우리가 그 부분에서 자연에 가장 적게 관심을 둔다 : We least attend to Nature in the part.

이다 = is

⑦ 그것은 바로 그 부분이다 : It is just the part.

5 단계

⑤ + ④ + ① + ② + ③ + ⑦ + ⑥

6단계

⑤에 접속 요소인 관계 대명사 which가 ④를 수식 요소로서 형용사절을 만들어 수식하게 하고 ④의 sake에 접속 요소인 of가 주요소인 동명사 구문으로 만들어진 ①을 목적어로 지배하여 형용사구를 만들어 수식 요소로 수식하게 함 ④의 purpose에 접속 요소인 of가 주요소인 동명사 구문으로 만들어진 접속 요소인 등위 접속사 and로 이어진 ②와 ③

을 목적어로 지배하여 형용사구를 만들어 수식 요소로 수식하게 함, 접속요소인 등위 접속사 and 뒤에 ⑦이 오고 접속 요소인 which가 ⑥을 수식 요소인 형용사 절로 만들어 ⑦의 명사 part를 선행사로서 수식하게 함. = Sky is the part of creation in which Nature has done more for the sake of pleasing man, more for the sole and evident purpose of talking to him and teaching him, than in any other part of her works, and it is just the part in which we least attend to her. (※ him = man, her = Nature' s)

6단계를 간단히 공식화 하면 다음과 같다.
⑤ which ④ of ①을 동명사 구문화, ②동명사 구문화 and ③을 동명사 구문화 and ⑦ which ⑥.

내가 학생들에게 이 강의(이 책)의 처음 시작부터 지금 끝까지 이렇게 저렇게 설명한 것은 그렇게 해서만이 영작을 쉽게 할 수 있는 방법들을 원리 의식으로 다룬 것이다. 영작에 있어서 이 이상도 없고 이 이하도 없기 때문에 이 강의를 충실히 들은 학생은 영작의 모든 것들을 다 망라한 것이 되기에 앞으로 우리말을 영어로 옮기는 영작이나 처음부터 영어로 생각하여 쓰는 자유 영작이나 자신을 갖고 영작을 하게 될 것이다. 다만 필요한 것은 기어이 영작의 능력을 기르겠다는 결심, 의지, 그리고 인내일 뿐이다. 이 세 가지 결심, 의지, 그리고 인내를 갖지 않는 사람은 어떤 일도 제대로 할 수 없을 것이지만 이 강의를 제대로 이해하기 위해서는 더욱 그렇다는 것이다. 결심! 의지! 인내!!

이 강의가 처음부터 끝까지 오면서 나는 영작의 원리 의식을 불러일으키기 위해서 가능한 한 모든 설명을 동원했지만 거듭 되풀이 하거니와 길고 복잡한 영어의 문장은 짧고 단순한 문장들이 접속 요소들 즉 접속 요소의 본령인 순수 접속 요소들로서의 전치사와 접속사와 본래 다른 품사들에서 파생된 혼합 접속 요소들 즉 준 동사들(부정사, 동명사, 그리고 분사), 관계사들(관계 대명사, 관계 형용사, 그리고 관계 부사) 그리고 의문사들(의문 대명사, 의문 형용사, 그리고 의문 부사)에 의해 접속되어 그렇게 길고 복잡한 문장들이 된 것에 지나지 않는다. 그렇다면 짧고 간단한 영어의 문장들이나 길고 복잡한 문장들이나 결국은 영어의 문장들은 주요소들과 수식 요소들로 구성되어 있다는 논리적인 귀결이 나온다.

이렇게 따져보니 영어만큼 쉬운 언어도 없으며 그래서 원어 민(native speaker of English) 이나 외국인(foreign speaker of English)이나 영어만큼 배우기 쉬운 언어도 없는 것이다. 외국인들에게는 다만 결심, 의지, 그리고 인내가 필요할 뿐이다. 나는 순전히 위에 말한 영어의 주요소들과 수식 요소들과 접속 요소들의 상호 조화로운 관계에서 나타난 원리 의식과 이 결심, 의지, 그리고 인내로 영어를 세계에서 제일 잘 하는 사람들 중의 한 사람이 된 것이다. 원리 의식! 결심, 의지, 그리고 인내!!

이 영작문 강의(즉 이 책)를 인내로 오늘 마무리 지었다.

무엇이든 무릇 정상을 정복하는 일은 어렵고 어려운 일이라 거기에는 무엇보다 많은 인내가 요구된다. 사람은 이 우주에서 가장 아름답고 선하고 진실된 존재인 반면에 또한 가장 추하고 악하고 거짓된 존재이기도 하다. 플라톤의 대화록들 중의 하나인 "국가론"에 어려운 일을 해내는 것이 아름답다고 쓰여 있다.

사람이 아름답고 선하고 진실된 존재가 되는 길이 있다면 그것은 그가 어려운 일을 인내로 해내는 과정일 것이다. 그것의 결과는 하늘에 맡기면서! 이와는 반대로 사람이 추하고 악하고 거짓된 존재가 되는 길이 있다면 그것은 그가 안이한 일을 인내 없이 하여 그 결과가 좋게 되기만을 바라는 마음일 것이다.

누가 나에게 인간의 가장 큰 미덕이 무엇이냐고 묻는다면 나는 서슴없이 많은 어려움들을 인내로 이겨내는 것이라고 말할 것이다. 그리고 누가 나에게 인간의 가장 큰 행복이 무엇이냐고 묻는다면 나는 두말없이 그 많은 어려움들을 하나하나씩 차근히 인내로 이겨내어 그것들을 정복하는 것이라고 말할 것이다. 이슬람교의 경전인 "꾸란 의 서두에 인내한 사람은 하나님의 축복을 받는다고 설파하고 있다.

외국어인 영어로 글을 쓴다는 것은 어려운 일이라 그것을 인내로 이겨내는 것은 하나의 미덕이고 그 어려운 일을 차근히 인내로 이겨내어 그것을 정복하는 즐거움은 역시 여간 큰 축복이 아닐 수 없다.

학생들이 한 학기 동안 이 영작문 공부를 차근히 인내로 실행하면서 그 어려움을 이겨내어 드디어 영작문 공부의 즐거움을 만끽했으리라! 또한 덤으로 영어 문법, 영어 독해, 영어 회화, 그리고 논술의 능력을 아울러 쟁취하였으리라! 산파가 임산부가 아이를 스스로 낳도록 돕듯이 내가 학생들이 영어로 작문하는 것을 그 동안 도운 것에 보람을 느끼면서 학생들의 그동안의 노고를 치하하고 아울러 고마움을 느끼면서 이 영작문 강의의 대단원을 내린 것에 하나님께 찬송가를 부른다. God bless you!

    아마 학생들이 이 영작문 강의를 수강하는 동안에 이 영작문 강의가 비단 영작문에만 국한된 것이 아니기 때문에 영어의 모든 것들을 함양했으리라 나는 믿는다. 왜냐하면 영어는 하나의 언어로서 법칙 지배의 행위이기에 영작하는 사이에 영문법을 부지부식 간에 정복했을 것이기 때문이다. 따지자면 영어의 문장들은 크게 주요소들, 수식 요소들, 그리고 접속 요소들로 구성되어 있을 뿐이다. 길고 복잡한 우리말 문장들을 옮기는 과정에서 이 주요소들, 수식 요소들 그리고 접속 요소들이 상호 어떻게 연관되는가를 절실히 숙지했을 것이다. 무엇보다 접속 요소들(순수 접속 요소들: 전치사, 접속사, 연결 구두점 그리고 혼합 접속 요소들: 준 동사<부정사, 동명사, 그리고 분사, 또한 동사와 형용사에서 파생된 추상명사까지 포함하여, 관계사관계대명사, 관계형용사, 그리고 관계부사>, 그리고 의문사의문대명사, 의문형용사, 그리고 의문부사)의 위력을 절실하게 느꼈을 것이다.

THE CONQUEST OF ENGLISH

통합논술의 길라잡이

영작문정복

COMPOSITION

인쇄 / 2019년 5월 10일
발행 / 2019년 5월 20일

저　　자 이 상 준 교수
발　　행 서울 아이피
펴 낸 이 곽 정 흥
출판등록 2016년 5월 18일　제 2016-000079호
주　　소 서울시 중구 퇴계로 212-11
전　　화 02-2275-0033
팩　　스 02-2278-5404
이 메 일 seoulprinti0@naver.com
I S B N 979-11-958283-1-9(53740)　　　16,000원